Política

Aristóteles

ISBN: 978-1718735897

Índice

Libro primero

**De la sociedad civil. De la esclavitud. De la
propiedad. Del poder doméstico**

Origen del Estado y de la Sociedad

Todo Estado es, evidentemente, una asociación, y toda asociación no se forma sino en vista de algún bien, puesto que los hombres, cualesquiera que ellos sean, nunca hacen nada sino en vista de lo que les parece ser buen ser bueno. Es claro, por tanto, que todas las asociaciones tienden a un bien de cierta especie, y que el más importante de todos los bienes debe ser el objeto de la más importante de las asociaciones, de aquella que encierra todas las demás, y a la cual se llama precisamente Estado y asociación política.

No han tenido razón, pues, los autores para afirmar que los caracteres de rey, magistrado, padre de familia y dueño se confunden. Esto equivale a suponer que toda la diferencia entre éstos no consiste sino en el más y el menos, sin ser específica; que un pequeño número de administrados constituiría el dueño, un número mayor el padre de familia, uno más grande el magistrado o el rey; es de suponer, en fin, que una gran familia es en absoluto un pequeño Estado. Estos autores añaden, por lo que hace al magistrado y al rey, que el poder del uno es personal e independiente, y que el otro es en parte jefe y en parte súbdito, sirviéndose de las definiciones mismas de su pretendida ciencia.

Toda esta teoría es falsa; y bastará, para convencerse de ello, adoptar en este estudio nuestro método habitual. Aquí, como en los demás casos, conviene reducir lo compuesto a sus elementos indescomponibles, es decir, a las más pequeñas partes del conjunto. Indagando así cuáles son los elementos constitutivos del Estado, reconoceremos mejor en qué difieren estos elementos, y veremos si se pueden sentar algunos principios científicos para resolver las cuestiones de que acabamos de hablar. En esto, como en todo, remontarse al origen de las cosas y seguir atentamente su desenvolvimiento es el camino más seguro para la observación.

Por lo pronto, es obra de la necesidad la aproximación de dos seres que no pueden nada el uno sin el otro: me refiero a la unión de los sexos para la reproducción. Y en esto no hay nada de arbitrario, porque lo mismo en el hombre que en todos los demás animales y en las plantas existe un deseo natural de querer dejar tras sí un ser formado a su imagen.

La naturaleza, teniendo en cuenta la necesidad de la conservación, ha creado a unos seres para mandar y a otros para obedecer. Ha querido que el ser dotado de razón y de previsión mande como dueño, así como también que el ser capaz por sus facultades corporales de ejecutar las órdenes, obedezca como esclavo, y de esta suerte el interés del señor y el del esclavo se confunden.

La naturaleza ha fijado, por consiguiente, la condición especial de la mujer y la del esclavo. La naturaleza no es mezquina como nuestros artistas, y nada de lo que hace se parece a los cuchillos de Delfos fabricados por aquéllos. En la naturaleza un ser no tiene más que un solo destino, porque los instrumentos son más perfectos cuando sirven, no para muchos usos, sino para uno sólo. Entre los bárbaros, la mujer y el esclavo están en una misma línea, y la razón es muy clara; la naturaleza no ha creado entre ellos un ser destinado a mandar, y realmente no cabe entre los mismos otra unión que la de esclavo con esclava, y los poetas no se engañan cuando dicen:

«Sí, el griego tiene derecho a mandar al bárbaro,» puesto que la naturaleza ha querido que bárbaro y esclavo fuesen una misma cosa.

Estas dos primeras asociaciones, la del señor y el esclavo, la del esposo y la mujer, son las bases de la familia, y Hesíodo lo ha dicho muy bien en este verso:

«La casa, después la mujer y el buey arador;» porque el pobre no tiene otro esclavo que el buey. Así, pues, la asociación natural y permanente es la familia, y Corondas ha podido decir de los miembros que la componen «que comían a la misma mesa», y Epiménides de Creta «que se calentaban en el mismo hogar».

La primera asociación de muchas familias, pero formada en virtud de relaciones que no son cotidianas, es el pueblo, que justamente puede llamarse colonia natural de la familia, porque los individuos que componen el pueblo, como dicen algunos autores, «han mamado la leche de la familia», son sus hijos, «los hijos de sus hijos». Si los primeros Estados se han visto sometidos a reyes, y si las grandes naciones lo están aún hoy, es porque tales Estados se formaron con elementos habituados a la autoridad real, puesto que en la familia el de más edad es el verdadero rey, y las colonias de la familia han seguido filialmente el ejemplo que se les había dado. Por esto, Homero ha podido decir:

«Cada uno por separado gobierna como señor a sus mujeres y a sus hijos.»

En su origen todas las familias aisladas se gobernaban de esta manera. De aquí la común opinión según la que están los dioses sometidos a un rey, porque todos los pueblos reconocieron en otro tiempo o reconocen aún hoy la autoridad real, y los hombres nunca han dejado de atribuir a los dioses sus propios hábitos, así como se los representaban a imagen suya.

La asociación de muchos pueblos forma un Estado completo, que llega, si puede decirse así, a bastarse absolutamente a sí mismo, teniendo por origen las necesidades de la vida, y debiendo su subsistencia al hecho de ser éstas satisfechas.

Así el Estado procede siempre de la naturaleza, lo mismo que las primeras asociaciones, cuyo fin último es aquél; porque la naturaleza de una cosa es precisamente su fin, y lo que es cada uno de los seres cuando ha alcanzado su completo desenvolvimiento se dice que es su naturaleza propia, ya se trate de un hombre, de un caballo o de una familia. Puede añadirse que este destino y este fin de los seres es para los mismos el primero de los bienes, y bastarse a sí mismos es, a la vez, un fin y una felicidad. De donde se concluye evidentemente que el Estado es un hecho natural, que el hombre es un ser naturalmente sociable, y que el que vive fuera de la sociedad por organización y no por efecto del azar es, ciertamente, o un ser degradado, o un ser superior a la especie humana; y a él pueden aplicarse aquellas palabras de Homero:

«Sin familia, sin leyes, sin hogar...»

El hombre que fuese por naturaleza tal como lo pinta el poeta, sólo respiraría guerra, porque sería incapaz de unirse con nadie, como sucede a las aves de rapiña.

Si el hombre es infinitamente más sociable que las abejas y que todos los demás animales que viven en grey, es evidentemente, como he dicho muchas veces, porque la naturaleza no hace nada en vano. Pues bien, ella concede la palabra al hombre exclusivamente. Es verdad que la voz puede realmente expresar la alegría y el dolor, y así no les falta a los demás animales, porque su organización les permite sentir estas dos afecciones y comunicárselas entre sí; pero la palabra ha sido concedida para expresar el bien y el mal, y, por consiguiente, lo justo y lo injusto, y el hombre tiene esto de especial entre todos los animales: que sólo él percibe el bien y el mal, lo justo y lo injusto y todos los sentimientos del mismo orden cuya asociación constituye precisamente la familia y el Estado.

No puede ponerse en duda que el Estado está naturalmente sobre la familia y sobre cada individuo, porque el todo es necesariamente superior a la parte, puesto que una vez destruido el todo, ya no hay partes, no hay pies, no hay manos, a no ser que por una pura analogía de palabras se diga una mano de piedra, porque la mano separada del cuerpo no es ya una mano real. Las cosas se definen en general por los actos que realizan y pueden realizar, y tan pronto como cesa su aptitud anterior no puede decirse ya que sean las mismas; lo único que hay es que están comprendidas bajo un mismo nombre. Lo que prueba claramente la necesidad natural del Estado y su superioridad sobre el individuo es que, si no se admitiera, resultaría que puede el individuo entonces bastarse a sí mismo aislado así del todo como del resto de las partes; pero aquel que no puede vivir en sociedad y que en medio de su independencia no tiene necesidades, no puede ser nunca miembro del Estado; es un bruto o un dios.

La naturaleza arrastra, pues, instintivamente a todos los hombres a la asociación política. El primero que la instituyó hizo un inmenso servicio, porque el hombre, que cuando ha alcanzado toda la perfección posible es el primero de los animales, es el último cuando vive sin leyes y sin justicia. En efecto, nada hay más monstruoso que la injusticia armada. El hombre ha recibido de la naturaleza las armas de la sabiduría y de la virtud, que debe emplear sobre todo para combatir las malas pasiones. Sin la virtud es el ser más perverso y más feroz, porque sólo tiene los arrebatos brutales del amor y del hambre. La justicia es una necesidad social, porque el derecho es la regla de vida para la asociación política, y la decisión de lo justo es lo que constituye el derecho.

CAPÍTULO II

DE LA ESCLAVITUD

Ahora que conocemos de una manera positiva las partes diversas de que se compone el Estado, debemos ocuparnos ante todo del régimen económico de las familias, puesto que el Estado se compone siempre de familias. Los elementos de la economía doméstica son precisamente los de la familia misma, que, para ser completa, debe comprender esclavos y hombres libres. Pero como para darse razón de las cosas es preciso ante todo someter a examen las partes más sencillas de las mismas, siendo las partes primitivas y simples de la familia el señor y el esclavo, el esposo y la mujer, el padre y los hijos, deberán estudiarse separadamente estos tres órdenes de individuos para ver lo que es cada uno de ellos y lo que debe ser. Tenemos primero la autoridad del señor, después la autoridad conyugal, ya que la lengua griega no tiene palabra particular para expresar esta relación del hombre a la mujer; y, en fin, la generación de los hijos, idea para la que tampoco hay una palabra especial. A estos tres elementos, que acabamos de enumerar, podría añadirse un cuarto, que ciertos autores confunden con la administración doméstica, y que, según otros, es cuando menos un ramo muy importante de ella: la llamada adquisición de la propiedad, que también nosotros estudiaremos.

Ocupémonos, desde luego, del señor y del esclavo, para conocer a fondo las relaciones necesarias que los unen y ver, al mismo tiempo, si podemos descubrir en esta materia ideas que satisfagan más que las recibidas hoy día.

Se sostiene, por una parte, que hay una ciencia, propia del señor, la cual se confunde con la del padre de familia, con la del magistrado y con la del rey, de que hemos hablado al principio. Otros, por lo contrario, pretenden que el poder del señor es contra naturaleza; que la ley es la que hace a los hombres libres y esclavos, no reconociendo la naturaleza ninguna diferencia entre ellos; y que, por último, la esclavitud es inicua, puesto que es obra de la violencia.

Por otro lado, la propiedad es una parte integrante de la familia; y la ciencia de la posesión forma igualmente parte de la ciencia doméstica, puesto que sin las cosas de primera necesidad los hombres no podrían vivir, y menos vivir dichosos. Se sigue de aquí que, así como las demás artes necesitan, cada cual en su esfera, de instrumentos especiales para llevar a cabo su obra, la ciencia doméstica debe tener igualmente los suyos. Pero entre los instrumentos hay unos que son inanimados y otros que son vivos; por ejemplo, para el patrón de una nave, el timón es un instrumento sin vida y el marinero de proa un instrumento vivo, pues en las artes al operario se le considera como un verdadero instrumento. Conforme al mismo principio, puede decirse que la propiedad no es más que un instrumento de la existencia, la riqueza una porción de instrumentos y el esclavo una propiedad viva; sólo que el operario, en tanto que instrumento, es el primero de todos. Si cada instrumento pudiese, en virtud de una orden recibida o, si se quiere, adivinada, trabajar por sí mismo, como las estatuas de Dédalo o los trípodes de Vulcano, «que se iban solos a las reuniones de los dioses»; si las lanzaderas tejiesen por sí mismas; si el arco tocase solo la cítara, los empresarios prescindirían de los operarios y los señores de los esclavos. Los instrumentos propiamente dichos son instrumentos de producción; la propiedad, por el contrario, es simplemente para el uso. Así, la lanzadera produce algo más que el uso que se hace de ella; pero un vestido, una cama, sólo sirven para este uso. Además, como la producción y el uso difieren específicamente, y estas dos cosas tienen instrumentos que son propios de cada una, es preciso que entre los instrumentos de que se sirven haya una diferencia análoga. La vida es el uso y no la producción de las cosas, y el esclavo sólo sirve para facilitar estos actos que se refieren al uso. Propiedad es una palabra que es preciso entender como se entiende la palabra parte: la parte no sólo es parte de un todo, sino que pertenece de una manera absoluta a una cosa distinta de ella misma. Lo mismo sucede con la propiedad; el señor es simplemente señor del esclavo, pero no depende esencialmente de él; el esclavo, por lo contrario, no es sólo esclavo del señor, sino que depende de éste absolutamente. Esto prueba claramente lo que el esclavo es en sí y lo que puede ser. El que por una ley natural no se pertenece a sí mismo, sino que, no obstante ser hombre, pertenece a otro, es naturalmente esclavo. Es hombre de otro el que, en tanto que hombre, se convierte en una propiedad, y como propiedad es un instrumento de uso y completamente individual.

Es preciso ver ahora si hay hombres que sean tales por naturaleza o si no existen, y si, sea de esto lo que quiera, es justo y útil el ser esclavo, o bien si toda esclavitud es un hecho contrario a la naturaleza. La razón y los hechos pueden resolver fácilmente estas cuestiones. La autoridad y la obediencia no son sólo cosas necesarias, sino que son eminentemente útiles. Algunos seres, desde el momento en que nacen, están destinados, unos a obedecer, otros a mandar; aunque en grados muy diversos en ambos casos. La autoridad se enaltece y se mejora tanto cuanto lo hacen los seres que la ejercen o a quienes ella rige. La autoridad vale más en los hombres que en los animales, porque la perfección de la obra está siempre en razón directa de la perfección de los obreros, y una obra se realiza dondequiera que se hallan la autoridad y la obediencia. Estos dos elementos, la obediencia y la autoridad, se encuentran en todo conjunto formado de muchas cosas que conspiren a un resultado común, aunque por otra parte estén separadas o juntas. Esta es una condición que la naturaleza impone a todos los seres animados, y algunos rastros de este principio podrían fácilmente descubrirse en los objetos sin vida: tal es, por ejemplo, la armonía en los sonidos. Pero el ocuparnos de esto nos separaría demasiado de nuestro asunto.

Por lo pronto, el ser vivo se compone de un alma y de un cuerpo, hechos naturalmente aquélla para mandar y éste para obedecer. Por lo menos así lo proclama la voz de la naturaleza, que importa estudiar en los seres desenvueltos según sus leyes regulares y no en los seres degradados. Este predominio del alma es evidente en el hombre perfectamente sano de espíritu y de cuerpo, único que debemos examinar aquí. En los hombres corruptos, o dispuestos a serlo, el cuerpo parece dominar a veces como soberano sobre el alma, precisamente porque su desenvolvimiento irregular es completamente contrario a la naturaleza. Es preciso, repito, reconocer ante todo en el ser vivo la existencia de una autoridad semejante a la vez a la de un señor y a la de un magistrado; el alma manda al cuerpo como un dueño a su esclavo, y la razón manda al instinto como un magistrado, como un rey; porque, evidentemente, no puede negarse que no sea natural y bueno para el cuerpo el obedecer al alma, y para la parte sensible de nuestro ser el obedecer a la razón y a la parte inteligente. La igualdad o la dislocación del poder, que se muestra entre estos diversos elementos, sería igualmente funesta para todos ellos. Lo mismo sucede entre el hombre y los demás animales: los animales domesticados valen naturalmente más que los animales salvajes, siendo para ellos una gran ventaja, si se considera su propia seguridad, el estar sometidos al hombre. Por otra parte, la relación de los sexos es análoga; el uno es superior al otro; éste está hecho para mandar, aquél para obedecer.

Esta es también la ley general que debe necesariamente regir entre los hombres. Cuando es un inferior a sus semejantes, tanto como lo son el cuerpo respecto del alma y el bruto respecto del hombre, y tal que es la condición de todos aquellos en quienes el empleo de las fuerzas corporales es el mejor y único partido que puede sacarse de su ser, se es esclavo por naturaleza. Estos hombres, así como los demás seres de que acabamos de hablar, no pueden hacer cosa mejor que someterse a la autoridad de un señor; porque es esclavo por naturaleza el que puede entregarse a otro;

y lo que precisamente le obliga a hacerse de otro es el no poder llegar a comprender la razón sino cuando otro se la muestra, pero sin poseerla en sí mismo. Los demás animales no pueden ni aun comprender la razón, y obedecen ciegamente a sus impresiones. Por lo demás, la utilidad de los animales domesticados y la de los esclavos son poco más o menos del mismo género. Unos y otros nos ayudan con el auxilio de sus fuerzas corporales a satisfacer las necesidades de nuestra existencia. La naturaleza misma lo quiere así, puesto que hace los cuerpos de los hombres libres diferentes de los de los esclavos, dando a éstos el vigor necesario para las obras penosas de la sociedad, y haciendo, por lo contrario, a los primeros incapaces de doblar su erguido cuerpo para dedicarse a trabajos duros, y destinándolos solamente a las funciones de la vida civil, repartida para ellos entre las ocupaciones de la guerra y las de la paz.

Muchas veces sucede lo contrario, convengo en ello; y así los hay que no tienen de hombres libres más que el cuerpo, como otros sólo tienen de tales el alma. Pero lo cierto es que si los hombres fuesen siempre diferentes unos de otros por su apariencia corporal, como lo son las imágenes de los dioses, se convendría unánimemente en que los menos hermosos deben ser los esclavos de los otros; y si esto es cierto, hablando del cuerpo, con más razón lo sería hablando del alma; pero es más difícil conocer la belleza del alma que la del cuerpo.

Sea de esto lo que quiera, es evidente que los unos son naturalmente libres y los otros naturalmente esclavos; y que para estos últimos es la esclavitud tan útil como justa.

Por lo demás, difícilmente podría negarse que la opinión contraria encierra alguna verdad. La idea de esclavitud puede entenderse de dos maneras. Puede uno ser reducido a esclavitud y permanecer en ella por la ley, siendo esta ley una convención en virtud de la que el vencido en la guerra se reconoce como propiedad del vencedor; derecho que muchos legistas consideran ilegal, y como tal lo estiman muchas veces los oradores políticos, porque es horrible, según ellos, que el más fuerte, sólo porque puede emplear la violencia, haga de su víctima un súbdito y un esclavo.

Estas dos opiniones opuestas son sostenidas igualmente por hombres sabios. La causa de este disentimiento y de los motivos alegados por una y otra parte es que la virtud tiene derecho, como medio de acción, de usar hasta de la violencia, y que la Victoria supone siempre una superioridad laudable en ciertos conceptos. Es posible creer, por tanto, que la fuerza jamás está exenta de todo mérito, y que aquí toda la cuestión estriba realmente sobre la noción del derecho, colocado por los unos en la benevolencia y la humanidad y por los otros en la dominación del más fuerte. Pero estas dos argumentaciones contrarias son en sí igualmente débiles y falsas; porque podría creerse, en vista de ambas, tomadas separadamente, que el derecho de mandar como señor no pertenece a la superioridad del mérito.

Hay gentes que, preocupadas con lo que creen un derecho, y una ley tiene siempre las apariencias del derecho, suponen que la esclavitud es justa cuando resulta del hecho de la guerra. Pero se incurre en una contradicción; porque el principio de la guerra misma puede ser injusto, y jamás se llamará esclavo al que no merezca serlo; de otra manera, los hombres de más elevado nacimiento podrían parar en esclavos, hasta por efecto del hecho de otros esclavos, porque podrían ser vendidos como prisioneros de guerra. Y así, los partidarios de esta opinión tienen el cuidado de aplicar este nombre de esclavos sólo a los bárbaros, no admitiéndose para los de su propia nación. Esto equivale a averiguar lo que se llama esclavitud natural; y esto es, precisamente, lo que hemos preguntado desde el principio.

Es necesario convenir en que ciertos hombres serían esclavos en todas partes, y que otros no podrían serlo en ninguna. Lo mismo sucede con la nobleza: las personas de que acabamos de hablar se creen nobles, no sólo en su patria, sino en todas partes; pero, por el contrario, en su opinión los bárbaros sólo pueden serlo allá entre ellos; suponen, pues, que tal raza es en absoluto libre y noble, y que tal otra sólo lo es condicionalmente. Así, la Helena de Teodectes exclama:

«¿Quién tendría el atrevimiento de llamarme esclava descendiendo yo por todos lados de la raza de los dioses?»

Esta opinión viene, precisamente, a asentar sobre la superioridad y la inferioridad naturales la diferencia entre el hombre libre y el esclavo, entre la nobleza y el estado llano. Equivale a creer que de padres distinguidos salen hijos distinguidos, del mismo modo que un hombre produce un hombre y que un animal produce un animal. Pero cierto es que la naturaleza muchas veces quiere hacerlo, pero no puede.

Con razón se puede suscitar esta cuestión y sostener que hay esclavos y hombres libres que lo son por obra de la naturaleza; se puede sostener que esta distinción subsiste realmente siempre que es útil al uno el servir como esclavo y al otro el reinar como señor; se puede sostener, en fin, que es justa, y que cada uno debe, según las exigencias de la naturaleza, ejercer el poder o someterse a él. Por consiguiente, la autoridad del señor sobre el esclavo es a la par justa y útil; lo cual no impide que el abuso de esta autoridad pueda ser funesto a ambos. Y así, entre el dueño y el esclavo, cuando es la naturaleza la que los ha hecho tales, existe un interés común, una recíproca benevolencia; sucediendo todo lo contrario cuando la ley y la fuerza por sí solas han hecho al uno señor y al otro esclavo.

Esto muestra con mayor evidencia que el poder del señor y el del magistrado son muy distintos, y que, a pesar de lo que se ha dicho, todas las autoridades no se confunden en una sola: la una recae sobre hombres libres, la otra sobre esclavos por naturaleza; la una, la autoridad doméstica, pertenece a uno sólo, porque toda familia es gobernada por un solo jefe; la otra, la del magistrado, sólo recae sobre hombres libres e iguales. Uno es señor, no porque sepa mandar, sino porque tiene cierta naturaleza: y por distinciones semejantes es uno esclavo o libre. Pero sería posible educar a los señores en la ciencia que deben practicar ni más ni menos que a los esclavos, y en Siracusa ya se ha practicado esto último, pues por dinero se instruía allí a los niños, que estaban en esclavitud, en todos los pormenores del servicio doméstico. Podríase muy bien extender sus conocimientos y enseñarles ciertas artes, como la de preparar las viandas o cualquiera otra de este género, puesto que unos servicios son más estimados o más necesarios que otros, y que, como dice el proverbio, hay diferencia de esclavo a esclavo y de señor a señor. Todos estos aprendizajes constituyen la ciencia de los esclavos. Saber emplear a los esclavos constituye la ciencia del señor, que lo es, no tanto porque posee esclavos, cuanto porque se sirve de ellos. Esta ciencia, en verdad, no es muy extensa ni tampoco muy elevada; consiste tan sólo en saber mandar lo que los esclavos deben saber hacer. Y así tan pronto como puede el señor ahorrarse este trabajo, cede su puesto a un mayordomo para consagrarse él a la vida política o a la filosofía.

La ciencia del modo de adquirir, de la adquisición natural y justa, es muy diferente de las otras dos de que acabamos de hablar; ella participa algo de la guerra y de la caza.

No necesitamos extendernos más sobre lo que teníamos que decir del señor y del esclavo.

CAPÍTULO III

DE LA ADQUISICIÓN DE LOS BIENES

Puesto que el esclavo forma parte de la propiedad, vamos a estudiar, siguiendo nuestro método acostumbrado, la propiedad en general y la adquisición de los bienes.

La primera cuestión que debemos resolver es si la ciencia de adquirir es la misma que la ciencia doméstica, o si es una rama de ella o sólo una ciencia auxiliar. Si no es más que esto último, ¿lo será al modo que el arte de hacer lanzaderas es un auxiliar del arte de tejer? ¿o como el arte de fundir metales sirve para el arte del estatuario? Los servicios de estas dos artes subsidiarias son realmente muy distintos: lo que suministra la primera es el instrumento, mientras que la segunda suministra la materia. Entiendo por materia la sustancia que sirve para fabricar un objeto; por ejemplo, la lana de que se sirve el fabricante, el metal que emplea el estatuario. Esto prueba que la adquisición de los bienes no se confunde con la administración doméstica, puesto que la una emplea lo que la otra suministra. ¿A quién sino a la administración doméstica pertenece usar lo que constituye el patrimonio de la familia?

Resta saber si la adquisición de las cosas es una rama de esta administración, o si es una ciencia aparte. Por lo pronto, si el que posee esta ciencia debe conocer las fuentes de la riqueza y de la propiedad, es preciso convenir en que la propiedad y la riqueza abrazan objetos muy diversos. En primer lugar, puede preguntarse si el arte de la agricultura, y en general la busca y adquisición de alimentos, están comprendidas en la adquisición de bienes, o si forman un modo especial de adquirir. Los modos de alimentación son extremadamente variados, y de aquí esta multiplicidad de géneros de vida en el hombre y en los animales, ninguno de los cuales puede subsistir sin alimentos; variaciones que son, precisamente, las que diversifican la existencia de los animales. En el estado salvaje unos viven en grupos, otros en el aislamiento, según lo exige el interés de su subsistencia, porque unos son carnívoros, otros frugívoros y otros omnívoros. Para facilitar la busca y elección de alimentos es para lo que la naturaleza les ha destinado a un género especial de vida. La vida de los carnívoros y la de los frugívoros difieren precisamente en que no gustan por instinto del mismo alimento, y en que los de cada una de estas clases tienen gustos particulares.

Otro tanto puede decirse de los hombres, no siendo menos diversos sus modos de existencia. Unos, viviendo en una absoluta ociosidad, son nómadas que sin pena y sin trabajo se alimentan de la carne de los animales que crían. Sólo que, viéndose precisados sus ganados a mudar de pastos, y ellos a seguirlos, es como si cultivaran un campo vivo. Otros subsisten con aquello de que hacen presa, pero no del mismo modo todos; pues unos viven del pillaje y otros de la pesca, cuando habitan en las orillas de los estanques o de los lagos, o en las orillas de los ríos o del mar, y otros cazan las aves y los animales bravíos. Pero los más de los hombres viven del cultivo de la tierra y de sus frutos.

Estos son, poco más o menos, todos los modos de existencia, en que el hombre sólo tiene necesidad de prestar su trabajo personal, sin acudir, para atender a su subsistencia, al cambio ni al comercio: nómada, agricultor, bandolero, pescador o cazador. Hay pueblos que viven cómodamente combinando estos diversos modos de vivir y tomando del uno lo necesario para llenar los vacíos del otro: son a la vez nómadas y salteadores, cultivadores y cazadores, y lo mismo sucede con los demás que abrazan el género de vida que la necesidad les impone.

Como puede verse, la naturaleza concede esta posesión de los alimentos a los animales a seguida de su nacimiento, y también cuando llegan a alcanzar todo su desarrollo. Ciertos animales en el momento mismo de la generación producen para el nacido el alimento que habrá de necesitar hasta encontrarse en estado de procurárselo por sí mismo. En este caso se encuentran los vermíparos y los ovíparos. Los vivíparos llevan en sí mismos, durante un cierto tiempo, los alimentos de los recién nacidos, pues no otra cosa es lo que se llama leche. Esta posesión de alimentos tiene igualmente lugar cuando los animales han llegado a su completo desarrollo, y debe creerse que las plantas están hechas para los animales, y los animales para el hombre. Domesticados, le prestan servicios y le alimentan; bravíos, contribuyen, si no todos, la mayor parte, a su subsistencia y a satisfacer sus diversas necesidades, suministrándole vestidos y otros recursos. Si la naturaleza nada hace incompleto, si nada hace en vano es de necesidad que haya creado todo esto para el hombre.

La guerra misma es, en cierto modo, un medio natural de adquirir, puesto que comprende la caza de los animales bravíos y de aquellos hombres que, nacidos para obedecer, se niegan a someterse; es una guerra que la naturaleza misma ha hecho legítima.

He aquí, pues, un modo de adquisición natural que forma parte de la economía doméstica, la cual debe encontrárselo formado o procurárselo, so pena de no poder reunir los medios indispensables de subsistencia, sin los cuales no se formarían ni la asociación del Estado ni la asociación de la familia. En esto consiste, si puede decirse así, la única riqueza verdadera, y todo lo que el bienestar puede aprovechar de este género de adquisiciones está bien lejos de ser ilimitado, como poéticamente pretende Solón:

«El hombre puede aumentar ilimitadamente sus riquezas.»

Sucede todo lo contrario, pues en esto hay un límite como lo hay en todas las demás artes. En efecto, no hay arte cuyos instrumentos no sean limitados en número y extensión; y la riqueza no es más que la abundancia de los instrumentos domésticos y sociales.

Existe, por tanto, evidentemente un modo de adquisición natural, que es común a los jefes de familia y a los jefes de los Estados. Ya hemos visto cuáles eran sus fuentes.

Resta ahora este otro género de adquisición que se llama, más particularmente y con razón, la adquisición de bienes, y respecto de la cual podría creerse que la fortuna y la propiedad pueden aumentarse indefinidamente. La semejanza de este segundo modo de adquisición con el primero es causa de que ordinariamente no se vea en ambos más que un solo y mismo objeto. El hecho es que ellos no son ni idénticos, ni muy diferentes; el primero, es natural, el otro no procede de la naturaleza, sino que es más bien el producto del arte y de la experiencia. Demos aquí principio a su estudio.

Toda propiedad tiene dos usos que le pertenecen esencialmente, aunque no de la misma manera: el uno es especial a la cosa, el otro no lo es. Un zapato puede a la vez servir para calzar el pie o para verificar un cambio. Por lo menos puede hacerse de él este doble uso. El que cambia un zapato por dinero o por alimentos, con otro que tiene necesidad de él, emplea bien este zapato en tanto que tal, pero no según su propio uso, porque no había sido hecho para el cambio. Otro tanto diré de todas las demás propiedades; pues el cambio, efectivamente, puede aplicarse a todas, puesto que ha nacido primitivamente entre los hombres de la abundancia en un punto y de la escasez en otro de las cosas necesarias para la vida. Es demasiado claro que en este sentido la venta no forma en manera alguna parte de la adquisición natural. En su origen, el cambio no se extendía más allá de las primeras necesidades, y es ciertamente inútil en la primera asociación, la de la familia. Para que nazca es preciso que el círculo de la asociación sea más extenso. En el seno de la familia todo era común; separados algunos miembros, se crearon nuevas sociedades para fines no menos numerosos, pero diferentes que los de las primeras, y esto debió necesariamente dar origen al cambio. Este es el único cambio que conocen muchas naciones bárbaras, el cual no se extiende a más que al trueque de las cosas indispensables; como, por ejemplo, el vino que se da a cambio de trigo.

Este género de cambio es perfectamente natural, y no es, a decir verdad, un modo de adquisición, puesto que no tiene otro objeto que proveer a la satisfacción de nuestras necesidades naturales. Sin embargo, aquí es donde puede encontrarse lógicamente el origen de la riqueza. A medida que estas relaciones de auxilios mutuos se transformaron, desenvolviéndose mediante la importación de los objetos de que se carecía y la exportación de aquellos que abundaban, la necesidad introdujo el uso de la moneda, porque las cosas indispensables a la vida son naturalmente difíciles de transportar.

Se convino en dar y recibir en los cambios una materia que, además de ser útil por sí misma, fuese fácilmente manejable en los usos habituales de la vida; y así se tomaron el hierro, por ejemplo, la plata, u otra sustancia análoga, cuya dimensión y cuyo peso se fijaron desde luego, y después, para evitar la molestia de continuas rectificaciones, se las marcó con un sello particular, que es el signo de su valor. Con la moneda, originada por los primeros cambios indispensables, nació igualmente la venta, otra forma de adquisición excesivamente sencilla en el origen, pero perfeccionada bien pronto por la experiencia, que reveló cómo la circulación de los objetos podía ser origen y fuente de ganancias considerables. He aquí cómo, al parecer, la ciencia de adquirir tiene principalmente por objeto el dinero, y cómo su fin principal es el de descubrir los medios de multiplicar los bienes, porque ella debe crear la riqueza y la opulencia. Esta es la causa de que se suponga muchas veces que la opulencia consiste en la abundancia de dinero, como que sobre el dinero giran las adquisiciones y las ventas; y, sin embargo, este dinero no es en sí mismo más que una cosa absolutamente vana, no teniendo otro valor que el que le da la ley, no la naturaleza, puesto que una modificación en las convenciones que tienen lugar entre los que se sirven de él, puede disminuir completamente su estimación y hacerle del todo incapaz para satisfacer ninguna de nuestras necesidades. En efecto, ¿no puede suceder que un hombre, a pesar de todo su dinero, carezca de los objetos de primera necesidad?, y ¿no es una riqueza ridícula aquella cuya abundancia no impide que el que la posee se muera de hambre? Es como el Midas de la mitología, que, llevado de su codicia desenfrenada, hizo convertir en oro todos los manjares de su mesa.

Así que con mucha razón los hombres sensatos se preguntan si la opulencia y el origen de la riqueza están en otra parte, y ciertamente la riqueza y la adquisición naturales, objeto de la ciencia doméstica, son una cosa muy distinta. El comercio produce bienes, no de una manera absoluta, sino mediante la conducción aquí y allá de objetos que son precisos por sí mismos. El dinero es el que parece preocupar al comercio, porque el dinero es el elemento y el fin de sus cambios; y la fortuna que nace de esta nueva rama de adquisición parece no tener realmente ningún límite. La medicina aspira a multiplicar sus curas hasta el infinito, y como ella todas las artes colocan en el infinito el fin a que aspiran y pretenden alcanzarlo empleando todas sus fuerzas. Pero, por lo menos, los medios que les conducen a su fin especial son limitados, y este fin mismo sirve a todas de límite. Lejos de esto, la adquisición comercial no tiene por fin el objeto que se propone, puesto que su fin es precisamente una opulencia y una riqueza indefinidas. Pero si el arte de esta riqueza no tiene límites, la ciencia doméstica los tiene, porque su objeto es muy diferente. Y así podría creerse, a primera vista, que toda riqueza, sin excepción, tiene necesariamente límites. Pero ahí están los hechos para probarnos lo contrario: todos los negociantes ven acrecentarse su dinero sin traba ni término.

Estas dos especies de adquisición tan diferentes emplean el mismo capital a que ambas aspiran, aunque con miras muy distintas, pues que la una tiene por objeto el acrecentamiento indefinido del dinero y la otra otro muy diverso. Esta semejanza ha hecho creer a muchos que la ciencia doméstica tiene igualmente la misma extensión, y están firmemente persuadidos de que es preciso a todo trance conservar o aumentar hasta el infinito la suma de dinero que se posee. Para llegar a conseguirlo, es preciso preocuparse únicamente del cuidado de vivir, sin curarse de vivir como se debe. No teniendo límites el deseo de la vida, se ve uno directamente arrastrado a desear, para satisfacerle, medios que no tiene. Los mismos que se proponen vivir moderadamente, corren también en busca de goces corporales, y como la propiedad parece asegurar estos goces, todo el cuidado de los hombres se dirige a amontonar bienes, de donde nace esta segunda rama de adquisición de que hablo. Teniendo el placer necesidad absoluta de una excesiva abundancia, se buscan todos los medios que pueden procurarla. Cuando no se pueden conseguir éstos con adquisiciones naturales, se acude a otras, y aplica uno sus facultades a usos a que no estaban destinadas por la naturaleza. Y así, el agenciar dinero no es el objeto del valor, que sólo debe darnos una varonil seguridad; tampoco es el objeto del arte militar ni de la medicina, que deben darnos, aquél la victoria, ésta la salud; y, sin embargo, todas estas profesiones se ven convertidas en un negocio de dinero, como si fuera éste su fin propio, y como si todo debiese tender a él.

Esto es lo que tenía que decir sobre los diversos medios de adquirir lo superfluo; habiendo hecho ver lo que son estos medios y cómo pueden convertirse para nosotros en una necesidad real. En cuanto al arte que tiene por objeto la riqueza verdadera y necesaria, he demostrado que era completamente diferente del otro, y que no es más que la economía natural, ocupada únicamente con el cuidado de las subsistencias; arte que, lejos de ser infinito como el otro, tiene, por el contrario, límites positivos.

Esto hace perfectamente clara la cuestión que al principio proponíamos; a saber, si la adquisición de los bienes es o no asunto propio del jefe de familia y del jefe del Estado. Ciertamente, es indispensable suponer siempre la preexistencia de estos bienes. Así como la política no hace a los hombres, sino que los toma como la naturaleza se los da y se limita a servirse de ellos, en igual forma a la naturaleza toca suministrarnos los primeros alimentos que proceden de la tierra, del mar o de cualquier otro origen, y después queda a cargo del jefe de familia disponer de estos dones como convenga hacerlo; así como el fabricante no crea la lana, pero debe saber emplearla, distinguir sus cualidades y sus defectos y conocer la que puede o no servir.

También podría preguntarse cómo es que mientras la adquisición de bienes forma parte del gobierno doméstico, no sucede lo mismo con la medicina, puesto que los miembros de la familia necesitan tanto la salud como el alimento o cualquier otro objeto indispensable para la vida. He aquí la razón: si por una parte el jefe de familia y el jefe del Estado deben ocuparse de la salud de sus administrados, por otra parte este cuidado compete, no a ellos, sino al médico. De igual modo lo relativo a los bienes de la familia bajo cierto punto compete a su jefe, pero bajo otro no, pues no es él y sí la naturaleza quien debe suministrarlos. A la naturaleza, repito, compete exclusivamente dar la primera materia. A la misma corresponde asegurar el alimento al ser que ha creado, pues en efecto, todo ser recibe los primeros alimentos del que le transmite la vida; y he aquí por qué los frutos y los animales forman una riqueza natural, que todos los hombres saben explotar.

Siendo doble la adquisición de los bienes, como hemos visto, es decir, comercial y doméstica, ésta necesaria y con razón estimada, y aquélla con no menos motivo despreciada, por no ser natural y sí sólo resultado del tráfico, hay fundado motivo para execrar la usura, porque es un modo de adquisición nacido del dinero mismo, al cual no se da el destino para que fue creado. El dinero sólo debía servir para el cambio, y el interés que de él se saca, le multiplica, como lo indica claramente el nombre que le da la lengua griega. Los padres, en este caso, son absolutamente semejantes a los hijos. El interés es dinero producido por el dinero mismo; y de todas las adquisiciones es esta la más contraria a la naturaleza.

Capítulo IV

Consideración práctica sobre la adquisición de los bienes

De la ciencia, que suficientemente hemos desenvuelto, pasemos ahora a hacer algunas consideraciones sobre la práctica. En todos los asuntos de esta naturaleza un campo libre se abre a la teoría; pero la aplicación tiene sus necesidades.

Los ramos prácticos de la riqueza consisten en conocer a fondo el género, el lugar y el ejemplo de los productos que más prometan; en saber, por ejemplo, si debe uno dedicarse a la cría de caballos, o de ganado vacuno, o del lanar, o de cualesquiera otros animales, teniendo el acierto de escoger hábilmente las especies que sean más provechosas según las localidades; porque no todas prosperan indistintamente en todas partes. La práctica consiste también en conocer la agricultura y las tierras que deben tener arbolado, y aquellas en que no conviene; se ocupa, en fin, con cuidado de las abejas y de todos los animales volátiles y acuáticos que pueden ofrecer algunas ventajas. Tales son los primeros elementos de la riqueza propiamente dicha.

En cuanto a la riqueza que produce el cambio, su elemento principal es el comercio, que se divide en tres ramas diversamente lucrativas: comercio marítimo, comercio terrestre y comercio al por menor. Después entra en segundo lugar el préstamo a interés, y, en fin, el salario, que puede aplicarse a obras mecánicas, o bien a trabajos puramente corporales para hacer cosas en que no intervienen los operarios más que con sus brazos.

Hay un tercer género de riqueza, que está entre la riqueza natural y la procedente del cambio, que participa de la naturaleza de ambas y procede de todos aquellos productos de la tierra que, no obstante no ser frutos, no por eso dejan de tener su utilidad: es la explotación de los bosques y la de las minas, que son de tantas clases como los metales que se sacan del seno de la tierra.

Estas generalidades deben bastarnos. Entrar en pormenores especiales y precisos puede ser útil a cada una de las industrias en particular; mas para nosotros sería un trabajo impertinente. Entre los oficios, los más elevados son aquellos en que interviene menos el azar; los más mecánicos los que desfiguran el cuerpo más que los demás; los más serviles los que más ocupan; los más degradados, en fin, los que requieren menos inteligencia y mérito.

Algunos autores han profundizado estas diversas materias. Cares de Paros y Apolodoro de Lemnos, por ejemplo, se han ocupado del cultivo de los campos y de los bosques. Las demás cosas han sido tratadas en otras obras, que podrán estudiar los que tengan interés en estas materias. También deberán recoger las tradiciones esparcidas sobre los medios que han conducido a algunas personas a adquirir fortuna. Todas estas enseñanzas son provechosas para los que a su vez aspiren a conseguir lo mismo. Citaré lo que se refiere a Tales de Mileto, a propósito de una especulación lucrativa que le dio un crédito singular, honor debido sin duda a su saber, pero que está al alcance de todo el mundo. Gracias a sus conocimientos en astronomía pudo presumir, desde el invierno, que la recolección próxima de aceite sería abundante, y al intento de responder a algunos cargos que se le hacían por su pobreza, de la cual no había podido librarle su inútil filosofía, empleó el poco dinero que poseía en darlo en garantía para el arriendo de todas las prensas de Mileto y de Quíos; y las obtuvo baratas, porque no hubo otros licitadores. Pero cuando llegó el tiempo oportuno, las prensas eran buscadas de repente por un crecido número de cultivadores, y él se las subarrendó al precio que quiso. La utilidad fue grande; y Tales probó por esta acertada especulación que los filósofos, cuando quieren, saben fácilmente enriquecerse, por más que no sea este el objeto de su atención. Se refiere esto como muestra de un grande ejemplo de habilidad de parte de Tales; pero, repito, esta especulación pertenece en general a todos los que están en posición de constituir en su favor un monopolio. También hay Estados que en momentos de apuro han acudido a este arbitrio, atribuyéndose el monopolio general de todas las ventas. En Sicilia un particular empleó las cantidades que se le habían dado en depósito en la compra de todo el hierro que había en las herrerías, y luego, cuando más tarde llegaban los negociantes de distintos puntos, como era el único vendedor de hierro, sin aumentar excesivamente el precio, lo vendía sacando cien talentos de cincuenta. Informado de ello Dionisio, le desterró de Siracusa, por haber ideado una operación perjudicial a los intereses del príncipe, aunque permitiéndole llevar consigo toda su fortuna. Esta especulación, sin embargo, es en el fondo la misma que la de Tales; ambos supieron crear un monopolio. Conviene a todos, y también a los jefes de los Estados, tener conocimiento de tales recursos. Muchos gobiernos tienen necesidad, como las familias, de emplear estos medios para enriquecerse; y podría decirse que muchos gobernantes creen que sólo de esta parte de la gobernación deben ocuparse.

CapÍtulo V
DEL PODER DOMÉSTICO

Ya hemos dicho que la administración de la familia descansa en tres clases de poder: el del señor, de que hablamos antes, el del padre y el del esposo. Se manda a la mujer y a los hijos como a seres igualmente libres, pero sometidos, sin embargo, a una autoridad diferente, que es republicana respecto de la primera, y regia respecto de los segundos. El hombre, salvas algunas excepciones contrarias a la naturaleza, es el llamado a mandar más bien que la mujer, así como el ser de más edad y de mejores cualidades es el llamado a mandar al más joven y aún incompleto. En la constitución republicana se pasa de ordinario alternativamente de la obediencia al ejercicio de la autoridad, porque en ella todos los miembros deben ser naturalmente iguales y semejantes en todo; lo cual no impide que se intente distinguir la posición diferente del jefe y del subordinado, mientras dure, valiéndose ya de un signo exterior, ya de ciertas denominaciones o distinciones honoríficas. Esto mismo pensaba Amasis cuando refería la historia de su aljofaina. La relación del hombre y la mujer es siempre tal como acabo de decir. La autoridad del padre sobre sus hijos es, por el contrario, completamente regia; las afecciones y la edad dan el poder a los padres lo mismo que a los reyes, y cuando Homero llama a Júpiter

«Padre inmortal de los hombres y de los dioses,» tiene razón en añadir que es también rey de ellos, porque un rey debe a la vez ser superior a sus súbditos por sus facultades naturales, y ser, sin embargo, de la misma raza que ellos; y esta es precisamente la relación entre el más viejo y el más joven, entre el padre y el hijo.

No hay para qué decir que se debe poner mayor cuidado en la administración de los hombres que en la de las cosas inanimadas, en la perfección de los primeros que en la perfección de las segundas, que constituyen la riqueza, y más cuidado en la dirección de los seres libres que en la de los esclavos. La primera cuestión respecto al esclavo es la de saber si, además de su cualidad de instrumento y de servidor, se puede encontrar en él alguna otra virtud, como la sabiduría, el valor, la equidad, etc., o si no se debe esperar hallar en él otro mérito que el que nace de sus servicios puramente corporales. Por ambos lados ha lugar a duda. Si se suponen estas virtudes en los esclavos, ¿en qué se diferenciarán de los hombres libres? Si lo contrario, resulta otro absurdo no menor, porque al cabo son hombres y tienen su parte de razón. Una cuestión igual, sobre poco más o menos, puede suscitarse respecto a la mujer y al hijo. ¿Cuáles son sus virtudes especiales? ¿La mujer debe ser prudente, animosa y justa como un hombre? ¿El hijo puede ser modesto y dominar sus pasiones? Y en general, el ser formado por la naturaleza para mandar y el destinado a obedecer, ¿deben poseer las mismas virtudes o virtudes diferentes? Si ambos tienen un mérito absolutamente igual, ¿de dónde nace que eternamente deben el uno mandar y el otro obedecer? No se trata aquí de una diferencia entre el más y el menos; autoridad y obediencia difieren específicamente, y entre el más y el menos no existe diferencia alguna de este género. Exigir virtudes al uno y no exigirlas al otro sería aún más extraño. Si el ser que manda no tiene prudencia, ni equidad, ¿cómo podrá mandar bien? Si el ser que obedece está privado de estas virtudes, ¿cómo podrá obedecer cumplidamente? Si es intemperante y perezoso, faltará a todos sus deberes. Evidentemente es necesario que ambos tengan virtudes, pero virtudes tan diversas como lo son las especies de seres destinados por naturaleza a la sumisión. Esto mismo es lo que hemos dicho ya al tratar del alma. La naturaleza ha creado en ella dos partes distintas: la una destinada a mandar, la otra a obedecer, siendo sus cualidades bien diversas, pues que la una está dotada de razón y privada de ella la otra. Esta relación se extiende evidentemente a los otros seres, y respecto de los más de ellos la naturaleza ha establecido el mando y la obediencia. Así, el hombre libre manda al esclavo de muy distinta manera que el marido manda a la mujer y que el padre al hijo; y, sin embargo, los elementos esenciales del alma se dan en todos estos seres, aunque en grados muy diversos. El esclavo está absolutamente privado de voluntad; la mujer la tiene, pero subordinada; el niño sólo la tiene incompleta. Lo mismo sucede necesariamente respecto a las virtudes morales. Se las debe suponer existentes en todos estos seres, pero en grados diferentes, y sólo en la proporción indispensable para el cumplimiento del destino de cada uno de ellos. El ser que manda debe poseer la virtud moral en toda su perfección. Su tarea es absolutamente igual a la del arquitecto que ordena, y el arquitecto en este caso es la razón. En cuanto a los demás, deben estar adornados de las virtudes que reclamen las funciones que tienen que llenar.

Reconozcamos, pues, que todos los individuos de que acabamos de hablar tienen su parte de virtud moral, pero que el saber del hombre no es el de la mujer, que el valor y la equidad no son los mismos en ambos, como lo pensaba Sócrates, y que la fuerza del uno estriba en el mando y la de la otra en la sumisión. Otro tanto digo de todas las demás virtudes, pues si nos tomamos el trabajo de examinarlas al por menor, se descubre tanto más esta verdad. Es una ilusión el decir, encerrándose en generalidades, que «la virtud es una buena disposición del alma» y la práctica de la sabiduría, y dar cualquiera otra explicación tan vaga como esta. A semejantes definiciones prefiero el método de los que, como Gorgias, se han ocupado de hacer la enumeración de todas las virtudes. Y así, en resumen, lo que dice el poeta de una de las cualidades de la mujer:

«Un modesto silencio hace honor a la mujer» es igualmente exacto respecto a todas las demás; reserva aquella que no sentaría bien en el hombre.

Siendo el niño un ser incompleto, evidentemente no le pertenece la virtud, sino que debe atribuirse ésta al ser completo que le dirige. La misma relación existe entre el señor y el esclavo. Hemos dejado sentado que la utilidad del esclavo se aplicaba a las necesidades de la existencia, así que su virtud había de encerrarse en límites muy estrechos, en lo puramente necesario para no descuidar su trabajo por intemperancia o pereza. Pero admitido esto, podrá preguntarse: ¿deberán entonces los operarios tener también virtud, puesto que muchas veces la intemperancia los aparta del trabajo? Pero hay una grande diferencia. El esclavo participa de nuestra vida, mientras que el obrero, por lo contrario, vive lejos de nosotros, y no debe tener más virtud que la que exige su esclavitud, porque el trabajo del obrero es en cierto modo una esclavitud limitada. La naturaleza hace al esclavo, pero no hace al zapatero ni a ningún otro operario. Por consiguiente, es preciso reconocer que el señor debe ser para el esclavo la fuente de la virtud que le es especial, bien que no tenga, en tanto que señor, que comunicarle el aprendizaje de sus trabajos. Y así se equivocan mucho los que rehúsan toda razón a los esclavos, y sólo quieren entenderse con ellos dándoles órdenes, cuando, por el contrario, deberían tratarles con más indulgencia aún que a los hijos. Basta ya sobre este punto.

En cuanto al marido y la mujer, al padre y los hijos y la virtud particular de cada uno de ellos, las relaciones que les unen, su conducta buena o mala, y todos los actos que deben ejecutar por ser loables o que deben evitar por ser reprensibles, son objetos todos de que es preciso ocuparse al estudiar la Política. En efecto, todos estos individuos pertenecen a la familia, así como la familia pertenece al Estado, y como la virtud de las partes debe relacionarse con la del conjunto, es preciso que la educación de los hijos y de las mujeres esté en armonía con la organización política, como que importa realmente que esté ordenado lo relativo a los hijos y a las mujeres para que el Estado lo esté también. Este es necesariamente un asunto de grandísima importancia, porque las mujeres componen la mitad de las personas libres, y los hijos serán algún día los miembros del Estado.

En resumen, después de lo que acabamos de decir sobre todas estas cuestiones, y proponiéndonos tratar en otra parte las que nos quedan por aclarar, demos aquí fin a una discusión que parece ya agotada, y pasemos a otro asunto; es decir, al examen de las opiniones emitidas sobre la mejor forma de gobierno.

Libro segundo

Examen crítico de las teorías anteriores y de las principales constituciones

Capítulo I

Examen de la «República», de Platón

Puesto que nuestro propósito consiste en indagar cuál es entre todas las asociaciones políticas la que deberán preferir los hombres dueños de escoger una a su gusto, habremos de estudiar, a la vez, la organización de los Estados que pasan por ser los que tienen mejores leyes y las constituciones imaginadas por los filósofos, limitándonos a las más notables. Por este medio descubriremos lo que cada una de ellas puede encerrar de bueno y de aplicable, y al mismo tiempo demostraremos que si intentamos formar una combinación política diferente de todas ellas, nos ha movido a ello, no un vano deseo de lucir nuestro ingenio, sino la necesidad de poner en claro los defectos mismos de todas las constituciones existentes.

Sentaremos, ante todo, este principio, que debe servir de punto de partida para nuestro estudio, a saber: que la comunidad política debe necesariamente abrazarlo todo, o no abrazar nada, o comprender ciertos objetos con exclusión de otros. Que la comunidad política no se proponga algún objeto, es una cosa evidentemente imposible, puesto que el Estado es una asociación, y, por de pronto, el suelo por lo menos ha de ser necesariamente común, pues que la unidad del lugar lleva consigo la unidad de ciudad, y la ciudad pertenece en común a todos los ciudadanos.

Comencemos por preguntar si respecto de las cosas en que tiene facultad de hacer o no la comunidad, es conveniente, en el Estado bien organizado que buscamos, que se extienda a todos los objetos sin excepción, o que se limite a algunos. ¿Puede extenderse a los hijos, a las mujeres, a los bienes? Platón lo propone en su República, y Sócrates sostiene en ella que los hijos, las mujeres y los bienes deben ser comunes a todos los ciudadanos. Y yo pregunto: ¿el actual estado de cosas es preferible, o deberá adoptarse esta ley de la República?

La comunidad de mujeres presenta muchas dificultades en que el autor no parece creer, siendo los motivos alegados por Sócrates para legitimarla una consecuencia poco rigurosa de su misma doctrina; más aún, es incompatible con el fin mismo que Platón asigna a todo Estado, por lo menos bajo la forma en que él la presenta; no habiéndonos dicho nada en cuanto a los medios de resolver esta contradicción. Me refiero a esta unidad perfecta de la ciudad toda, que es para la misma el primero de los bienes, porque esta es la hipótesis de Sócrates. Pero es evidente que, si semejante unidad se la lleva un poco más adelante, la ciudad desaparece por entero. Naturalmente, la ciudad es múltiple, y si se aspira a la unidad, de ciudad se convertirá en familia, y la familia en individuo, porque la familia tiene más unidad que la ciudad, y el individuo mucho más aún que la familia. Y así, aun cuando fuese posible realizar este sistema, sería preciso dejar de hacerlo, so pena de destruir la ciudad. Pero la ciudad no se compone sólo de cierto número de individuos, sino que se compone también de individuos específicamente diferentes, porque los elementos que la forman no son semejantes. No es como una alianza militar, la cual vale siempre en proporción del número de los miembros que se reúnen para prestarse mutuo apoyo, aun cuando la especie de los asociados fuese, por otra parte, perfectamente idéntica. Una alianza es como una balanza, en la que siempre vence el platillo que tiene más peso.

Por esta circunstancia, una sola ciudad está por encima de una nación entera, si se supone que los individuos que forman ésta, por numerosos que sean, no están reunidos en pueblos, sino que viven aislados a la manera de los árcades. La unidad sólo puede resultar de elementos de diversa especie, y así la reciprocidad en la igualdad, como dije en la Moral, es la salvación de los Estados, es la relación necesaria entre los individuos libres o iguales; porque si no pueden todos obtener, a la vez, el poder, deben, por lo menos, pasar por él, sea cada año o cada cualquiera otro período, o según un sistema dado, con tal que todos, sin excepción, lleguen a ser poder. Así es como los que trabajan sin piel o en madera podrían cambiar de ocupación, para que, de este modo, unos mismos trabajos no fuesen ejecutados constantemente por las mismas manos. Si embargo, la fijeza actual de estas profesiones es ciertamente preferible, y en la asociación política la perpetuidad del poder no lo sería menos, si fuese posible; pero allí donde es incompatible con la igualdad natural todos los ciudadanos, y donde, además, es justo que el poder, un honor, ya una carga, se reparta entre todos, es preciso, por lo menos, esta perpetuidad mediante el turno en el poder cedido a los iguales por los iguales, que a su vez lo recibieron antes de aquéllos. Entonces es cuando cada uno manda y obedece alternativamente como si fuese un hombre distinto, y cada vez que se obtienen los cargos públicos, se puede llevar la alternativa hasta ejercer ya uno, ya otro cargo.

De aquí se debe concluir que la unidad política está bien lejos de ser lo que se imagina a veces, y que lo que se nos presenta como el bien supremo del Estado es su ruina. El bien para cada cosa es precisamente lo que asegura su existencia.

Desde otro punto de vista, esta aspiración exagerada a la unidad del Estado no tiene nada de ventajosa. Una familia se basta mejor a sí misma que un individuo, y un Estado mejor aún que una familia, puesto que de hecho el Estado no existe realmente sino desde el momento en que la masa asociada puede bastarse y satisfacer todas sus necesidades. Luego, si la más completa suficiencia es también la más apetecible, una unidad menos cerrada será necesariamente preferible a una unidad más compacta. Pero esta unidad extrema de la asociación que se estima como la primera de las ventajas no resulta, como se nos asegura, de que unánimemente digan todos los ciudadanos al hablar de un solo y mismo objeto: «esto es mío o esto no es mío», prueba infalible, si hemos de creer a Sócrates, de la perfecta unidad del Estado. La palabra todos tiene aquí un doble sentido: si se aplica a los individuos tomados separadamente, Sócrates obtendrá entonces mucho más de lo que pide, porque cada uno dirá hablando de un mismo niño y de una misma mujer: «he aquí mi hijo, he aquí mi esposa», y otro tanto dirá respecto a las propiedades y de todo lo demás. Pero, dada la comunidad de mujeres y de hijos, esta expresión no convendrá tampoco a los individuos aislados, y sí sólo al cuerpo entero de los ciudadanos, y la propiedad misma pertenecerá, no a cada uno tomado aparte, sino a todos colectivamente. Todos es en este caso un equívoco evidente: todos, en su doble acepción significa tanto lo uno como lo otro, lo par como lo impar, lo cual no deja de ser ocasión de que se introduzcan en la discusión de Sócrates argumentos muy controvertibles. Este acuerdo de todos los ciudadanos en decir lo mismo es, por una parte, muy hermoso, si se quiere, pero imposible; y por otra, prueba la unanimidad lo mismo que otra cosa.

El sistema propuesto ofrece todavía otro inconveniente, que es el poco interés que se tiene por la propiedad común, porque cada uno piensa en sus intereses privados y se cuida poco de los públicos, sino es en cuanto le toca personalmente, pues en todos los demás descansa de buen grado en los cuidados que otros se toman por ellos, sucediendo lo que en una casa servida por muchos criados, que unos por otros resulta mal hecho el servicio. Si los mil niños de la ciudad pertenecen a cada ciudadano, no como hijos suyos, sino como hijos de todos, sin hacer distinción de tales o cuales, será bien poco lo que se cuidarán de semejantes criaturas. Si un niño promete, cada cual dirá: «es mío», y si no promete, cualesquiera que sean los padres a quienes, por otra parte, deba su origen conforme a la nota de inscripción, se dirá: «es mío o de cualquier otro», y estas razones se alegarán y estas dudas se suscitarán para los mil y más hijos que el Estado puede encerrar, puesto que será igualmente imposible saber de quién es el hijo y si ha vivido después de su nacimiento.

¿Vale más que cada ciudadano diga de dos mil o de diez mil niños, al hablar de cada uno de ellos: «he aquí mi hijo», o es preferible lo que el uso actualmente tiene establecido? Hoy uno llama hijo a un niño que otro llama hermano, o primo hermano, o compañero de fratria o de tribu, según los lazos de familia, de sangre, de unión o de amistad contraídos directamente por los individuos o por sus mayores. Ser sólo primo bajo este concepto vale mucho más que ser hijo a la manera de Sócrates.

Pero, hágase lo que se quiera, no podrá evitarse que algunos ciudadanos, por lo menos, tengan sospecha de quiénes sean sus hermanos, sus hijos, sus padres, sus madres, y les bastarán para reconocerse indudablemente las semejanzas tan frecuentes entre los hijos y sus padres. Los autores que han escrito lo que han visto en sus viajes alrededor del mundo refieren hechos análogos: en algunos pueblos de la alta Libia, donde existe la comunidad de mujeres, se reparten los hijos según su parecido; y lo mismo sucede entre las hembras de los animales, de los caballos y de los bueyes, algunas de las cuales producen hijos exactamente iguales al macho; por ejemplo, la yegua de Farsalia llamada la Justa.

No será tampoco fácil librarse de otros inconvenientes que produce esta comunidad, tales como los ultrajes, los asesinatos voluntarios o cometidos por imprudencia, los altercados y las injurias, cosas que son mucho más graves si se cometen contra un padre, una madre, o parientes muy próximos, que contra extraños; y, sin embargo, han de ser mucho más frecuentes necesariamente entre gentes que ignoran los lazos que los unen. Por lo menos, cuando se conocen, es posible la expiación legal, la cual se hace imposible cuando no se conocen.

No es menos extraño, cuando se establece la comunidad de los hijos, prohibir a los amantes sólo el comercio carnal, y no el amor mismo y todas esas familiaridades verdaderamente vergonzosas entre el padre y el hijo, el hermano y el hermano, so pretexto de que estas caricias no traspasen los límites del amor. No es, asimismo, menos extraño prohibir el comercio carnal sólo por el temor de que se haga el placer demasiado vivo, sin dar la menor importancia a que tenga lugar entre un padre y un hijo o entre hermanos.

Si la comunidad de mujeres y de hijos parece a Sócrates más útil para el orden de los labradores que para el de los guerreros, guardadores del Estado, es porque destruiría todo lazo y todo acuerdo en esta clase, que sólo debe pensar en obedecer y no en intentar revoluciones.

En general, esta ley de la comunidad producirá necesariamente efectos completamente opuestos a los que leyes bien hechas deben producir, y precisamente por el motivo mismo que inspira a Sócrates sus teorías sobre las mujeres y los hijos. A nuestros ojos, el bien supremo del Estado es la unión de sus miembros, porque evita toda disensión civil; y Sócrates, en verdad, no se descuida en alabar la unidad del Estado, que a nuestro parecer, y también según él, no es más que el resultado de la unión entre los ciudadanos. Aristóteles, en su tratado sobre el amor, dice, precisamente, que la pasión, cuando es violenta, nos inspira el deseo de identificar nuestra existencia con la del objeto amado y de constituir con él un solo ser. En este caso es de toda necesidad que las dos individualidades, o, por lo menos, una de ellas, desaparezcan; mas en el Estado en que esta comunidad prevaleciera, se extinguiría toda benevolencia recíproca; el hijo pensará en todo menos en buscar a su padre, y al padre sucedería lo mismo respecto de su hijo. Y así como la dulzura de unas gotas de miel desaparece en una gran cantidad de agua, de igual modo la afección, que nace de tan queridos nombres, se perderá en un Estado en que será completamente inútil que el hijo piense en el padre, el padre en el hijo, y los hermanos en sus hermanos. Hay en el hombre dos grandes móviles de solicitud y de amor, que son la propiedad y la afección; y en la República de Platón no tienen cabida ni uno ni otro de estos sentimientos. Este cambio de los hijos que pasan, a seguida de su nacimiento, de manos de los labradores y de los artesanos, sus padres, a las de los guerreros, y, recíprocamente, presenta también dificultades en la ejecución. Los que los lleven del poder de los unos al de los otros, sabrán, a no dudar, qué hijos dan y a quiénes los dan. Entonces será cuando se reproducirán los graves inconvenientes de que hablé antes. Aquellos ultrajes, aquellos amores criminales, aquellos asesinatos, contra los que no pueden servir ya de garantía los lazos de parentesco, puesto que los hijos que pasen a las otras clases de ciudadanos no conocerán, entre los guerreros, ni padres, ni madres, ni hermanos, y los hijos que entren en la clase de guerreros se verán también desligados de todo lazo de unión con el resto de la ciudad.

Hagamos aquí alto en lo relativo a la comunidad de las mujeres y de los hijos.

Capítulo II

Continuación del examen de la «República», de Platón

La primera cuestión que se presenta después de la anterior es la de saber cuál debe ser, en la mejor constitución posible del Estado, la organización de la propiedad, y si debe admitirse o desecharse la comunidad de bienes. Se puede, por otra parte, examinar este punto independientemente de lo que ha podido estatuirse sobre las mujeres y los hijos. Respetando en esto la situación actual de las cosas y la división admitida por todo el mundo, se pregunta si en lo concerniente a la propiedad, la mancomunidad debe extenderse al suelo o solamente al usufructo. Así, suponiendo que se posee el suelo individualmente, ¿se deberán reunir los frutos para consumirlos en común, como lo practican algunas naciones? o, por lo contrario, siendo la propiedad y el cultivo comunes, ¿se dividirán los frutos entre los individuos, especie de mancomunidad, que también existe, según se dice, en algunos pueblos bárbaros, o bien, las propiedades y los frutos deben ser igualmente comunes? Si el cultivo está confiado a manos extrañas, la cuestión es distinta y la solución más fácil; pero si los ciudadanos trabajan personalmente, es mucho más embarazosa. No estando igualmente repartidos el trabajo y el goce, necesariamente se suscitarán reclamaciones contra los que gozan y reciben mucho, trabajando poco, de parte de los que reciban poco y trabajen mucho. Entre los hombres son, en general, las relaciones permanentes de vida y de comunidad muy difíciles, pero lo son más aún en la materia que nos ocupa. Basta ver lo que pasa en las reuniones ocasionadas por los viajes y peregrinaciones; en ellas el más fortuito y fútil accidente es suficiente para provocar una disensión. ¿Nos irritamos principalmente contra aquellos de nuestros criados cuyo servicio es personal y constante?

Además de este primer inconveniente, la comunidad de bienes tiene otros todavía mayores. Yo prefiero, y mucho, el sistema actual, completado por las costumbres públicas y sostenido por buenas leyes. Reúne las ventajas de los otros dos; quiero decir, de la mancomunidad y de la posesión exclusiva. La propiedad en este caso se hace común en cierta manera, permaneciendo al mismo tiempo particular; las explotaciones, estando todas ellas separadas, no darán origen a contiendas; prosperarán más, porque cada uno las mirará como asunto de interés personal, y la virtud de los ciudadanos arreglará su aplicación, de conformidad con el proverbio: «entre amigos, todo es común». Aún hoy se encuentran rastros de este sistema en algunas ciudades, lo cual prueba que no es imposible; sobre todo en los Estados bien organizados o existe en parte o podría fácilmente completarse. Los ciudadanos, poseyéndolo todo personalmente, ceden o prestan a sus amigos el uso común de ciertos objetos. Y así en Lacedemonia cada cual emplea los esclavos, los caballos y los perros de otros, como si le perteneciesen en propiedad, y esta mancomunidad se extiende a las provisiones de viaje cuando la necesidad sorprende a uno en despoblado.

Es por tanto evidentemente preferible que la propiedad sea particular, y que sólo mediante el uso se haga común. Guiar a los espíritus en el sentido de esta benevolencia compete especialmente al legislador.

Por lo demás, es poco cuanto se diga de lo gratos que son la idea y el sentimiento de la propiedad. El amor propio, que todos poseemos, no es un sentimiento reprensible; es un sentimiento completamente natural, lo cual no impide que se combata con razón el egoísmo, que no es ya este mismo sentimiento, sino un exceso culpable; a la manera que se censura la avaricia, si bien es cosa natural, si puede decirse así, que todos los hombres aprecien el dinero. Es un verdadero encanto el favorecer y socorrer a los amigos, a los huéspedes, a los compañeros, y esta satisfacción sólo nos la puede proporcionar la propiedad individual. Este encanto desaparece cuando se quiere establecer esa exagerada unidad del Estado, así como se arranca a otras dos virtudes la ocasión de desenvolverse; en primer lugar, a la continencia, puesto que es una virtud respetar por prudencia la mujer de otro; y en segundo, a la generosidad, que es imposible sin la propiedad individual, porque en semejante república el ciudadano no puede mostrarse nunca liberal, ni ejercer ningún acto de generosidad, puesto que esta virtud sólo puede nacer con motivo del destino que se dé a lo que se posee.

El sistema de Platón tiene, lo confieso, una apariencia verdaderamente seductora de filantropía. A primer golpe de vista encanta por la maravillosa y recíproca benevolencia que parece deber inspirar a todos los ciudadanos, sobre todo cuando se quiere formar el proceso de los vicios de las constituciones actuales, suponiendo proceder éstos de no ser común la propiedad: por ejemplo, los pleitos que ocasionan los contratos, las condenaciones por falsos testimonios, las viles adulaciones a los ricos; cosas todas que dependen, no de la posesión individual de los bienes, sino de la perversidad de los hombres. En efecto, ¿no tienen los asociados y propietarios comuneros muchas más veces pleitos entre sí que los poseedores de bienes personales, y eso que el número de los que puedan provocar estas querellas en las asociaciones es mucho menor comparativamente que el de los poseedores de propiedades particulares? Por otra parte, sería justo enumerar no sólo los males, sino también las ventajas que la comunión de bienes impide; a mi parecer, la existencia es con ella completamente impracticable. El error de Sócrates nace de la falsedad del principio de que parte. Sin duda, el Estado y la familia deben tener una especie de unidad, pero no una unidad absoluta. Con esta unidad, llevada a cierto punto, el Estado ya no existe; o si existe, su situación es deplorable porque está siempre en vísperas de no existir. Esto equivaldría a intentar hacer un acorde con un solo sonido, o un ritmo con una sola medida. Por medio de la educación es como conviene atraer a la comunidad y a la unidad al Estado, que es múltiple, como ya he dicho, y me sorprende que, pretendiendo introducir en el Estado la educación, y mediante ella la felicidad, se imagine poderlo conseguir por tales medios, más bien que por las costumbres, la filosofía y las leyes. Deberá tenerse presente que en Lacedemonia y en Creta el legislador ha fundado sabiamente la comunidad de bienes sobre las comidas públicas.

Es imposible dejar de tener en cuenta también el largo transcurso de tiempo y de años durante el cual semejante sistema, si fuese bueno, no habría quedado desconocido. En esta materia, bien puede decirse que todo ha sido obra de la imaginación; pero unas ideas no han podido echar raíces y otras no están en uso, por más que se las conozca.

Lo que decimos de la República de Platón sería aún mucho más evidente si existiese un gobierno semejante en la realidad. Por de pronto, no podría establecerse sino a condición de dividir e individualizar la propiedad, destinando una porción a las comidas públicas, y dando otra a las fratrias y a las tribus. Así toda esta legislación sólo conduciría a prohibir la agricultura a los guerreros; que es precisamente lo que intentan hacer en nuestros días los lacedemonios. En cuanto al gobierno general de esta comunidad, Sócrates no dice una sola palabra, y tan fácil nos sería a nosotros como a él decir más; y, sin embargo, el todo de la ciudad se compondrá de esta masa de ciudadanos para quienes nada se ha estatuido. Respecto de los labradores, por ejemplo, ¿la propiedad será particular o será común? ¿Sus mujeres y sus hijos serán o no serán comunes? Si las reglas de la comunidad son las mismas para todos, ¿en qué consistirá la diferencia entre los labradores y los guerreros? ¿Dónde tendrán los primeros la compensación que merecen por la obediencia que deben a los segundos? ¿Quién los enseñará a obedecer? A menos que se emplee con ellos el expediente de los cretenses, que sólo prohíben a sus esclavos dos cosas: el dedicarse a la gimnástica y el poseer armas. Si todos estos puntos están ordenados aquí como lo están en los demás Estados, ¿en qué se convertirá, entonces, la comunidad? Se habrán creado necesariamente en el Estado dos Estados, enemigo el uno del otro; porque de los labradores y artesanos se habrán formado ciudadanos, y de los guerreros se habrán hecho guardadores encargados de vigilarlos perpetuamente.

En cuanto a las disensiones, pleitos y otros vicios que Sócrates echa en cara a las sociedades actuales, yo afirmo que se encontrarán todos ellos sin excepción en la suya. Sostiene que, gracias a la educación, no habrá necesidad en su República de todos esos reglamentos de policía, de mercados y de otras materias tan poco importantes como éstas; y, sin embargo, no se cuida de dar educación más que a sus guerreros.

Por otra parte, deja a los labradores la propiedad de las tierras a condición de entregar los productos de ellas; pero es muy de temer que estos propietarios sean mucho más indóciles y mucho más altivos que los ilotas, los penestes o tantos otros esclavos. Sócrates, por lo demás, nada ha dicho acerca de la importancia relativa de todas estas cosas. También ha hablado de otras muchas que tenía bien cerca, tales como el gobierno, la educación y las leyes especiales para la clase de labradores; porque no es ni más fácil ni menos importante saber cómo se ha de organizar ésta para que la comunidad de guerreros pueda subsistir a su lado. Supongamos que para los labradores se establezca la comunidad de mujeres con la división de bienes: ¿quién será el encargado de la administración doméstica, así como lo están los maridos de la agricultura? ¿A cargo de quién correrá aquélla una vez admitida entre los labradores la comunidad igual de las mujeres y de los bienes? Ciertamente, es muy extraño que se vaya a buscar una comparación entre los animales para probar que las funciones de las mujeres deben ser absolutamente las mismas que las de los maridos, a quienes, por otra parte, se prohíbe toda ocupación en el interior de la casa.

El establecimiento de las autoridades tal como lo propone Sócrates, ofrece también muchos peligros: las quiere perpetuas, y esto sólo bastaría para ocasionar guerras civiles hasta entre los hombres menos celosos de su dignidad, y con más razón entre los belicosos y de corazón ardiente. Pero esta perpetuidad es indispensable en la teoría de Sócrates. «Dios no derrama el oro unas veces en el alma de los unos, otra en la de los otros, sino siempre en las mismas almas.» Y así Sócrates sostiene que en el momento mismo del nacimiento, Dios pone en el alma de unos oro, en la de otros plata, y bronce y hierro en el alma de los que deben ser artesanos y labradores.

Tuvo por conveniente prohibir toda clase de placeres a sus guerreros, sin dejar por eso de sostener que el deber del legislador es hacer dichoso al Estado todo; pero el Estado todo no podrá ser dichoso cuando la mayor parte o algunos de sus miembros, si no todos, están privados de esa dicha.

Y es que la felicidad no se parece a los números impares, la suma de los cuales puede tener esta o aquella propiedad que no tenga ninguna de sus partes. En punto a felicidad, pasan las cosas de otra manera. Y si los mismos defensores de la ciudad no son dichosos, ¿quién aspirará a serlo? Al parecer, no serán los artesanos ni la masa de obreros consagrados a trabajos mecánicos.

He aquí algunos de los inconvenientes de la República preconizada por Sócrates, y aún podría indicar algunos otros no menos graves.

Capítulo III

Examen del tratado de las «Leyes», de Platón

Los mismos principios se encuentran en el tratado de las Leyes compuesto posteriormente. Y así, me limitaré a hacer algunas observaciones sobre la constitución que en ellas propone Platón.

En el tratado de la República, Sócrates profundiza muy pocas cuestiones: la comunidad de mujeres y de hijos, el modo de aplicar este sistema, la propiedad de la organización del gobierno. Divide la masa de los ciudadanos en dos clases: los labradores, de una parte, y de otra, los guerreros, una fracción de los cuales forma una tercera clase, que delibera sobre los negocios del Estado y los dirige soberanamente. Sócrates se ha olvidado decir si los labradores y artesanos deben ser totalmente excluidos, y si tienen o no el derecho de poseer armas y de tomar parte en las expediciones militares; en cambio, cree que las mujeres deben acompañar a los guerreros al combate y recibir la misma educación que ellos. El resto del tratado lo forman varias digresiones y ciertas consideraciones sobre la educación de los guerreros.

En las Leyes, por el contrario, apenas se encuentra otra cosa que disposiciones legislativas. Sócrates es, en este tratado, muy conciso en lo relativo a la constitución; mas, sin embargo, queriendo hacer la que propone aplicable a los Estados en general, vuelve paso por paso sobre su primer proyecto. Si se exceptúa la comunidad de mujeres y de bienes, en todo lo demás hay un perfecto parecido entre sus dos Repúblicas; educación, dispensa de trabajos pesados concedida a los guerreros, comidas en común, todo es igual. Sólo que en la segunda extiende las comidas en común a las mujeres y eleva de mil a cinco mil el número de los ciudadanos armados.

Sin duda alguna, los diálogos de Sócrates son eminentemente notables, y están llenos de elegancia, de originalidad y de imaginación; pero era difícil, quizá, que fuese todo en ellos igualmente preciso. Y así, no hay que engañarse, se necesitaría toda la campiña de Babilonia u otra llanura inmensa para esta multitud, que debe alimentar cinco mil ociosos salidos de su seno, sin contar aquella otra multitud de mujeres y de servidores de toda especie. Indudablemente, cada cual es dueño de crear hipótesis a su gusto, pero no deben tocarse los límites de lo imposible.

Sócrates afirma que en materia de legislación no deben perderse nunca de vista dos cosas: el suelo y los hombres. Pudo añadir también los Estados vecinos, a no ser que niegue al Estado toda existencia política exterior. En casos de guerra es preciso que la fuerza militar esté organizada, no sólo para defender al país, sino también para luchar en el exterior. Aun admitiendo que la vida del Estado y la de los individuos no sea habitualmente la guerrera, siempre es necesario hacerse temible a los enemigos no sólo cuando invaden el suelo, sino también cuando lo han evacuado.

En cuanto a los límites asignables a la propiedad, podría exigirse que fuesen otros que los que señala Sócrates, y, sobre todo, que fuesen más precisos y más claros. «La propiedad, dice, debe ser la bastante para satisfacer las necesidades de una vida sobria», queriendo decir con esto lo que se entiende ordinariamente por una existencia cómoda, expresión que tiene, ciertamente, un sentido más amplio. Una vida sobria puede ser muy penosa; «sobria y liberal» hubiera sido una definición mucho mejor. Si una de estas dos condiciones falta, se cae en el lujo o en el sufrimiento. El empleo de la propiedad no permite otras cualidades; no podrían referirse a ella la dulzura ni el valor, pero sí podrían referirse la moderación y la liberalidad, que son necesariamente las virtudes que se pueden mostrar al hacer uso de la fortuna.

También es un gran error, cuando se llega hasta dividir los bienes en partes iguales, no establecer nada sobre el número de los ciudadanos y el dejarles que procreen sin limitación alguna, abandonando al azar que el número de las uniones estériles compense el de los nacimientos, cualquiera que él sea, so pretexto de que en el estado actual de las cosas este equilibrio parece establecerse naturalmente. Está muy distante de ser exacto este cálculo. En nuestras ciudades nadie se queda desnudo, porque las propiedades se dividen entre los hijos, cualquiera que sea su número. Admitiendo, por lo contrario, que sean indivisas, todos los hijos, salvo un número igual al de éstas, sean pocos o muchos, se quedarían sin poseer nada. Lo más prudente sería limitar la población y no la propiedad, determinando un máximum del cual no se pudiera pasar, fijar el que habría de tenerse en cuenta a la par de la proporción eventual de los hijos que mueren y la esterilidad de los matrimonios. Dejándolo al azar, como hacen en los más de los Estados, sería una causa inevitable de miseria en la República de Sócrates y la miseria engendra las discordias civiles y los crímenes. Al intento de prevenir estos males, uno de los legisladores más antiguos, Fidón de Corinto, quería que el número de familias y de ciudadanos fuese inmutable, aun cuando los lotes primitivos hubiesen sido desiguales. En las Leyes, precisamente, sucede lo contrario. Más adelante diremos nuestra opinión sobre este punto.

Tampoco se determina, en el tratado de las Leyes, la diferencia entre gobernantes y gobernados. Sócrates se limita a decir que la relación entre unos y otros será la misma que entre la urdimbre y la trama, hechas ambas de distintas lanas. Por otra parte, puesto que permite el acrecentamiento de bienes muebles hasta el quíntuplo, ¿por qué no deja también alguna amplitud respecto de los bienes raíces? Es preciso tener también en cuenta si acaso que la separación de las habitaciones es un falso principio en punto a la economía doméstica. Sócrates no da a sus ciudadanos menos de dos habitaciones completamente aisladas; y es ciertamente muy difícil sostener constantemente dos casas.

En su conjunto, el sistema político de Sócrates ni es una democracia ni una oligarquía; es el gobierno intermedio que se llama república, puesto que se compone de todos los ciudadanos que empuñan las armas. Si pretende que esta constitución es la más común, la existente en la mayor parte de los Estados actuales, quizá tiene razón; pero está en un error si cree que es la que más se aproxima a la constitución perfecta. Muchos preferirían sin dudar la de Lacedemonia o cualquiera otra un poco más aristocrática. Algunos autores pretenden que la constitución perfecta debe reunir los elementos de todas las demás, y en este concepto alaban la de Lacedemonia, en la cual se encuentran combinados los tres elementos: la oligarquía, la monarquía y la democracia; representadas: la primera, por los reyes; la segunda, por el senado, y la tercera, por los éforos, que proceden siempre de las filas del pueblo. Es verdad que otros ven en los éforos el elemento tiránico, y encuentran el elemento democrático en las comidas públicas y en el orden y disciplina constante de la ciudad.

En el tratado de las Leyes se pretende que es preciso que la constitución perfecta sea un compuesto de demagogia y de tiranía, dos formas de gobierno que hay derecho para negar completamente o para considerarlas como las peores de todas. Hay, pues, razón para admitir una combinación más amplia, y la mejor constitución será aquella que reúna los más diversos elementos. El sistema de Sócrates no tiene nada de monárquico; sólo es oligárquico y democrático, o más bien tiene una tendencia pronunciada hacia la oligarquía, como lo prueba el modo de instituir los magistrados. Dejar que la suerte escoja entre los candidatos elegidos tanto pertenece a la oligarquía como a la democracia; pero imponer a los ricos la obligación de presentarse en las asambleas y de nombrar en ellas las autoridades y ejercer todas las funciones políticas, eximiendo a los demás ciudadanos de estos deberes, es una institución oligárquica. También prueba lo mismo el llamar a ocupar el poder principalmente a los ricos y reservar las más altas funciones a los que figuran en los puestos más elevados del censo.

La elección de su senado tiene también un carácter oligárquico. Todos los ciudadanos, sin excepción, están obligados a votar, pero han de escoger los magistrados en la primera clase del censo, nombrar en seguida un número igual de la segunda clase y luego otros tantos de la tercera. Con la diferencia de que los ciudadanos de la tercera y cuarta clase son libres de votar o no votar, y en las elecciones del cuarto censo y de la cuarta clase el voto no es obligatorio sino para los ciudadanos de las dos primeras. En fin, Sócrates quiere que se repartan todos los elegidos en número igual para cada clase de censo. Este sistema dará lugar necesariamente al predominio de los ciudadanos que pagan más, pues que muchos de los que son pobres se abstendrán de votar, porque no se les puede obligar a ello.

No es esta, por tanto, una constitución en la que se combinen el elemento monárquico y el democrático, y basta con lo dicho para convencerse de ello, y aún resultará más claro cuando más tarde tratemos de esta especie particular de constitución. Aquí sólo añadiré que tiene peligros el escoger los magistrados en una lista de candidatos elegidos. Basta entonces que algunos ciudadanos, aunque sean pocos, quieran concertarse para que puedan constantemente disponer de las elecciones.

Termino aquí mis observaciones sobre el sistema desenvuelto en el tratado de las Leyes.

Examen de la constitución propuesta por Faleas de Calcedonia

También hay constituciones que se deben o a simples ciudadanos o a la filosofía y a los hombres de Estado. No hay una que no se aproxime a las formas recibidas y actualmente en vigor mucho más que las dos repúblicas de Sócrates. Sólo éste se ha permitido esas innovaciones de la comunidad de las mujeres y de los hijos, y de las comidas en común de las mujeres; porque todos se han ocupado más bien de cosas esenciales. Para muchos el punto capital parece ser la organización de la propiedad, origen único, a su parecer, de las revoluciones. Faleas de Calcedonia es el que, guiado por este pensamiento, ha sido el primero que ha sentado el principio de que la igualdad de fortuna entre los ciudadanos era indispensable. Le parece fácil establecerla en el momento mismo de constituirse el Estado; y aunque menos fácil de introducir en los Estados que cuenten largo tiempo de existencia, tampoco es imposible, en su opinión, si se prescribe que los ricos den dotes a sus hijas, sin que los hijos reciban nada, y que los pobres reciban y no den. Ya he dicho que Platón, en el tratado de las Leyes, permitía la acumulación de la riqueza hasta cierto límite, que no podía pasar en ningún caso del quíntuplo de un mínimum determinado. No hay que olvidar, cuando se trata de leyes semejantes, un punto omitido por Faleas y Platón, y es que, fijando la parte alícuota de las fortunas, es indispensable fijar también el número de hijos. Si el número de éstos no está en relación con la propiedad, será preciso violar muy pronto la ley; y, aparte de esto, es peligroso que tantos ciudadanos pasen del bienestar a la miseria, porque, en este caso, es muy difícil que dejen de tener el deseo de provocar revoluciones.

Este influjo de la igualdad de bienes en la asociación política ha sido comprendido por algunos de los antiguos legisladores, como lo muestran, por ejemplo, las leyes de Solón y la ley que prohíbe la adquisición ilimitada de tierras. De conformidad con este mismo principio, ciertas legislaciones, como la de Locres, prohíben la venta de los bienes, a menos de una desgracia perfectamente justificada, o prescriben el mantenimiento inalterable de los lotes primitivos. La abrogación de una ley de este género en Léucade cambió la constitución haciéndola completamente democrática, porque desde aquel acto se pudieron obtener las magistraturas sin las condiciones del censo que antes se exigían. Pero esta igualdad misma, si se la supone establecida, no impide que el límite legal de las fortunas pueda ser o demasiado lato, lo cual produciría en la ciudad el lujo y la molicie, o demasiado limitado, lo cual sería muy molesto para los ciudadanos. Y así no basta que el legislador haga que las fortunas sean iguales, sino que es preciso que procure sean de debidas proporciones. Pero nada se ha adelantado con haber fijado esta medida perfecta para todos los ciudadanos, puesto que lo importante es no nivelar las propiedades, sino nivelar las pasiones, y esta igualdad sólo resulta de la educación establecida mediante buenas leyes.

Faleas podría responder que esto es precisamente lo que él ha dicho, porque, a su parecer, las bases de todo Estado son la igualdad de fortuna y la igualdad de educación. Pero ¿en qué consistirá esta educación? Esto es lo que importa saber. Tiene que ser una y la misma para todos, pero puede ser una y la misma para todos los ciudadanos, y, sin embargo, ser tal, que dé por resultado una insaciable sed de riquezas o de honores, o ambas cosas a la vez. Además, las revoluciones nacen lo mismo de la desigualdad en los honores que de la desigualdad de fortuna. Lo único que varía es la clase de pretendientes. La multitud se rebela a causa de la desigualdad de las fortunas, y los hombres superiores se indignan con la repartición igual de los honores. Es lo que dice el poeta:

«¡Qué! ¿El cobarde y el valiente han de ser igualmente estimados?»

Esto consiste en que los hombres se ven arrastrados al crimen no sólo por carecer de lo necesario, lo cual Faleas cree evitar por medio de la igualdad de bienes, medio excelente, en su opinión, de impedir que un hombre robe a otro hombre para no morirse de frío o de hambre, sino que se ven arrastrados también por la necesidad de dar amplitud a su deseo de gozar en todos sentidos. Si estos deseos son desordenados, los hombres apelarán al crimen para curar el mal que los atormenta; y yo añado que no sólo por esta razón se precipitarán por semejante camino, sino que lo harán también si el capricho se lo sugiere, por el simple motivo de no ser perturbado en sus goces. ¿Y cuál será el remedio para estos tres males? En primer lugar, la propiedad, por pequeña que sea, después, el hábito del trabajo, y, por último, la templanza. Mas el que quiera encontrar la felicidad en sí mismo, no tiene que buscar el remedio en otra parte que en la filosofía, porque los demás placeres no pueden tener lugar sin el intermedio de los hombres. Lo superfluo, y no lo necesario, es lo que hace que se cometan los grandes crímenes. No se usurpa la tiranía para librarse de la intemperie, y por el mismo motivo las grandes distinciones están reservadas, no para el que mata a un ladrón, sino para el homicida de un tirano.

Y así el expediente político propuesto por Faleas sólo es una garantía contra los crímenes de poca importancia.

Por otra parte, las instituciones de Faleas sólo afectan al orden y a la felicidad interiores del Estado, y era preciso proponer también un sistema de relaciones con los pueblos vecinos y con los extranjeros. El Estado tiene, precisamente, necesidad de una organización militar, y Faleas no dice sobre esto ni una sola palabra. Igual olvido ha cometido respecto a las rentas públicas; deben alcanzar, no sólo para satisfacer las necesidades interiores, sino también para evitar los peligros de fuera. Y así no sería conveniente que su abundancia provocase la codicia de vecinos más poderosos que los poseedores, que serían demasiado débiles para rechazar un ataque, ni que su escasez impidiese sostener la guerra contra un enemigo igual en fuerzas y en número. Faleas guardó silencio sobre este punto, y es preciso convencerse de que la extensión de los recursos es un punto importante en política. El verdadero límite es, quizá, que el vencedor no encuentre jamás medios de indemnización de los gastos de la guerra en la riqueza del pueblo conquistado, y que ésta no pueda producir ni aun a enemigos más pobres lo que por este motivo hayan gastado. Cuando Autofradates puso sitio a Atarnea, Éubolo le aconsejó que calculara el tiempo y el dinero que iba a gastar en la conquista del país, y considerara si no le resultaría mayor ventaja en abandonar el sitio, prometiendo por su parte evacuar inmediatamente a Atarnea, previo el pago de una indemnización muy inferior a aquellos gastos. La advertencia hizo reflexionar a Autofradates, y desistió inmediatamente de su empeño. La igualdad de fortuna entre los ciudadanos sirve perfectamente, lo confieso, para prevenir las disensiones civiles; pero, a decir verdad, este medio no es infalible, porque los hombres superiores se irritarán al verse reducidos a tener lo mismo que todos, y esto será con frecuencia causa de turbaciones y revueltas. Además, la avidez de los hombres es insaciable; al pronto se contentan con dos óbolos, pero una vez que han formado un patrimonio, sus necesidades aumentan sin cesar, hasta que sus aspiraciones no conocen límites; y aunque la naturaleza de la codicia consiste precisamente en no tener límites, los más de los hombres sólo viven para intentar saciarla. Vale más, por tanto, remontarse al principio de estos desarreglos, y en lugar de nivelar las fortunas, hacer de modo que los hombres moderados por temperamento no quieran enriquecerse, y que los malos no puedan hacerlo; y el mejor medio es hacer que éstos, estando en minoría, no puedan ser dañosos, y no oprimirlos.

Faleas se ha equivocado también al llamar igualdad de fortunas a la repartición igual de tierras, única de que se ocupa; porque la fortuna comprende también los esclavos, los ganados, el dinero y toda la propiedad que se llama mueble. La ley de igualdad debe extenderse a todas las cosas, o, por lo menos, es preciso someterlas a ciertos límites regulares, o bien no estatuir absolutamente nada respecto a la propiedad. Su legislación, por lo demás, parece hecha teniendo en cuenta tan sólo un Estado poco extenso, puesto que todos los artesanos deben ser propiedad del Estado, sin formar en él una clase accesoria de ciudadanos. Si los obreros encargados de todos los trabajos pertenecen al Estado, es preciso que sea bajo las condiciones establecidas para los de Epidamno o para los de Atenas por Diofanto.

Lo que hemos dicho de la constitución de Faleas basta para formar juicio de sus ventajas y de sus defectos.

Capítulo V

Examen de la constitución ideada
por Hipódamo de Mileto

Hipódamo de Mileto, hijo de Eurifón, inventor de la división de las ciudades en calles, que aplicó al Pireo, y que, por otra parte, mostraba en su manera de vivir una excesiva vanidad, complaciéndose en arrostrar la opinión pública, que le censuraba por la compostura de su cabellera y la elegancia de su vestido, usando lo mismo en verano que en invierno trajes a la vez ligeros y de abrigo, hombre que tenía la pretensión de no ignorar nada de cuanto existía en la naturaleza, es también el primero que, sin haberse ocupado nunca de los negocios públicos, se aventuró a publicar algo sobre la mejor forma de gobierno. Su república se componía de diez mil ciudadanos, distribuidos en tres clases: artesanos, labradores y defensores de la ciudad, que eran los que hacían uso de las armas. Dividía el territorio en tres partes: una sagrada, otra pública y la tercera poseída individualmente. La que debía subvenir a los gastos legales del culto de los dioses era la porción sagrada; la que debía alimentar a los guerreros, la porción pública, y la que pertenecía a los labradores, la porción individual. Creía que las leyes no podían tampoco ser más que de tres especies, porque los actos justiciables, en su opinión, sólo pueden proceder de tres cosas: la injuria, el daño y la muerte. Creaba un tribunal supremo y único, al que habrían de ir en apelación todas las causas que se estimaran mal juzgadas. Este tribunal se componía de ancianos nombrados por elección. En cuanto a la forma de los juicios, Hipódamo rechazaba el voto por bolas. Cada juez debía llevar una tablilla, en la que escribía, si condenaba pura y simplemente; la dejaba en blanco, si absolvía en igual forma, y estampaba en ella sus razones, si absolvía o condenaba sólo en parte. El sistema actual le parecía vicioso, en cuanto obliga a los jueces muchas veces a ser perjuros, cuando votan de una manera absoluta en uno o en otro sentido. Garantizaba también por medio de la ley las recompensas debidas a los descubrimientos políticos de utilidad general, y aseguraba la educación de los hijos de los guerreros que morían en los combates, haciendo que los tomara a su cargo el Estado. Esta última institución le pertenece exclusivamente: pero hoy Atenas y otros muchos Estados poseen una ley análoga. Todos los magistrados debían ser elegidos por el pueblo, que para Hipódamo se compone de las tres clases del Estado; y una vez nombrados, los magistrados se encargan mancomunadamente de la vigilancia de los

intereses generales, de los asuntos extranjeros y de la tutela de los huér-
fanos.

Tales son, poco más o menos, las disposiciones principales de la constitución de Hipódamo.

Desde luego, se tropieza con la dificultad que ofrece una clasificación de
ciudadanos, en la que labradores, artesanos y guerreros toman una parte
igual en el gobierno: los primeros, sin armas; los segundos sin armas y sin
tierras; es decir, casi esclavos de los terceros, que están armados. Más aún,
es imposible que entren todos a participar de las funciones públicas. Es
necesario sacar de la clase de los guerreros los generales y los guardas de
la ciudad, y, por decirlo así, todos los principales funcionarios. Pero si los
artesanos y los labradores son excluidos del gobierno de la ciudad, ¿cómo
podrían tener amor a la patria? Si se objeta que la clase de los guerreros
será más poderosa que las otras dos, observemos por el pronto que esto
no es fácil, porque no serán numerosos; pero si son los más fuertes, ¿a qué
viene dar al resto de los ciudadanos derechos políticos y hacerlos dueños
del nombramiento de magistrados? ¿Qué papel hacen, por otra parte, los
labradores en la república de Hipódamo? Los artesanos ya se concibe que
son indispensables como en todas partes, y pueden, lo mismo que en los
demás Estados, vivir de su oficio. Pero en cuanto a los labradores, si se les
supone encargados de proveer a la subsistencia de los guerreros, podría
con razón hacérseles miembros del Estado; pero aquí, en esta república,
por el contrario, son dueños de las tierras que les pertenecen en propiedad, y sólo las cultivan para su provecho.

Si los guerreros cultivan personalmente las tierras públicas destinadas a su
sostenimiento, la clase de guerreros no será entonces distinta de la de los
labradores; y, sin embargo, el legislador pretende distinguirlos. Si hay otros
ciudadanos, además de los guerreros y los labradores, que posean en propiedad bienes raíces, estos ciudadanos formarán en el Estado una cuarta
clase sin derechos políticos y extraña a la constitución. Si se encomienda a
los mismos ciudadanos el cultivo de las propiedades públicas y de las particulares, no se sabrá precisamente lo que cada uno deberá cultivar para
satisfacer las necesidades de las dos familias, y, en este caso, ¿por qué no
dar desde el principio a los labradores un solo y mismo lote de tierra que
sea bastante para su propio sostenimiento y para producir lo que habrán
de suministrar a los guerreros? Todos estos puntos de la constitución de
Hipódamo ofrecen graves dificultades.

Su ley relativa a los juicios no es mejor, pues, al permitir a los jueces dividir sus fallos y no dictarlos de una manera absoluta, los convierte en simples árbitros. Este sistema puede ser admisible, aun siendo numerosos los

jueces, en las sentencias arbitrales discutidas en común por los que las han de dictar, pero no puede aplicarse a los tribunales; y, así, los más de los legisladores han tenido gran cuidado de prohibir toda comunicación entre los jueces. ¿Qué confusión no resultaría en un negocio de interés si el juez concediese una suma que no fuese completamente igual a la que reclama el demandante? Éste reclama veinte minas, y un juez concede diez; otro más, otro menos, este cinco, aquel cuatro, y estas divergencias ocurrirán a cada momento, concediendo uno la suma toda y negándola otros. ¿Cómo conciliar todas estas opiniones? Por lo menos absolviendo o condenando, en absoluto, el juez no corre el riesgo de ser perjuro, puesto que de una manera absoluta se ha intentado la acción, y la absolución quiere decir, no que no se deba nada al demandante, sino que no se le deben las veinte minas, y sólo tendría lugar el perjurio si se votase el pago de las veinte minas no creyendo en conciencia que el demandado las debe.

En cuanto a las recompensas que se conceden a los que hacen algunos descubrimientos útiles para la ciudad, es una ley seductora en la apariencia, pero peligrosa. Será origen de muchas intrigas y quizá causa de revoluciones. Hipódamo toca aquí una cuestión sobre un objeto bien diferente: ¿están o no interesados los Estados en cambiar sus instituciones antiguas en el caso de poderlas reemplazar con otras mejores? Si se decide que tienen interés en no cambiarlas, no podría admitirse sin un maduro examen el proyecto de Hipódamo, porque un ciudadano podría proponer el trastorno de las leyes y de la constitución como un beneficio público.

Puesto que hemos indicado esta cuestión, creemos deber entrar en explicaciones más amplias acerca de ella, porque es, repito, muy controvertible, y lo mismo podría darse la preferencia al sistema de la innovación. La innovación ha sido provechosa en todas las ciencias, en la medicina, que ha prescindido de sus viejas prácticas, en la gimnástica y, en general, en todas las artes en que se ejercitan las facultades humanas; y como la política debe ocupar también un lugar entre las ciencias, es claro que es necesariamente aplicable a ella el mismo principio. Podría añadirse que los hechos mismos vienen en apoyo de esta aserción. Nuestros antepasados vivían en medio de una barbarie y de una sencillez singulares, así que por mucho tiempo los griegos no caminaban sino armados y vendían a sus mujeres. Las pocas leyes antiguas que nos han quedado son de una rudeza increíble. En Cumas, por ejemplo, la ley que castigaba el asesinato, declaraba culpable al acusado en el caso de que el acusador presentase cierto número de testigos sacados de entre los propios parientes de la víctima. La humanidad en general debe ir en busca, no de lo que es antiguo, sino de lo que es bueno. Nuestros primeros padres, ya hayan salido del seno de la tierra, ya hayan sobrevivido a alguna gran catástrofe, se parecen probablemente al vulgo y a los ignorantes de nuestros días; por lo menos, esta es la idea que la tradición nos da de los gigantes hijos de la tierra; y sería un solemne absurdo atenerse a la opinión de semejantes gentes. Además, la razón nos dice que las leyes escritas no deben conservarse siempre inmutables. La política, y lo mismo pasa con las demás ciencias, no puede precisar todos los pormenores. La ley debe en absoluto disponer de un modo general, mientras que los actos humanos recaen todos sobre casos particulares. La consecuencia necesaria de esto es que en ciertas épocas es preciso modificar determinadas leyes.

Pero considerando las cosas desde otro punto de vista, requiere esta materia la mayor circunspección. Si la mejora deseada es poco importante, es claro que, para evitar el funesto hábito de cambiar con demasiada facilidad las leyes, conviene tolerar algunos extravíos de la legislación y del gobierno. Más peligroso sería el hábito de la desobediencia que útil la innovación. También podría desecharse como inexacta la comparación de la política con las demás ciencias. La innovación en las leyes es una cosa distinta de la innovación en las artes; la ley, para hacerse obedecer, no tiene otro poder que el del hábito, y el hábito sólo se forma con el tiempo y los años, de tal manera que sustituir ligeramente las leyes existentes con otras nuevas, es debilitar la fuerza misma de la ley. Pero más aún, admitiendo la utilidad de la innovación, se puede preguntar si en los Estados debe dejarse la iniciativa en este punto a todos los ciudadanos sin distinción, o ha de quedar reservada a algunos evidentemente; porque hay una gran diferencia entre estos dos sistemas. Mas terminemos aquí estas consideraciones, que tendrán su lugar propio en otra parte.

Capítulo VI

EXAMEN DE LA CONSTITUCIÓN DE LACEDEMONIA

Respecto a las constituciones de Lacedemonia y de Creta pueden hacerse dos preguntas aplicables a todos los demás Estados: la primera, cuáles son los méritos y los defectos de estos Estados comparados con el tipo de la constitución perfecta; y la segunda, si no presenta nada que sea contradictorio con el principio y la naturaleza de su propia constitución.

En un Estado bien constituido, los ciudadanos no deben ocuparse de las primeras necesidades de la vida, punto en que todos están de acuerdo, siendo sólo el modo de ejecución lo que ofrece dificultades. Más de una vez la esclavitud de los penestes ha sido peligrosa para los tesalios, como la de los ilotas a los espartanos. Son enemigos eternos, que espían sin cesar la ocasión de sacar provecho de cualquier calamidad. La Creta nada ha tenido que temer en este punto, y probablemente la causa de esto es que los diversos Estados que la componen, aunque se han hecho la guerra, jamás han prestado a la rebelión un apoyo que pudiese volverse contra ellos mismos, puesto que poseen todos siervos periecos. Lacedemonia, por el contrario, sólo tenía en torno suyo enemigos: la Mesenia, la Argólide, la Arcadia. La primera insurrección de los esclavos entre los tesalios estalló precisamente con ocasión de la guerra que sostuvieron contra los aqueos, los perrebes y los magnesianos, pueblos limítrofes. Si hay un punto que exige laborioso cuidado, es, ciertamente, la conducta que debe observarse con los esclavos. Si son tratados con dulzura, se hacen insolentes y se atreven a considerarse como iguales a sus dueños; tratados con severidad, conspiran contra ellos y los aborrecen. Cuando no se consigue despertar otros sentimientos que estos en el corazón de los ilotas, es prueba de que no se ha resuelto bien el problema.

El relajamiento de las leyes de Lacedemonia respecto a las mujeres es, a la vez, contrario al espíritu de la constitución y al buen orden del Estado. El hombre y la mujer, elementos ambos de la familia, forman igualmente, si puede decirse así, las dos partes del Estado; de un lado los hombres, de otro las mujeres; de suerte que, dondequiera que la constitución ha dispuesto mal lo relativo a las mujeres, es preciso decir que la mitad del Estado carece de leyes. Esto puede observarse en Esparta; el legislador, al exigir de todos los miembros de su república templanza y firmeza, lo ha conseguido gloriosamente respecto a los hombres, pero se ha malogrado por completo su intento respecto a las mujeres, que pasan la vida entregadas a todos los desarreglos y excesos del lujo. La consecuencia necesaria de esto es que bajo semejante régimen, el dinero debe ser muy estimado, sobre todo cuando los hombres se sienten inclinados a dejarse dominar por las mujeres, tendencia habitual en las razas enérgicas y guerreras. Exceptúo, sin embargo, a los celtas y algunos otros pueblos que, según se dice, rinden culto francamente al amor varonil. Fue una buena idea la del mitólogo que imaginó por primera vez la unión de Marte con Venus, porque todos los guerreros son naturalmente inclinados al amor del uno o del otro sexo.

Los lacedemonios no han podido evitar esta condición general, y en tanto que su poder ha durado, sus mujeres han decidido muchos negocios. ¿Y qué más da que las mujeres gobiernen en persona, o que los que gobiernan lo hagan arrastrados por ellas? El resultado siempre es el mismo. Teniendo una audacia que es completamente inútil en las circunstancias ordinarias de la vida y sólo buena en la guerra, las lacedemonias no han sido menos perjudiciales a sus maridos cuando han llegado los momentos de peligro. La invasión tebana lo ha demostrado bien. Inútiles como siempre, causaron ellas más desórdenes en la ciudad que los enemigos mismos.

Causas hubo para que en Lacedemonia se desatendiese desde el principio la educación de las mujeres. Los hombres, ocupados por mucho tiempo en expediciones exteriores durante las guerras contra la Argólide y más tarde contra la Arcadia y la Mesenia, y educados en la vida de los campos, escuela de tantas virtudes, fueron después de la paz materia a propósito para la reforma del legislador. En cuanto a las mujeres, Licurgo, después de haber intentado, según se dice, someterlas a las leyes, se vio obligado a ceder ante su resistencia y abandonar los proyectos que tenía. Y así, cualquiera que haya sido su influencia más tarde, a ellas es a las que es preciso atribuir únicamente este vacío de la constitución. Nuestras indagaciones tienen, por lo demás, por fin, no el elogio o la censura de todo cuanto se presente, sino el examen de las cualidades y defectos de los gobiernos. Repetiré, sin embargo, que el desarreglo de las mujeres además de ser una mancha para el Estado, arrastra a los ciudadanos al amor desordenado de las riquezas.

Otro defecto que se puede añadir a los que se acaban de señalar en la constitución de Lacedemonia, es la desproporción de las propiedades: unos poseen bienes inmensos, otros no tienen casi nada; así que el territorio está en manos de pocos. La falta, en este caso, está en la ley misma. La legislación ha considerado con razón como cosas deshonrosas la compra y la venta de un patrimonio; pero ha permitido disponer arbitrariamente de los bienes, sea por donación entre vivos, sea por testamento. Y, sin embargo, en ambos casos la consecuencia es la misma. Además, las mujeres poseen las dos quintas partes de las tierras, porque muchas de ellas son herederas únicas o se han constituido en su favor crecidas dotes. Hubiera sido preferible abolir enteramente el uso de las dotes, o haberles fijado una tasa muy baja y lo más módica posible. En Esparta, por el contrario, uno puede casar a su única heredera con quien quiera, y si el padre muere sin haber dispuesto nada, el tutor puede a su elección casar la pupila; de donde resulta que un país que es capaz de presentar mil quinientos jinetes y treinta mil infantes, apenas cuenta mil combatientes.

Los hechos mismos han demostrado bien claramente el vicio de la ley en este punto; el Estado no ha podido soportar ni un solo revés, y la falta de hombres ha causado su ruina. Se asegura que bajo los primeros reyes, para evitar este grave inconveniente que las dilatadas guerras debían producir, se dio el derecho de ciudad a extranjeros; y los espartanos, se dice, eran entonces diez mil, poco más o menos. Que este hecho sea verdadero o inexacto, poco importa; lo mejor sería procurar una población guerrera al Estado, haciendo las fortunas iguales. Pero la misma ley relativa al número de hijos es contraria a esta mejora. El legislador, con el fin de aumentar el número de los espartanos, ha hecho cuanto puede hacerse para que los ciudadanos procreen todo lo posible. Según la ley, el padre de tres hijos está exento de hacer guardias; y el ciudadano que tiene cuatro está exento de todo impuesto. No era difícil prever que aumentando el número de los ciudadanos y subsistiendo la misma división territorial, no se hacía otra cosa que aumentar el número de desgraciados.

La institución de los éforos también es defectuosa. Aunque éstos constituyen la primera y más poderosa de las magistraturas, todos salen de las clases inferiores de los espartanos; y así ha resultado que tan eminentes funciones han caído en manos de gente pobre que se ha vendido a causa de su miseria. Pueden citarse muchos ejemplos antiguos; pero lo que ha pasado en nuestros días, con ocasión de los Andrias, lo prueba bastante. Algunos hombres ganados con dinero han arruinado al Estado en cuanto han podido. El poder ilimitado y hasta tiránico de los éforos ha precisado a los mismos reyes a hacerse demagogos. La constitución recibió así un doble golpe, y la aristocracia debió dejar su puesto a la democracia. Debe reconocerse, sin embargo, que esta magistratura puede dar estabilidad al gobierno. El pueblo permanece tranquilo cuando tiene participación en la magistratura suprema; y este resultado, ya sea el legislador el que lo produzca, ya sea obra del azar, no es menos ventajoso para la ciudad. El Estado no puede encontrarse bien sino cuando de común acuerdo los ciudadanos quieren su existencia y su estabilidad. Pues esto es lo que sucede en Esparta; el reinado se da por satisfecho con las atribuciones que le han concedido; la clase superior lo está por los puestos que ocupa en el senado, la entrada en el cual se obtiene como un premio a la virtud; y, en fin, lo está el resto de los espartanos por la institución de los éforos, que descansa en la elección general.

Pero si era conveniente someter al sufragio general la elección de los éforos, debió adoptarse un método menos pueril que el actual. Por otra parte, como los éforos, no obstante proceder de las clases más humildes, deciden soberanamente las cuestiones más importantes, hubiera sido muy bueno no fiarse a su juicio arbitrario, y sí someterlos a reglas estrictas y leyes positivas. En fin, las mismas costumbres de los éforos no están en armonía con el espíritu de la constitución, porque son muy relajadas, mientras que los demás ciudadanos están sometidos a un régimen que podría tacharse más bien de excesivamente severo, y al cual los éforos no tienen el valor de someterse, y así eluden la ley entregándose en secreto a toda clase de placeres.

La institución del senado está también muy lejos de ser perfecta. Compuesto de hombres de edad madura y cuya educación parece una prenda de su mérito y virtud, debería creerse que esta asamblea era una garantía para el Estado. Pero dejar a ciertos hombres durante toda su vida la decisión de las causas importantes es base de una institución cuya utilidad puede ponerse en duda, porque la inteligencia tiene su ancianidad como el cuerpo, y el peligro es tanto mayor cuanto que la educación de los senadores no ha impedido que el mismo legislador desconfiara de su virtud. Se ha visto que hombres revestidos con esta magistratura se han dejado corromper y han sacrificado al favor los intereses del Estado; así que más seguro habría sido no hacer irresponsables, como lo son en Esparta. Sería un error pensar que la suprema inspección de los éforos garantice la responsabilidad de todos los magistrados, porque es conceder demasiado al poder de aquéllos, y no es, por otra parte, en este sentido en el que nosotros deseamos la responsabilidad. Es preciso añadir que la elección de los senadores es, en su forma, tan pueril como la de los éforos, y no puede aprobarse que el ciudadano, que es digno del desempeño de una función pública, se presente a solicitarla en persona. Las magistraturas deben confiarse al mérito, ya las acepte, ya las renuncie el que lo tenga. Pero en este punto el legislador se ha guiado por el principio que resalta en toda su constitución. Excitando la ambición de los ciudadanos es como se procede a hacer la elección de los senadores, porque nunca se solicita una magistratura sino por ambición; y sin embargo, los más de los crímenes voluntarios que cometen los hombres no tienen otro origen que la ambición y la codicia.

En cuanto al reinado, en otra parte examinaré si es una institución funesta o ventajosa para los Estados. Pero en verdad que la organización que aquél ha recibido y conserva aún en Lacedemonia no guarda proporción con la elección vitalicia de cada uno de los dos reyes. El mismo legislador ha puesto en duda su virtud, y sus leyes prueban que desconfiaba de su probidad. Y así los lacedemonios los han obligado con frecuencia a ir a las expediciones militares acompañados por enemigos personales; y la discordia de los dos reyes la consideraban ellos como una salvaguardia del Estado.

Las comidas comunes, que llaman ellos fidicias, han sido igualmente mal organizadas por culpa de su fundador; pues los gastos deberían correr a cargo del Estado, como en Creta. En Lacedemonia, por el contrario, cada uno debe llevar la parte prescrita por la ley, por más que la extrema pobreza de algunos ciudadanos no le permita hacer ese gasto. La intención del legislador ha sido completamente defraudada; quería hacer de las comidas comunes una institución completamente popular, y gracias a la ley no es nada de esto. Los más pobres no pueden tomar parte en estas comidas; y, sin embargo, desde tiempo inmemorial, el derecho político sólo se adquiere mediante esta condición, y la pierde todo el que no se halla en situación de soportar esta carga.

Con razón se ha criticado la ley relativa a los almirantes, porque es un origen de disensiones, puesto que equivale a crear, al lado de los reyes, que son generales vitalicios del ejército de tierra, otro reinado casi tan poderoso como el suyo.

Se puede hacer al sistema en conjunto del legislador el mismo cargo que Platón le ha hecho en sus Leyes: el de tender exclusivamente a desenvolver una sola virtud: el valor guerrero. No niego la utilidad del valor para llegar a la dominación, pero Lacedemonia, que se ha sostenido mientras ha hecho la guerra, ha perdido el poder por no saber gozar de la paz y por no haberse dedicado a ejercicios más elevados que los de los combates. Una falta no menos grave es que, reconociendo que las conquistas deben ser el premio de la virtud y no de la cobardía, idea ciertamente muy justa, los espartanos han llegado a considerar a aquéllas como cosa superior a la virtud misma, lo cual es mucho menos laudable.

Todo lo relativo a las rentas públicas es muy defectuoso en el gobierno de Esparta. El Estado, no obstante estar expuesto a sostener guerras muy dispendiosas, no tiene tesoro; y, además, las contribuciones públicas son poco menos que nulas, porque, como casi todo el suelo pertenece a los espartanos, se apuran muy poco a hacer efectivos los impuestos. El legislador se ha equivocado completamente en lo relativo al interés general, al hacer al Estado muy pobre y a los particulares desmesuradamente codiciosos.

He aquí las principales observaciones críticas que pueden hacerse a la constitución de Lacedemonia, y a las que ponemos aquí fin.

Capítulo VII

Examen de la constitución de Creta

La constitución de Creta tiene muchos puntos de contacto con la de Esparta. Aventaja a ésta en algunas cosas poco importantes; pero en su conjunto es inferior a ella. La razón es muy sencilla: se asegura, y es un hecho muy probable, que Lacedemonia tomó de Creta casi todas sus leyes; y es sabido que las cosas antiguas son ordinariamente menos perfectas que las que han venido más tarde. Cuando Licurgo, después de haber estado bajo la tutela de Carilao, comenzó a viajar, se dice que residió mucho tiempo en Creta, donde se encontraba con un pueblo de la misma raza que el suyo; porque los lictios eran una colonia de Lacedemonia que, al llegar a Creta, adoptaron las instituciones de los primeros ocupantes, y todos los siervos de la isla se rigen todavía por las mismas leyes de Minos, que pasa por su primer legislador.

Por su posición natural, la Creta parece llamada a dominar todos los pueblos griegos, establecidos en su mayor parte en las orillas de los mares en que se encuentra esta gran isla. Por una parte toca casi con el Peloponeso y por otra con el Asia, hacia Tríope y la isla de Rodas. Además, Minos alcanzó el imperio del mar y de todas las islas inmediatas que conquistó o colonizó; y en fin, llevó sus armas hasta la Sicilia, donde murió cerca de Camico.

He aquí algunas de las analogías que hay entre la constitución de los cretenses y la de los lacedemonios. Éstos obligan a cultivar sus tierras a los ilotas, aquéllos a los siervos periecos; las comidas en común están establecidas en ambos pueblos; y se debe añadir que en otro tiempo se llamaban en Esparta, no fidicias, sino andrías, como se llamaban en Creta, prueba evidente de que de allí procedían. En cuanto al gobierno, los magistrados, llamados cosmos por los cretenses, gozan de una autoridad igual a la de los éforos, con la sola diferencia de que éstos son cinco y los cosmos diez. Los gerontes, que constituyen en Creta el senado, son absolutamente los mismos que los gerontes de Esparta. En un principio los cretenses tenían el reinado, que quitaron más tarde; correspondiendo hoy el mando de los ejércitos a los cosmos. En fin, todos los ciudadanos, sin excepción, tienen voz en la asamblea pública, cuya soberanía consiste únicamente en sancionar los decretos de los senadores y de los cosmos, sin extenderse a más.

La organización de las comidas en común está mejor dispuesta en Creta que en Lacedemonia. En Esparta cada cual debe suministrar la cuota que la ley señala, so pena de verse privado de sus derechos políticos, como ya he dicho. En Creta, la institución se aproxima mucho más a la mancomunidad. De los frutos que se recogen y de los ganados que se crían, ya pertenezcan

al Estado o ya provengan de los tributos pagados por los siervos, se hacen dos partes, una destinada al culto de los dioses y a los funcionarios públicos, y otra para las comidas comunes, en las que son alimentados a expensas del Estado hombres, mujeres y niños.

Los propósitos del legislador son excelentes respecto de las ventajas de la templanza y del aislamiento de las mujeres cuya fecundidad teme; pero ha establecido el comercio de unos hombres con otros; disposición cuyo valor, bueno o malo examinaremos más tarde, pues aquí me limito a decir que la organización de las comidas comunes en Creta es evidentemente superior a la de Lacedemonia.

La institución de los cosmos es inferior, si es posible, a la de los éforos; tiene todos sus vicios, puesto que los cosmos son también gentes de un mérito muy vulgar. Pero no tiene en Creta las ventajas que Esparta ha sabido sacar de esta institución. En Lacedemonia, la prerrogativa que concede al pueblo esta suprema magistratura, nombrada por sufragio universal, le obliga a amar la constitución; en Creta, por lo contrario, los cosmos son tomados de ciertas familias privilegiadas y no de la universalidad de los ciudadanos; y, además, es preciso haber sido cosmo para entrar en el senado. Esta última institución presenta los mismos defectos que en Lacedemonia; la irresponsabilidad de estos puestos vitalicios constituye un poder exorbitante; y aquí aparece también el inconveniente de abandonar las decisiones judiciales al arbitrio de los senadores, sin imponerles leyes escritas. La aquiescencia pasiva del pueblo excluido de esta magistratura no prueba el mérito de la constitución. Los cosmos no tienen como los éforos ocasión de dejarse ganar; nadie va a su isla a comprarlos.

Para remediar los vicios de su constitución, los cretenses han imaginado un expediente que contradice todos los principios de gobierno, y que es violento hasta el absurdo. Los cosmos se ven muchas veces depuestos por sus propios colegas o por simples ciudadanos que se sublevan contra ellos. Los cosmos tienen también la facultad de abdicar cuando les parezca; lo cual debía someterse a la ley más bien que al capricho individual, que no es ciertamente una regla segura. Pero lo que es todavía más funesto para el Estado es la suspensión absoluta de esta magistratura, cuando algunos ciudadanos poderosos, que se unen al efecto, derriban a los cosmos para sustraerse por este medio a los juicios de que están amenazados. El resultado de todas estas perturbaciones es que la Creta, a decir verdad, en lugar de tener un gobierno sólo tiene una sombra de él; que la violencia es la única cosa que allí reina, y que continuamente los facciosos llaman a las armas al pueblo y a sus amigos, y, reconociendo a uno como jefe, provocan la guerra civil para llevar a cabo una revolución. ¿En qué difiere un desorden semejante del anonadamiento provisional de la constitución y de la disolución absoluta de todo vínculo político? Un Estado perturbado de esta manera es fácilmente presa del que quiera o pueda atacarlo. Repito que sólo la situación aislada de la Creta ha podido hasta ahora salvarla; este aislamiento ha hecho lo que no hicieron las leyes, que, además, proscriben a los extranjeros, siendo esta la causa de que mantengan los siervos en el deber, mientras que los ilotas se sublevan continuamente. Los cretenses no han extendido su poder en el exterior; y la guerra que los extranjeros han llevado recientemente a la isla ha dejado ver la debilidad de sus instituciones.

No diré más sobre el gobierno de Creta.

Capítulo VIII

Examen de la constitución de Cartago

Cartago goza, al parecer, todavía de una buena constitución, más completa que la de otros Estados en muchos puntos y semejante en ciertos conceptos a la de Lacedemonia. Estos tres gobiernos de Creta, de Esparta y de Cartago tienen grandes relaciones entre sí, y son muy superiores a todos los conocidos. Los cartagineses, en particular, poseen instituciones excelentes, y lo que prueba el gran mérito de su constitución es que, a pesar de la parte de poder que concede al pueblo, nunca ha habido en Cartago cambios de gobierno, y, lo que es más extraño, jamás ha conocido ni las revueltas ni la tiranía.

Citaré algunas de las analogías que hay entre Esparta y Cartago. Las comidas en común de las sociedades políticas se parecen a las fidicias lacedemonias: los Ciento Cuatro reemplazan a los éforos, aunque la magistratura cartaginesa es preferible, en cuanto sus miembros, en lugar de salir de las clases oscuras, se toman de entre los hombres más virtuosos. Los reyes y el senado se parecen mucho en las dos constituciones, pero Cartago, que es más prudente y no toma sus reyes de una familia única, tampoco los toma de todas indistintamente, y remite a la elección y no a la edad el que sea el mérito el que ocupe el poder. Los reyes, que poseen una inmensa autoridad, son muy peligros cuando son medianías, y en este concepto en Lacedemonia han causado mucho mal.

Las desviaciones de los principios señalados y criticados tantas veces son comunes a todos los gobiernos que hasta ahora hemos examinado. La constitución cartaginesa, como todas aquellas cuya base es a la vez aristocrática y republicana, se inclina tan pronto del lado de la demagogia como del de la oligarquía: por ejemplo, el reinado y el senado, cuando su dictamen es unánime, pueden decidir ciertos negocios y sustraer otros al conocimiento del pueblo, que sólo tiene derecho a decidir en caso de disentimiento. Pero cuando este caso llega, puede no sólo hacer que los magistrados expongan sus razones, sino también fallar como soberano, y cada ciudadano puede tomar la palabra sobre el objeto puesto a discusión; prerrogativa que no hay que buscar en otras constituciones. Por otra parte, dar a las Pentarquías, encargadas de una multitud de asuntos importantes, la facultad de constituirse por sí mismas; permitirles nombrar la primera de todas las magistraturas, la de los Ciento; concederles un ejercicio más amplio que el de todas las demás funciones, puesto que los pentarcas, después de dejar el cargo o siendo simples candidatos, son siempre igualmente poderosos; todas estas son instituciones oligárquicas. De otro lado es una institución aristocrática el desempeño de funciones gratuitas, sin que en la designación haya intervenido la suerte; y la misma tendencia advierto en algunas otras, como la de los jueces, que fallan toda especie de causas, sin tener, como en Lacedemonia, atribuciones especiales.

Si el gobierno de Cartago degenera principalmente de aristocrático en oligárquico, es preciso buscar la causa en una opinión allí generalmente recibida. Creen que las funciones públicas deben confiarse no sólo a los hombres distinguidos, sino también a la riqueza, y que un ciudadano pobre no puede abandonar sus negocios y regir con probidad los del Estado. Por consiguiente, si escoger en vista de la riqueza es un principio oligárquico, y escoger según el mérito es un principio aristocrático, el gobierno de Cartago constituye una tercera combinación, puesto que tiene en cuenta a la vez estas dos condiciones, sobre todo en la elección de los magistrados supremos, de los reyes y de los generales. Esta alteración del principio aristocrático es una falta cuyo origen se remonta hasta el mismo legislador. Uno de sus primeros cuidados debe ser desde el principio asegurar una vida desahogada a los ciudadanos más distinguidos, y hacer de manera que la pobreza no pueda venir en daño de la consideración que se les debe, ya como magistrados, ya como simples particulares. Pero es preciso reconocer que si la fortuna merece que se la tome en cuenta a causa del tiempo desocupado que procura, no es menos peligroso hacer venales las funciones más elevadas, como las de rey y de general. Una ley de esta clase honra más al dinero que al mérito, e infiltra en el corazón de toda la república el amor al oro. La opinión de los primeros hombres del Estado constituye una regla para todos los demás ciudadanos, siempre dispuestos a seguirlos. Ahora bien, dondequiera que no es estimado el mérito sobre todo lo demás, no puede existir constitución aristocrática verdaderamente sólida. Es muy natural que los que han comprado sus cargos se habitúen a indemnizarse cuando a fuerza de dinero han alcanzado el poder. Lo absurdo es suponer que un pobre, pero que es hombre de bien, puede querer enriquecerse, y que un hombre depravado, que ha pagado caramente su empleo, no lo quiera. Las funciones públicas deben confiarse a los más capaces, y el legislador, si se ha desentendido de asegurar una fortuna a los ciudadanos distinguidos, podría, por lo menos, garantizar un pasar decente a los magistrados.

También puede censurarse la acumulación de varios empleos en una misma persona, lo cual pasa en Cartago por un gran honor, porque un hombre no puede dar cumplimiento a la vez más que a un solo cometido. Es un deber del legislador establecer la división de empleos y no exigir de un mismo individuo que sea músico y haga zapatos. Cuando el Estado es algo extenso, es más conforme al principio republicano y democrático hacer posible al mayor número de ciudadanos al acceso a las magistraturas; porque entonces se obtiene, como hemos dicho, la doble ventaja de que los negocios administrativos en común se despachan mejor y más pronto. Puede verse la verdad de esto en las operaciones de la guerra y en las de la marina, donde cada hombre tiene, por decirlo así, un empleo especial, ya le toque desde el obedecer o mandar. Cartago se salva de los peligros de su gobierno oligárquico enriqueciendo continuamente a una parte del pueblo, que envía a las colonias. Es un medio de depurar y mantener el Estado; pero resulta entonces que sólo debe su tranquilidad al azar, siendo así que al legislador es a quien toca afianzarla. Así que, en caso de un revés, si la masa del pueblo llega a sublevarse contra la autoridad, las leyes no ofrecerán ni un solo recurso para dar al Estado la paz interior.

Termino aquí el examen de las constituciones justamente renombradas de Esparta, Creta y Cartago.

Capítulo IX

Consideraciones acerca de varios legisladores

Entre los hombres que han publicado un sistema sobre la mejor constitución los hay que jamás manejaron los negocios públicos, habiendo sido simples particulares, y ya hemos citado todo lo que de los mismos merecía alguna atención. Otros han sido legisladores, ya en su propio país, ya en países extranjeros, y ellos mismos han gobernado. Entre éstos, unos se han limitado a dictar leyes y otros han fundado también Estados. Licurgo y Solón, por ejemplo, ambos dictaron leyes y fundaron gobiernos.

Ya hemos examinado la constitución de Lacedemonia. En cuanto a Solón, es un gran legislador a los ojos de los que le atribuyen haber destruido la omnipotencia de la oligarquía, haber puesto fin a la esclavitud del pueblo y haber constituido la democracia nacional mediante un debido equilibrio de instituciones, que son oligárquicas en lo relativo al senado del areópago, aristocráticas en punto a la elección de los magistrados, y democráticas en lo referente a la organización de los tribunales. Pero también es cierto que Solón conservó en la misma forma que los encontró el senado del areópago y el principio de elección para los magistrados, y lo único que hizo fue crear el poder del pueblo, abriendo el camino de las funciones judiciales a todos los ciudadanos. En este sentido se le echa en cara el haber destruido el poder del senado y el de los magistrados elegidos, haciendo la judicatura, designada por la suerte, dueña y soberana del Estado. Una vez establecida esta ley, las adulaciones de que era objeto el pueblo, como si fuera un verdadero tirano, dieron origen a que se pusiera al frente de los negocios la democracia tal como reina en nuestros días. Efialto mermó las atribuciones del areópago, y lo mismo hizo también Pericles, que llegó hasta fijar un salario a los jueces; y siguiendo el ejemplo de ambos, cada demagogo ensalzó la democracia más y más, hasta el punto en que la vemos hoy. Pero no es de creer que haya sido esta la primera intención de Solón, pues estos caminos sucesivos han sido más bien accidentales. Y así, el pueblo, orgulloso por haber conseguido la victoria naval en la guerra Médica, descartó de las funciones públicas a los hombres virtuosos, para poner los negocios del Estado en manos de demagogos corruptos. Solón sólo había concedido al pueblo la parte indispensable del poder, es decir, la elección de los magistrados y el derecho de obligarles a que le dieran cuenta de su conducta, porque sin estas dos prerrogativas el pueblo es esclavo u hostil. Pero todas las magistraturas fueron dadas por Solón a los ciudadanos distinguidos y a los ricos poseedores de quinientos modios de renta, a los zeugitas y a la tercera clase, compuesta de caballeros; la cuarta, que era la de los mercenarios, no tenía acceso a ningún cargo público.

Zaleuco dio leyes a los locrios apizefirios; y Carondas de Catania, a su ciudad natal y a todas las colonias que fundó Calcis en Italia y en Sicilia. A estos dos nombres, algunos autores añaden el de Onomácrito, el primero, según ellos, que estudió la legislación con fruto. Aunque Locrio había estudiado la legislación de Creta, adonde había ido para aprender el arte de los adivinos. Se añade que fue amigo de Tales, de quien fueron discípulos Licurgo y Zaleuco, así como Carondas lo fue de Zaleuco; mas para hacer todas estas aserciones, es preciso confundir de un modo muy extraño los tiempos.

Filolao de Corinto, que fue el legislador de Tebas, era de la familia de los Baquíades, y cuando Diocles, el vencedor en los juegos olímpicos, de quien era amante, se vio precisado a huir de su patria para sustraerse a la pasión incestuosa de su madre Alcione, Filolao se retiró a Tebas, donde ambos terminaron sus días. Todavía hoy se encuentran allí sus sepulcros, el uno frente al otro, viéndose desde el uno el territorio de Corinto, y no desde el otro. Si hemos de creer la tradición, los mismos Diocles y Filolao lo ordenaron así en sus testamentos; el primero, resentido a causa de su destierro, no quiso que desde su tumba se pudiera ver la llanura de Corinto; y el segundo, por lo contrario, lo deseó. Tal es la historia de su residencia en Tebas. Entre las leyes que Filolao dio a esta ciudad, citaré las que conciernen a los nacimientos, y que aún se llaman leyes fundamentales. Lo verdaderamente peculiar de este legislador es el haber ordenado que el número de pertenencias fuese siempre inmutable.

En cuanto a Carondas, lo único digno de especial mención es su ley contra los testigos falsos, siendo el primero que se ocupó de esta clase de delitos; pero en razón de la precisión y claridad de sus leyes, supera hasta a los legisladores de nuestros días. La igualdad de fortunas es el principio que desenvolvió particularmente Faleas. Los principios especiales de Platón son la comunidad de mujeres y de hijos, la de los bienes y las comidas en común de las mujeres. En sus obras es de notar también la ley contra la embriaguez; la que confiere a los hombres sobrios la presidencia de los banquetes; la que en la educación militar prescribe el ejercicio simultáneo de ambas manos, para que no resulte una inútil y puedan utilizarse las dos. Dracón también hizo leyes, pero fue para un gobierno ya constituido, y nada tienen de particular ni de memorables como no sea un rigor excesivo y la gravedad de las penas. Pítaco hizo leyes, pero no fundó gobierno, y la disposición peculiar de él es la de castigar con doble pena las faltas cometidas durante la embriaguez. Como los delitos son más frecuentes en este estado que el de sano juicio, consultó en esto más la utilidad general de la represión que la indulgencia a que es acreedor un hombre ebrio. Andródamas de Regio, legislador de Calcis, en Tracia, dictó leyes sobre el asesinato y sobre las hijas que son herederas únicas; sin embargo, no puede citarse de él ninguna institución que le pertenezca en propiedad.

Tales son las consideraciones que nos ha sugerido el examen de las constituciones existentes y de las que han imaginado algunos escritores.

Libro tercero

Del estado y del ciudadano. Teoría de los gobiernos y de la soberanía. Del reinado

Del Estado y del ciudadano

Cuando se estudia la naturaleza particular de las diversas clases de gobiernos, la primera cuestión que ocurre es saber qué se entiende por Estado. En el lenguaje común esta palabra es muy equívoca, y el acto que, según unos, emana del Estado, otros le consideran como el acto de una minoría oligárquica o de un tirano. Sin embargo, el político y el legislador no tienen en cuenta otra cosa que el Estado en todos sus trabajos; y el gobierno no es más que cierta organización impuesta a todos los miembros del Estado. Pero siendo el Estado, así como cualquier otro sistema completo y formado de muchas partes, un agregado de elementos, es absolutamente imprescindible indagar, ante todo, qué es el ciudadano, puesto que los ciudadanos en más o menos número son los elementos mismos del Estado. Y así sepamos en primer lugar a quién puede darse el nombre de ciudadano y qué es lo que quiere decir, cuestión controvertida muchas veces y sobre la que las opiniones no son unánimes, teniéndose por ciudadano en la democracia uno que muchas veces no lo es en un Estado oligárquico. Descartaremos de la discusión a aquellos ciudadanos que lo son sólo en virtud de un título accidental, como los que se declaran tales por medio de un decreto.

No depende sólo del domicilio el ser ciudadano, porque aquél lo mismo pertenece a los extranjeros domiciliados y a los esclavos. Tampoco es uno ciudadano por el simple derecho de presentarse ante los tribunales como demandante o como demandado, porque este derecho puede ser conferido por un mero tratado de comercio. El domicilio y el derecho de entablar una acción jurídica pueden, por tanto, tenerlos las personas que no son ciudadanos. A lo más, lo que se hace en algunos Estados es limitar el goce de este derecho respecto de los domiciliados, obligándolos a prestar caución, poniendo así una restricción al derecho que se les concede. Los jóvenes que no han llegado aún a la edad de la inscripción cívica, y los ancianos que han sido ya borrados de ella se encuentran en una posición casi análoga: unos y otros son, ciertamente, ciudadanos, pero no se les puede dar este título en absoluto, debiendo añadirse, respecto de los primeros, que son ciudadanos incompletos, y respecto de los segundos, que son ciudadanos jubilados. Empléese, si se quiere, cualquier otra expresión; las palabras importan poco, puesto que se concibe sin dificultad cuál es mi pensamiento. Lo que trato de encontrar es la idea absoluta del ciudadano, exenta de todas las imperfecciones que acabamos de señalar. Respecto a los ciudadanos declarados infames y a los desterrados, ocurren las mismas dificultades y procede la misma solución.

El rasgo eminentemente distintivo del verdadero ciudadano es el goce de las funciones de juez y de magistrado. Por otra parte, las magistraturas pueden ser ya temporales, de modo que no pueden ser desempeñadas dos veces por un mismo individuo o limitadas en virtud de cualquiera otra combinación, ya generales y sin límites, como la de juez y la de miembro de la asamblea pública. Quizá se niegue que estas sean verdaderas magistraturas y que confieran poder alguno a los individuos que las desempeñen, pero sería cosa muy singular no reconocer ningún poder precisamente en aquellos que ejercen la soberanía. Por lo demás, doy a esto muy poca importancia, porque es más bien cuestión de palabras. El lenguaje no tiene un término único que nos dé la idea de juez y de miembro de la asamblea pública, y con objeto de precisar esta idea adopto la palabra magistratura en general y llamo ciudadanos a todos los que gozan de ella. Esta definición del ciudadano se aplica mejor que ninguna otra a aquellos a quienes se da ordinariamente este nombre.

Sin embargo, es preciso no perder de vista que en toda serie de objetos en que éstos son específicamente desemejantes puede suceder que sea uno primero, otro segundo, y así sucesivamente, y que, a pesar de eso, no exista entre ellos ninguna relación de comunidad por su naturaleza esencial, o bien que esta relación sea sólo indirecta. En igual forma, las constituciones se nos presentan diversas en sus especies, éstas en último lugar, aquéllas en el primero; puesto que es imprescindible colocar las constituciones falseadas y corruptas detrás de las que han conservado toda su pureza. Más adelante diré lo que entiendo por constitución corrupta. Entonces el ciudadano varía necesariamente de una constitución a otra, y el ciudadano, tal como le hemos definido, es principalmente el ciudadano de la democracia. Esto no quiere decir que no pueda ser ciudadano en cualquier otro régimen, pero no lo será necesariamente. En algunas constituciones no se da cabida al pueblo; en lugar de una asamblea pública encontramos un senado, y las funciones de los jueces se atribuyen a cuerpos especiales, como sucede en Lacedemonia, donde los éforos se reparten todos los negocios civiles, donde los gerontes conocen en lo relativo a homicidios, y donde otras causas pueden pasar a diferentes tribunales; y como en Cartago, donde algunos magistrados tienen el privilegio exclusivo de entender en todos los juicios.

Nuestra definición de ciudadano debe, por tanto, modificarse en este sentido. Fuera de la democracia, no existe el derecho común ilimitado de ser miembro de la asamblea pública y juez. Por lo contrario, los poderes son completamente especiales; porque se puede extender a todas las clases de ciudadanos o limitar a algunas de ellas la facultad de deliberar sobre los negocios del Estado y de entender en los juicios; y esta misma facultad puede aplicarse a todos los asuntos o limitarse a algunos. Luego, evidentemente, es ciudadano el individuo que puede tener en la asamblea pública y en el tribunal voz deliberante, cualquiera que sea, por otra parte, el Estado de que es miembro; y por Estado entiendo positivamente una masa de hombres de este género, que posee todo lo preciso para satisfacer las necesidades de la existencia.

En el lenguaje actual, ciudadano es el individuo nacido de padre ciudadano y de madre ciudadana, no bastando una sola de estas condiciones. Algunos son más exigentes y quieren que tengan este requisito dos y tres ascendientes, y aún más. Pero de esta definición, que se cree tan sencilla como republicana, nace otra dificultad: la de saber si este tercero o cuarto ascendiente es ciudadano.

Así Gorgias de Leoncio, ya por no saber qué decir o ya por burla, pretendía que los ciudadanos de Larisa eran fabricados por operarios que no tenían otro oficio que este y que fabricaban larisios como un alfarero hace pucheros. Para nosotros, la cuestión habría sido muy sencilla; serían ciudadanos si gozaban de los derechos enunciados en nuestra definición; porque haber nacido de un padre ciudadano y de una madre ciudadana es una condición que no se puede razonablemente exigir a los primeros habitantes, a los fundadores de la ciudad.

Con más razón podría ponerse en duda el derecho de aquellos que han sido declarados ciudadanos a consecuencia de una revolución, como lo hizo Clístenes después de la expulsión de los tiranos de Atenas, introduciendo de tropel en las tribus a los extranjeros y a los esclavos domiciliados. Respecto de éstos, la verdadera cuestión está en saber no si son ciudadanos, sino si lo son justa o injustamente. Es cierto que aun en este concepto podría preguntarse si uno es ciudadano cuando lo es injustamente, equivaliendo en este caso la injusticia a un verdadero error. Pero se puede responder que vemos todos los días ciudadanos injustamente elevados al ejercicio de las funciones públicas, y no por eso son menos magistrados a nuestros ojos, por más que no lo sean justamente. El ciudadano, para nosotros, es un individuo revestido de cierto poder, y basta, por tanto, gozar de este poder para ser ciudadano, como ya hemos dicho, y en este concepto los ciudadanos hechos tales por Clístenes lo fueron positivamente.

En cuanto a la cuestión de justicia o de injusticia, se relaciona con la que habíamos suscitado en primer término: ¿tal acto ha emanado del Estado o no ha emanado? Este punto es dudoso en muchos casos. Y así, cuando la democracia sucede a la oligarquía o a la tiranía, muchos creen que se deben dejar de cumplir los tratados existentes, contraídos, según dicen, no por el Estado, sino por el tirano. No hay necesidad de citar otros muchos razonamientos del mismo género, fundados todos en el principio de que el gobierno no ha sido otra cosa que un hecho de violencia sin ninguna relación con la utilidad general. Si la democracia, por su parte, ha contraído compromisos, sus actos son tan actos del Estado como los de la oligarquía y de la tiranía. Aquí la verdadera dificultad consiste en determinar en qué casos se debe sostener que el Estado es el mismo, y en cuáles que no es el mismo, sino que ha cambiado por completo. Se mira muy superficialmente la cuestión cuando nos fijamos sólo en el lugar y en los individuos, porque puede suceder que el Estado tenga su capital aislado y sus miembros diseminados, residiendo unos en un paraje y otros en otro. La cuestión, considerada de este modo, sería de fácil solución, y las diversas acepciones de la palabra ciudad bastan sin dificultad para resolverla. Mas, ¿cómo se reconocerá la identidad de la ciudad, cuando el mismo lugar subsiste ocupado constantemente por los habitantes? No son las murallas las que constituyen esta unidad; porque sería posible cerrar con una muralla continua todo el Peloponeso. Hemos conocido ciudades de dimensiones tan vastas que parecían más bien una nación que una ciudad; por ejemplo, Babilonia, uno de cuyos barrios no supo que la había tomado el enemigo hasta tres días después. Por lo demás, en otra parte tendremos ocasión de tratar con provecho esta cuestión; la extensión de la ciudad es una cosa que el hombre político no debe despreciar, así como debe informarse de las ventajas de que haya una sola ciudad o muchas en el Estado.

Pero admitamos que el mismo lugar continúa siendo habitado por los mismos individuos. Entonces, ¿es posible sostener, en tanto que la raza de los habitantes sea la misma, que el Estado es idéntico, a pesar de la continua alternativa de muertes y de nacimientos, lo mismo que se reconoce la identidad de los ríos y de las fuentes por más que sus ondas se renueven y corran perpetuamente? ¿o más bien debe decirse que sólo los hombres subsisten y que el Estado cambia? Si el Estado es efectivamente una especie de asociación; si es una asociación de ciudadanos que obedecen a una misma constitución, mudando esta constitución y modificándose en su forma, se sigue necesariamente, al parecer, que el Estado no queda idéntico; es como el coro que, al tener lugar sucesivamente en la comedia y en la tragedia, cambia para nosotros, por más que se componga de los mismos cantores. Esta observación se aplica igualmente a toda asociación, a todo sistema que se supone cambiado cuando la especie de combinación cambia también, sucede lo que con la armonía, en la que los mismos sonidos pueden dar lugar, ya al tono dórico, ya al tono frigio. Si esto es cierto, a la constitución es a la que debe atenderse para resolver sobre la identidad del Estado. Puede suceder, por otra parte, que reciba una denominación diferente, subsistiendo los mismos individuos que le componen, o que conserve su primera denominación a pesar del cambio radical de sus individuos.

Cuestión distinta es la de averiguar si conviene, a seguida de una revolución, cumplir los compromisos contraídos o romperlos.

Capítulo II

CONTINUACIÓN DEL MISMO ASUNTO

La cuestión que viene después de la anterior es la de saber si hay identidad entre la virtud del individuo privado y la virtud del ciudadano, o si difieren una de otra. Para proceder debidamente en esta indagación, es preciso, ante todo, nos formemos idea de la virtud del ciudadano.

El ciudadano, como el marinero, es miembro de una asociación. A bordo, aunque cada cual tenga un empleo diferente, siendo uno remero, otro piloto, éste segundo, aquél el encargado de tal o de cual función, es claro que, a pesar de las funciones o deberes que constituyen, propiamente hablando, una virtud especial para cada uno de ellos, todos, sin embargo, concurren a un fin común, es decir, a la salvación de la tripulación, que todos tratan de asegurar, y a que todos aspiran igualmente. Los miembros de la ciudad se parecen exactamente a los marineros; no obstante la diferencia de sus destinos, la prosperidad de la asociación es su obra común, y la asociación en este caso es el Estado. La virtud del ciudadano, por tanto, se refiere exclusivamente al Estado. Pero como el Estado reviste muchas formas, es claro que la virtud del ciudadano en su perfección no puede ser una; la virtud, que constituye al hombre de bien, por el contrario, es una y absoluta. De aquí, como conclusión evidente, que la virtud del ciudadano puede ser distinta de la del hombre privado.

También se puede tratar esta cuestión desde un punto de vista diferente, que se relaciona con la indagación de la república perfecta. En efecto, si es imposible que el Estado cuente entre sus miembros sólo hombres de bien, y si cada cual debe, sin embargo, llenar escrupulosamente las funciones que le han sido confiadas, lo cual supone siempre alguna virtud, como es no menos imposible que todos los ciudadanos obren idénticamente, desde este momento es preciso confesar que no puede existir identidad entre la virtud política y la virtud privada. En la república perfecta, la virtud cívica deben tenerla todos, puesto que es condición indispensable de la perfección de la ciudad; pero no es posible que todos ellos posean la virtud propia del hombre privado, a no admitir en esta ciudad modelo que todos los ciudadanos han de ser necesariamente hombres de bien. Más aún: el Estado se forma de elementos desemejantes, y así como el ser vivo se compone esencialmente de un alma y un cuerpo; el alma, de la razón y del instinto;

la familia, del marido y de la mujer; la propiedad del dueño y del esclavo, en igual forma todos aquellos elementos se encuentran en el Estado acompañados también de otros no menos heterogéneos, lo cual impide necesariamente que haya unidad de virtud en todos los ciudadanos, así como no puede haber unidad de empleo en los coros, en los cuales uno es corifeo y otro bailarín de comparsa.

Es, por tanto, muy cierto que la virtud del ciudadano y la virtud tomada en general no son absolutamente idénticas.

Pero ¿quién podrá entonces reunir esta doble virtud, la del buen ciudadano y la del hombre de bien? Ya lo he dicho: el magistrado digno del mando que ejerce, y que es, a la vez, virtuoso y hábil: porque la habilidad no es menos necesaria que la virtud para el hombre de Estado. Y así se ha dicho que era preciso dar a los hombres destinados a ejercer el poder una educación especial; y realmente vemos a los hijos de los reyes aprender particularmente la equitación y la política. Eurípides mismo, cuando dice:

«Nada de esas vanas habilidades, que son inútiles para el Estado,» parece creer que se puede aprender a mandar. Luego, si la virtud del buen magistrado es idéntica a la del hombre de bien, y si se permanece siendo ciudadano en el acto mismo de obedecer a un superior, la virtud del ciudadano, en general, no puede ser entonces absolutamente idéntica a la del hombre de bien. Lo será sólo la virtud de cierto y determinado ciudadano, puesto que la virtud de los ciudadanos no es idéntica a la del magistrado que los gobierna; y este era, sin duda, el pensamiento de Jasón cuando decía: «Que se moriría de miseria si cesara de reinar, puesto que no había aprendido a vivir como simple particular.» No se estima como menos elevado el talento de saber, a la par, obedecer y mandar; y en esta doble perfección, relativa al mando y a la obediencia, se hace consistir ordinariamente la suprema virtud del ciudadano. Pero si el mando debe ser patrimonio del hombre de bien, y el saber obedecer y el saber mandar son condiciones indispensables en el ciudadano, no se puede, ciertamente, decir que sean ambos dignos de alabanzas absolutamente iguales. Deben concederse estos dos puntos: primero, que el ser que obedece y el que manda no deben aprender las mismas cosas; segundo, que el ciudadano debe poseer ambas cualidades: la de saber ejercer la autoridad y la de resignarse a la obediencia. He aquí cómo se prueban estas dos aserciones.

Hay un poder propio del señor, el cual, como ya hemos reconocido, sólo es relativo a las necesidades indispensables de la vida; no exige que el mismo ser que manda sea capaz de trabajar. Más bien exige que sepa emplear a los que le obedecen: lo demás toca al esclavo; y entiendo por lo demás la fuerza necesaria para desempeñar todo el servicio doméstico. Las especies de esclavos son tan numerosas como lo son los diversos oficios; y podrían muy bien comprenderse en ellos los artesanos, que viven del trabajo de sus manos; y entre los artesanos deben incluirse también todos los obreros de las profesiones mecánicas; y he aquí por qué en algunos Estados han sido excluidos los obreros de las funciones públicas, las cuales no han podido obtener sino en medio de los excesos de la democracia. Pero ni el hombre virtuoso, ni el hombre de Estado, ni el buen ciudadano, tienen necesidad de saber todos estos trabajos, como los saben los hombres destinados a la obediencia, a no ser cuando de ello les resulte una utilidad personal. En el Estado no se trata de señores ni de esclavos; en él no hay más que una autoridad, que se ejerce sobre seres libres e iguales por su nacimiento. Esta es la autoridad política que debe tratar de conocer el futuro magistrado, comenzando por obedecer él mismo; así como se aprende a mandar un cuerpo de caballería siendo simple soldado; a ser general, ejecutando las órdenes de un general; a conducir una falange, un batallón, sirviendo como soldado en éste o en aquélla. En este sentido es en el que puede sostenerse con razón que la única y verdadera escuela del mando es la obediencia.

No es menos cierto que el mérito de la autoridad y el de la sumisión son muy diversos, bien que el buen ciudadano deba reunir en sí la ciencia y la fuerza de la obediencia y del mando, consistiendo su virtud precisamente en conocer estas dos fases opuestas del poder que se ejerce sobre los seres libres. También debe conocerlas el hombre de bien, y si la ciencia y la equidad con relación al mando son distintas de la ciencia y la equidad respecto de la obediencia, puesto que el ciudadano subsiste siendo libre en el acto mismo que obedece, las virtudes del ciudadano, como, por ejemplo, su ciencia, no pueden ser constantemente las mismas, sino que deben variar de especie, según que obedezca o que mande. Del mismo modo, el valor y la prudencia difieren completamente de la mujer al hombre. Un hombre parecería cobarde si sólo tuviese el valor de una mujer valiente; y una mujer parecería charlatana si no mostrara otra reserva que la que muestra el hombre que sabe conducirse como es debido. Así también en la familia, las funciones del hombre y las de la mujer son muy opuestas, consistiendo el deber de aquél en adquirir, y el de ésta en conservar. La única virtud especial exclusiva del mando es la prudencia; todas las demás son igualmente propias de los que obedecen y de los que mandan. La prudencia no es virtud del súbdito; la virtud propia de éste es una justa confianza en su jefe; el ciudadano que obedece es como el fabricante de flautas; el ciudadano que manda es como el artista que debe servirse del instrumento.

Esta discusión ha tenido por objeto hacer ver hasta qué punto la virtud política y la virtud privada son idénticas o diferentes, en qué se confunden y en qué se separan una de otra.

Capítulo III

Conclusión del asunto anterior

Aún falta una cuestión que resolver respecto al ciudadano. ¿No es uno realmente ciudadano sino en tanto que pueda entrar a participar del poder público, o debe comprenderse a los artesanos entre los ciudadanos? Si se da este título también a individuos excluidos del poder público, entonces el ciudadano no tiene, en general, la virtud y el carácter que nosotros le hemos asignado, puesto que de un artesano se hace un ciudadano. Pero si se niega este título a los artesanos, ¿cuál será su puesto en la ciudad? No pertenecen, ciertamente, ni a la clase de extranjeros, ni a la de los domiciliados. Puede decirse, en verdad, que en esto no hay nada de particular, puesto que ni los esclavos ni los libertos pertenecen tampoco a las clases de que acabamos de hablar. Pero, ciertamente, no se debe elevar a la categoría de ciudadanos a todos los individuos de que el Estado tenga necesidad. Y así, los niños no son ciudadanos como los hombres; éstos lo son de una manera absoluta, aquéllos lo son en esperanza; son ciudadanos sin duda, pero imperfectos. En otro tiempo, en algunos Estados, todos los artesanos eran esclavos o extranjeros; y en la mayor parte de aquéllos sucede hoy lo mismo. Pero una constitución perfecta no admitiría nunca al artesano entre los ciudadanos. Si se quiere que el artesano sea también ciudadano, entonces la virtud del ciudadano, tal como la hemos definido, debe entenderse con relación, no a todos los hombres de la ciudad, ni aun a todos los que tienen solamente la cualidad de libre, sino tan sólo respecto de aquellos que no tienen que trabajar necesariamente para vivir. Trabajar para un individuo en las cosas indispensables de la vida es ser esclavo; trabajar para el público es ser obrero y mercenario. Basta prestar a estos hechos alguna atención para que la cuestión sea perfectamente clara una vez que se la presenta en esta forma. En efecto, siendo diversas las constituciones, las condiciones de los ciudadanos lo han de ser tanto como aquéllas; y esto es cierto sobre todo con relación al ciudadano considerado como súbdito. Por consiguiente, en una constitución, el obrero y el mercenario serán de toda necesidad ciudadanos; en la de otro punto no podrían serlo de ninguna manera; por ejemplo, en el Estado que nosotros llamamos aristocrático, en el cual el honor de desempeñar las funciones públicas está reservado a la virtud y a la consideración; porque el aprendizaje de la virtud es incompatible con la vida de artesano y de obrero. En las oligarquías, el mercenario no puede ser ciudadano, porque el acceso a las magistraturas sólo está abierto a los que figuran a la cabeza del censo; pero el artesano puede llegar a serlo, puesto que los más de ellos llegan a hacer fortuna. En Tebas, la ley excluía de toda función al que diez años antes no había cesado de ejercer el comercio. Casi todos los gobiernos han declarado ciudadanos a hombres extranjeros; y en algunas democracias el derecho político puede adquirirse por la línea materna. Así también, generalmente, se han dictado leyes para la admisión de los bastardos, pero esto ha nacido de la escasez de verdaderos ciudadanos, y todas estas leyes no tienen otro origen que la falta de hombres. Cuando, por el contrario, la población abunda, se eliminan, en primer lugar, los ciudadanos nacidos de padre o de madre esclavos, después los que son ciudadanos sólo por la línea materna, y, en fin, sólo se admiten aquellos cuyo padre y cuya madre eran ciudadanos.

Hay, por tanto, indudablemente, diversas especies de ciudadanos, y sólo lo es plenamente el que tiene participación en los poderes públicos. Si Homero pone en boca de Aquiles estas palabras:

«¡Yo, tratado como un vil extranjero!,» es que a sus ojos es uno extranjero en la ciudad cuando no participa de las funciones públicas; y allí donde se tiene cuidado de velar estas diferencias políticas, se hace únicamente al intento de halagar a los que no tienen en la ciudad otra cosa que el domicilio.

Toda la discusión precedente ha demostrado en qué la virtud del hombre de bien y la virtud del ciudadano son idénticas, y en qué difieren; hemos hecho ver que en un Estado el ciudadano y el hombre virtuoso no son más que uno; que en otro se separan; y, en fin, que no todos son ciudadanos, sino que este título pertenece sólo al hombre político, que es o puede ser dueño de ocuparse, personal, o colectivamente, de los intereses comunes.

CAPÍTULO IV

DIVISIÓN DE LOS GOBIERNOS Y DE LAS CONSTITUCIONES

Una vez fijados estos puntos, la primera cuestión que se presenta es la siguiente: ¿Hay una o muchas constituciones políticas? Si existen muchas, ¿cuáles son su naturaleza, su número y sus diferencias? La constitución es la que determina con relación al Estado la organización regular de todas las magistraturas, sobre todo de la soberana, y el soberano de la ciudad es en todas partes el gobierno; el gobierno es, pues, la constitución misma. Me explicaré: en las democracias, por ejemplo, es el pueblo el soberano; en las oligarquías, por el contrario, lo es la minoría compuesta de los ricos; y así se dice que las constituciones de la democracia y de la oligarquía son esencialmente diferentes; y las mismas distinciones podemos hacer respecto de todas las demás.

Aquí es preciso recordar cuál es el fin asignado por nosotros al Estado, y cuáles son las diversas clases que hemos reconocido en los poderes, tanto en los que se ejercen sobre el individuo como en los que se refieren a la vida común. En el principio de este trabajo hemos dicho, al hablar de la administración doméstica y de la autoridad del señor, que el hombre es por naturaleza sociable, con lo cual quiero decir que los hombres, aparte de la necesidad de auxilio mutuo, desean invenciblemente la vida social. Esto no impide que cada uno de ellos la busque movido por su utilidad particular y por el deseo de encontrar en ella la parte individual de bienestar que pueda corresponderle. Este es, ciertamente, el fin de todos en general y de cada uno en particular; pero se unen, sin embargo, aunque sea únicamente por el solo placer de vivir; y este amor a la vida es, sin duda, una de las perfecciones de la humanidad. Y aun cuando no se encuentre en ella otra cosa que la seguridad de la vida, se apetece la asociación política, a menos que la suma de males que ella cause llegue a hacerla verdaderamente intolerable. Ved, en efecto, hasta qué punto sufren la miseria la mayor parte de los hombres por el simple amor de la vida; la naturaleza parece haber puesto en esto un goce y una dulzura inexplicables.

Por lo demás, es bien fácil distinguir los diversos géneros de poder de que queremos hablar aquí, y que son con frecuencia objeto de discusión de nuestras obras exotéricas. Bien que el interés del señor y el de su esclavo se identifiquen, cuando es verdaderamente la voz de la naturaleza la que le asigna a aquéllos el puesto que ambos deben ocupar, el poder del señor tiene, sin embargo, por objeto directo la utilidad del dueño mismo, y por fin accidental la ventaja del esclavo, porque, una vez destruido el esclavo, el poder del señor desaparece con él. El poder del padre sobre los hijos, sobre la mujer, sobre la familia entera, poder que hemos llamado doméstico, tiene por objeto el interés de los administrados, o, si se quiere, un interés común a los mismos y al que los rige. Aun cuando este poder esté constituido principalmente en bien de los administrados puede, según sucede en muchas artes, como en la medicina y la gimnástica, convertirse secundariamente en ventaja del que gobierna. Así, el gimnasta puede muy bien mezclarse con los jóvenes a quienes enseña, como el piloto es siempre a bordo uno de los tripulantes. El fin a que aspiran así el gimnasta como el piloto es el bien de todos los que están a su cargo; y si llega el caso de que se mezclen con sus subordinados, sólo participan de la ventaja común accidentalmente, el uno como simple marinero, el otro como discípulo, a pesar de su cualidad de profesor. En los poderes políticos, cuando la perfecta igualdad de los ciudadanos, que son todos semejantes, constituye la base de aquéllos, todos tienen el derecho de ejercer la autoridad sucesivamente. Por lo pronto, todos consideran, y es natural, esta alternativa como perfectamente legítima, y conceden a otro el derecho de resolver acerca de sus intereses, así como ellos han decidido anteriormente de los de aquél; pero, más tarde, las ventajas que proporcionan el poder y la administración de los intereses generales inspiran a todos los hombres el deseo de perpetuarse en el ejercicio del cargo; y si la continuidad en el mando pudiese por sí sola curar infaliblemente una enfermedad de que se viesen atacados, no serían más codiciosos en retener la autoridad una vez que disfrutan de ella.

Luego, evidentemente, todas las constituciones hechas en vista del interés general son puras porque practican rigurosamente la justicia; y todas las que sólo tienen en cuenta el interés personal de los gobernantes están viciadas en su base, y no son más que una corrupción de las buenas constituciones; ellas se aproximan al poder del señor sobre el esclavo, siendo así que la ciudad no es más que una asociación de hombres libres.

Después de los principios que acabamos de sentar, podemos examinar el número y la naturaleza de las constituciones. Nos ocuparemos primero de las constituciones puras; y una vez fijadas éstas, será fácil reconocer las constituciones corruptas.

Capítulo V

División de los gobiernos

Siendo cosas idénticas el gobierno y la constitución, y siendo el gobierno señor supremo de la ciudad, es absolutamente preciso que el señor sea o un solo individuo, o una minoría, o la multitud de los ciudadanos. Cuando el dueño único, o la minoría, o la mayoría, gobiernan consultando el interés general, la constitución es pura necesariamente; cuando gobiernan en su propio interés, sea el de uno sólo, sea el de la minoría, sea el de la multitud, la constitución se desvía del camino trazado por su fin, puesto que, una de dos cosas, o los miembros de la asociación no son verdaderamente ciudadanos o lo son, y en este caso deben tener su parte en el provecho común.

Cuando la monarquía o gobierno de uno sólo tiene por objeto el interés general, se le llama comúnmente reinado. Con la misma condición, al gobierno de la minoría, con tal que no esté limitada a un solo individuo, se le llama aristocracia; y se la denomina así, ya porque el poder está en manos de los hombres de bien, ya porque el poder no tiene otro fin que el mayor bien del Estado y de los asociados. Por último, cuando la mayoría gobierna en bien del interés general, el gobierno recibe como denominación especial la genérica de todos los gobiernos, y se le llama república. Estas diferencias de denominación son muy exactas. Una virtud superior puede ser patrimonio de un individuo o de una minoría; pero a una mayoría no puede designársela por ninguna virtud especial, si se exceptúa la virtud guerrera, la cual se manifiesta principalmente en las masas; como lo prueba el que, en el gobierno de la mayoría, la parte más poderosa del Estado es la guerrera; y todos los que tienen armas son en él ciudadanos.

Las desviaciones de estos gobiernos son: la tiranía, que lo es del reinado; la oligarquía, que lo es de la aristocracia; la demagogia, que lo es de la república. La tiranía es una monarquía que sólo tiene por fin el interés personal del monarca; la oligarquía tiene en cuenta tan sólo el interés particular de los ricos; la demagogia, el de los pobres. Ninguno de estos gobiernos piensa en el interés general.

Es indispensable que nos detengamos algunos instantes a notar la naturaleza propia de cada uno de estos tres gobiernos; porque la materia ofrece dificultades. Cuando observamos las cosas filosóficamente, y no queremos limitarnos tan sólo al hecho práctico, se debe, cualquiera que sea el método que por otra parte se adopte, no omitir ningún detalle ni despreciar ningún pormenor, sino mostrarlos todos en su verdadera luz.

La tiranía, como acabo de decir, es el gobierno de uno sólo, que reina como señor sobre la asociación política; la oligarquía es el predominio político de los ricos; y la demagogia, por el contrario, el predominio de los pobres con exclusión de los ricos. Veamos una objeción que se hace a esta última definición. Si la mayoría, dueña del Estado, se compone de ricos, y el gobierno es de la mayoría, se llama demagogia; y, recíprocamente, si da la casualidad de que los pobres, estando en minoría relativamente a los ricos, sean, sin embargo, dueños del Estado, a causa de la superioridad de sus fuerzas, debiendo el gobierno de la minoría llamarse oligarquía, las definiciones que acabamos de dar son inexactas. No se resuelve esta dificultad mezclando las ideas de riqueza y minoría, y las de miseria y mayoría, reservando el nombre de oligarquía para el gobierno en que los ricos, que están en minoría, ocupen los empleos, y el de la demagogia para el Estado en que los pobres, que están en mayoría, son los señores. Porque, ¿cómo clasificar las dos formas de constitución que acabamos de suponer: una en que los ricos forman la mayoría; otra en que los pobres forman la minoría; siendo unos y otros soberanos del Estado, a no ser que hayamos dejado de comprender en nuestra enumeración alguna otra forma política? Pero la razón nos dice sobradamente que la dominación de la minoría y de la mayoría son cosas completamente accidentales, ésta en las oligarquías, aquélla en las democracias; porque los ricos constituyen en todas partes la minoría, como los pobres constituyen dondequiera la mayoría. Y así, las diferencias indicadas más arriba no existen verdaderamente. Lo que distingue esencialmente la democracia de la oligarquía es la pobreza y la riqueza; y dondequiera que el poder está en manos de los ricos, sean mayoría o minoría, es una oligarquía; y dondequiera que esté en las de los pobres, es una demagogia. Pero no es menos cierto, repito, que generalmente los ricos están en minoría y los pobres en mayoría; la riqueza pertenece a pocos, pero la libertad a todos. Estas son las causas de las disensiones políticas entre ricos y pobres.

Veamos ante todo cuáles son los límites que se asignan a la oligarquía y a la demagogia, y lo que se llama derecho en una y en otra. Ambas partes reivindican un cierto derecho, que es muy verdadero. Pero de hecho su justicia no pasa de cierto punto, y no es el derecho absoluto el que establecen ni los unos ni los otros. Así, la igualdad parece de derecho común, y sin duda lo es, no para todos, sin embargo, sino sólo entre iguales; y lo mismo sucede con la desigualdad; es ciertamente un derecho, pero no respecto de todos, sino de individuos que son desiguales entre sí. Si se hace abstracción de los individuos, se corre el peligro de formar un juicio erróneo. Lo que sucede en esto es que los jueces son jueces y partes, y ordinariamente es uno mal juez en causa propia. El derecho limitado a algunos, pudiendo aplicarse lo mismo a las cosas que a las personas, como dije en la Moral, se concede sin dificultad cuando se trata de la igualdad misma de la cosa, pero no así cuando se trata de las personas a quienes pertenece esta igualdad; y esto, lo repito, nace de que se juzga muy mal cuando está uno interesado en el asunto. Porque unos y otros son expresión de cierta parte del derecho, ya creen que lo son del derecho absoluto: de un lado, superiores unos en un punto, en riqueza, por ejemplo, se creen superiores en todo; de otro, iguales otros en un punto, de libertad, por ejemplo, se creen absolutamente iguales. Por ambos lados se olvida lo capital.

Si la asociación política sólo estuviera formada en vista de la riqueza, la participación de los asociados en el Estado estaría en proporción directa de sus propiedades, y los partidarios de la oligarquía tendrían entonces plenísima razón; porque no sería equitativo que el asociado que de cien minas sólo ha puesto una tuviese la misma parte que el que hubiere suministrado el resto, ya se aplique esto a la primera entrega, ya a las adquisiciones sucesivas. Pero la asociación política tiene por fin, no sólo la existencia material de todos los asociados, sino también su felicidad y su virtud; de otra manera podría establecerse entre esclavos o entre otros seres que no fueran hombres, los cuales no forman asociación por ser incapaces de felicidad y de libre albedrío. La asociación política no tiene tampoco por único objeto la alianza ofensiva y defensiva entre los individuos, ni sus relaciones mutuas, ni los servicios que pueden recíprocamente hacerse; porque entonces los etruscos y los cartagineses, y todos los pueblos unidos mediante tratados de comercio, deberían ser considerados como ciudadanos de un solo y mismo Estado, merced a sus convenios sobre las importaciones, sobre la seguridad individual, sobre los casos de una guerra común; aunque cada uno de ellos tiene, no un magistrado común para todas estas relaciones, sino magistrados separados, perfectamente indiferentes en punto a la moralidad de sus aliados respectivos, por injustos y por perversos que puedan ser los comprendidos en estos tratados, y atentos sólo a precaver recíprocamente todo daño. Pero como la virtud y la corrupción política son las cosas que principalmente tienen en cuenta los que sólo quieren buenas leyes, es claro que la virtud debe ser el primer cuidado de un Estado que merezca verdaderamente este título, y que no lo sea solamente en el nombre. De otra manera, la asociación política vendría a ser a modo de una alianza militar entre pueblos lejanos, distinguiéndose apenas de ella por la unidad de lugar; y la ley entonces sería una mera convención; y no sería, como ha dicho el sofista Licofrón, «otra cosa que una garantía de los derechos individuales, sin poder alguno sobre la moralidad y la justicia personales de los ciudadanos». La prueba de esto es bien sencilla. Reúnanse con el pensamiento localidades diversas y enciérrense dentro de una sola muralla a Megara y Corinto; ciertamente que no por esto se habrá formado con tan vasto recinto una ciudad única, aun suponiendo que todos los en ella encerrados hayan contraído entre sí matrimonio, vínculo que se considera como el más esencial de la asociación civil. O si no, supóngase cierto número de hombres que viven aislados los unos de los otros, pero no tanto, sin embargo, que no puedan estar en comunicación; supóngase que tienen leyes comunes sobre la justicia mutua que deben observar en las relaciones mercantiles, pues que son, unos carpinteros, otros labradores, zapateros, etc., hasta el número de diez mil, por ejemplo; pues bien, si sus relaciones se limitan a los cambios diarios y a la alianza en caso de guerra, esto no constituirá todavía una ciudad. ¿Y por qué? En verdad no podrá decirse que en este caso los lazos de la sociedad no sean bien fuertes. Lo que sucede es que cuando una asociación es tal que cada uno sólo ve el Estado en su propia casa, y la unión es sólo una simple liga contra la violencia, no hay ciudad, si se mira de cerca; las relaciones de la unión no son en este caso más que las que hay entre individuos aislados. Luego, evidentemente, la ciudad no consiste en la comunidad del domicilio, ni en la garantía de los derechos individuales, ni en las relaciones mercantiles y de cambio; estas condiciones preliminares son indispensables para que la ciudad exista; pero aun suponiéndolas reunidas, la ciudad no existe todavía. La ciudad es la asociación del bienestar y de la virtud, para bien de las familias y de las diversas clases de habitantes, para alcanzar una existencia completa que se baste a sí misma.

Sin embargo, no podría alcanzarse este resultado sin la comunidad de domicilio y sin el auxilio de los matrimonios; y esto es lo que ha dado lugar en los Estados a las alianzas de familia, a las fratrias, a los sacrificios públicos y a las fiestas en que se reúnen los ciudadanos. La fuente de todas estas instituciones es la benevolencia, sentimiento que arrastra al hombre a preferir la vida común; y siendo el fin del Estado el bienestar de los ciudadanos, todas estas instituciones no tienden sino a afianzarle. El Estado no es más que una asociación en la que las familias reunidas por barrios deben encontrar todo el desenvolvimiento y todas las comodidades de la existencia; es decir, una vida virtuosa y feliz. Y así la asociación política tiene, ciertamente, por fin la virtud y la felicidad de los individuos, y no sólo la vida común. Los que contribuyen con más a este fondo general de la asociación tienen en el Estado una parte mayor que los que, iguales o superiores por la libertad o por el nacimiento, tienen, sin embargo, menos virtud política;

y mayor también que la que corresponda a aquellos que, superándoles por la riqueza, son inferiores a ellos, sin embargo, en mérito.

Puedo concluir de todo lo dicho que, evidentemente, al formular los ricos y los pobres opiniones tan opuestas sobre el poder, no han encontrado ni unos ni otros más que una parte de la verdad y de la justicia.

Capítulo VI

De la soberanía

Es un gran problema el saber a quién corresponde la soberanía en el Estado. No puede menos de pertenecer o a la multitud, o a los ricos, o a los hombres de bien, o a un solo individuo que sea superior por sus talentos, o a un tirano. Pero, al parecer, por todos lados hay dificultades. ¡Qué!, ¿los pobres, porque están en mayoría, podrán repartirse los bienes de los ricos y esto no será una injusticia, porque el soberano de derecho propio haya decidido que no lo es? ¡Horrible iniquidad! y cuando todo se haya repartido, si una segunda mayoría se reparte de nuevo los bienes de la minoría, el Estado, evidentemente, perecerá. Pero la virtud no destruye aquello en que reside; la justicia no es una ponzoña para el Estado. Este pretendido derecho no puede ser, ciertamente, otra cosa que una patente injusticia.

Por el mismo principio, todo lo que haga el tirano será necesariamente justo; empleará la violencia, porque será más fuerte, del mismo modo que los pobres lo eran respecto de los ricos. ¿Pertenecerá el poder de derecho a la minoría o a los ricos? Pero si se conducen como los pobres y como el tirano, si roban a la multitud y la despojan, ¿esta expoliación será justa? Entonces también se tendrá por justo lo que hacen los primeros.

Como se ve, no resulta de todos lados otra cosa que crímenes e iniquidades.

¿Debe ponerse la soberanía absoluta para la resolución de todos los negocios en manos de los ciudadanos distinguidos? Entonces vendría a envilecerse a todas las demás clases, que quedan excluidas de las funciones públicas; el desempeño de éstas es un verdadero honor, y la perpetuidad en el poder de algunos ciudadanos rebaja necesariamente a los demás. ¿Será mejor dar el poder a un hombre solo, a un hombre superior? Pero esto es exagerar el principio oligárquico, y dejar excluida de las magistraturas una mayoría más considerable aún. Además se cometería una falta grave si se sustituyera la soberanía de la ley con la soberanía de un individuo, siempre sometido a las mil pasiones que agitan a toda alma humana. Pero se dirá: que sea la ley la soberana. Ya sea oligárquica, ya democrática, ¿se habrán salvado mejor todos los escollos? De ninguna manera. Los mismos peligros que acabamos de señalar subsistirán siempre.

En otra parte volveremos a tratar este punto.

Atribuir la soberanía a la multitud antes que a los hombres distinguidos, que están siempre en minoría, puede parecer una solución equitativa y verdadera de la cuestión, aunque aún no resuelva todas las dificultades. Puede, en efecto, admitirse que la mayoría, cuyos miembros tomados separadamente no son hombres notables, está, sin embargo, por cima de los hombres superiores, si no individualmente, por lo menos en masa, a la manera que una comida a escote es más espléndida que la que pueda dar un particular a sus solas expensas. En esta multitud, cada individuo tiene su parte de virtud y de ilustración, y todos reunidos forman, por decirlo así, un solo hombre, que tiene manos, pies, sentidos innumerables, un carácter moral y una inteligencia en proporción. Por esto la multitud juzga con exactitud las composiciones musicales y poéticas; éste da su parecer sobre un punto, aquél sobre otro, y la reunión entera juzga el conjunto de la obra. El hombre distinguido, tomado individualmente, se dice, difiere de la multitud, como la belleza difiere de la fealdad, como un buen cuadro producto del arte difiere de la realidad, mediante la reunión en un solo cuerpo de todos los rasgos de belleza desparramados por todas partes, lo cual no impide que, si se analizan las cosas, sea posible encontrar otro cuerpo mejor que el del cuadro y que tenga ojos más bellos o mejor otra cualquiera parte del cuerpo. No afirmaré que en toda multitud o en toda gran reunión sea ésta la diferencia constante entre la mayoría y el pequeño número de hombres distinguidos; y ciertamente podría decirse más bien, sin temor de equivocarse, que en más de un caso semejante diferencia es imposible; porque podría aplicarse la comparación hasta a los animales, pues ¿en qué, pregunto, se diferencian ciertos hombres de los animales? Pero la aserción, si se limita a una multitud dada, puede ser completamente exacta.

Estas consideraciones tocan a nuestra primera pregunta relativa al soberano, y a la siguiente, que está íntimamente ligada con ella. ¿A qué cosas debe extenderse la soberanía de los hombres libres y de la masa de los ciudadanos? Entiendo por masa de los ciudadanos la constituida por todos los hombres de una fortuna y un mérito ordinarios. Es peligroso confiarles las magistraturas importantes; por falta de equidad y de luces serán injustos en unos casos y se engañarán en otros. Excluirlos de todas las funciones no es tampoco oportuno: un Estado en el que hay muchos individuos pobres y privados de toda distinción pública, cuenta necesariamente en su seno otros tantos enemigos. Pero puede dejárseles el derecho de deliberar sobre los negocios públicos y el derecho de juzgar. Así Solón y algunos otros legisladores les han concedido la elección y la censura de los magistrados, negándoles absolutamente las funciones individuales. Cuando están reunidos, la masa percibe siempre las cosas con suficiente inteligencia; y unida a los hombres distinguidos, sirve al Estado a la manera que, mezclando manjares poco escogidos con otros delicados, se produce una cantidad más fuerte y más provechosa de alimentos. Pero los individuos tomados aislada mente son incapaces de formar verdaderos juicios.

A este principio político se puede hacer una objeción, y preguntar si, cuando se trata de juzgar del mérito de un tratamiento curativo, no es imprescindible acudir a la misma persona que mía capaz de curar el mismo mal de que se trata, si llegara el caso, es decir, acudir a un médico; a lo cual añado yo que este razonamiento puede aplicarse a todas las demás artes y a todos los casos en que la experiencia desempeña el principal papel. Luego si los jueces naturales del médico son los médicos, lo mismo suce- derá en todas las demás cosas. Médico significa a la vez el que ejecuta el remedio ordenado, el que lo prescribe y el que ha estudiado esta ciencia. Puede decirse que todas las artes tienen, como la medicina, parecidas divi- siones, y el derecho de juzgar lo mismo se concede a la ciencia teórica que a la instrucción práctica.

A la elección de los magistrados hecha por la multitud puede hacerse la misma objeción. Sólo los que saben hacer las cosas, se dirá, tienen las luces necesarias para elegir bien. Al geómetra corresponde escoger los geóme- tras, y al piloto escoger los pilotos; porque, si se pueden hacer en ciertas artes algunas cosas sin previo aprendizaje, no por eso las harán mejor los ignorantes que los hombres entendidos. Y así por esta misma razón no debe dejarse a la multitud ni el derecho de elegir los magistrados ni el derecho de exigir a éstos cuenta de su conducta. Pero quizá esta objeción no es muy exacta, si tenemos en cuenta las razones que antes expuse, a no ser que supongamos una multitud completamente degradada. Los indivi- duos aislados no juzgarán con tanto acierto como los sabios, convengo en ello; pero reunidos todos, o valen más, o no valen menos. El artista no es el único ni el mejor juez en muchas cosas y en todos aquellos casos en que se puede conocer muy bien su obra sin poseer su arte. El mérito de una casa, por ejemplo, puede ser estimado por el que la ha construido, pero mejor lo apreciará todavía el que la habita; esto es, el jefe de familia. De igual modo el timonel de un buque conocerá mejor el mérito de los timones que el carpintero que los hace; y el convidado, no el cocinero, será el mejor juez de un festín.

Estas consideraciones son las suficientes para contestar a la primera obje- ción.

He aquí otra que tiene relación con la anterior. No hay motivo, se dirá, para dar a la muchedumbre sin mérito un poder mayor que a los ciudadanos dis- tinguidos. Nada es superior a este derecho de elección y de censura, que muchos Estados, como ya he dicho, han concedido a las clases inferiores, y que éstas ejercen soberanamente en la asamblea pública. Esta asamblea, el senado y los tribunales están abiertos, mediante un censo moderado, a los ciudadanos de todas edades; y al mismo tiempo para las funciones de tesorero, de general, y para las demás magistraturas importantes, se exige que ocupen un puesto elevado en el censo.

La respuesta a esta segunda objeción no es tampoco difícil. Quizá las cosas no estén mal en la forma en que se encuentran. No es el individuo, juez, senador, miembro de la asamblea pública, el que falla soberanamente; es el tribunal, es el senado, es el pueblo, de los cuales este individuo no es más que una fracción mínima en su triple carácter de senador, de juez y de miembro de la asamblea general. Desde este punto de vista es justo que la multitud tenga un poder más amplio, porque ella es la que forma el pueblo, el senado y el tribunal. La riqueza poseída por esta masa entera sobrepuja a la que poseen individualmente en su minoría todos los que desempeñan los cargos más eminentes. No diré más sobre esta materia. Pero en cuanto a la primera cuestión que sentamos, relativa a la persona del soberano, la consecuencia más evidente que se desprende de nuestra discusión es que la soberanía debe pertenecer a las leyes fundadas en la razón, y que el magistrado, único o múltiple, sólo debe ser soberano en aquellos puntos en que la ley no ha dispuesto nada por la imposibilidad de precisar en reglamentos generales todos los pormenores. Aún no hemos dicho lo que deben ser las leyes fundadas en la razón, y nuestra primera cuestión queda en pie. Sólo diré que las leyes son de toda necesidad lo que son los gobiernos: malas o buenas, justas o inicuas, según que ellos son lo uno o lo otro. Por lo menos, es de toda evidencia que las leyes deben hacer relación al Estado, y una vez admitido esto, no es menos evidente que las leyes son necesariamente buenas en los gobiernos puros, y viciosas en los gobiernos corruptos.

Capítulo VII

Continuación de la teoría de la soberanía

Todas las ciencias, todas las artes, tienen un bien por fin; y el primero de los bienes debe ser el fin supremo de la más alta de todas las ciencias; y esta ciencia es la política. El bien en política es la justicia; en otros términos, la utilidad general. Se cree, comúnmente, que la justicia es una especie de igualdad; y esta opinión vulgar está hasta cierto punto de acuerdo con los principios filosóficos de que nos hemos servido en la Moral. Hay acuerdo, además, en lo relativo a la naturaleza de la justicia, a los seres a que se aplica, y se conviene también en que la igualdad debe reinar necesariamente entre iguales; queda por averiguar a qué se aplica la igualdad y a qué la desigualdad, cuestiones difíciles que constituyen la filosofía política.

Se sostendrá, quizá, que el poder político debe repartirse desigualmente y en razón de la preeminencia nacida de algún mérito; permaneciendo, por otra parte, en todos los demás puntos perfectamente iguales, y siendo los ciudadanos por otro lado completamente semejantes; y que los derechos y la consideración deben ser diferentes cuando los individuos difieren. Pero si este principio es verdadero, hasta la frescura de la tez, la estatura u otra circunstancia, cualquiera que ella sea, podrá dar derecho a ser superior en poder político. ¿No es este un error manifiesto? Algunas reflexiones, deducidas de las otras ciencias y de las demás artes, lo probarán suficientemente. Si se distribuyen flautas entre varios artistas, que son iguales, puesto que están dedicados al mismo arte, no se darán los mejores instrumentos a los individuos más nobles, puesto que su nobleza no les hace más hábiles para tocar la flauta; sino que se deberá entregar el instrumento más perfecto al artista que más perfectamente sepa servirse de él. Si el razonamiento no es aún bastante claro, se le puede extremar aún más. Supóngase que un hombre muy distinguido en el arte de tocar la flauta lo es mucho menos por el nacimiento y la belleza, ventajas que, tomada cada una aparte, son, si se quiere, muy preferibles al talento de artista; y que en estos dos conceptos, en nobleza y belleza, le superen sus rivales mucho más que los supera él como profesor; pues sostengo que en este caso a él es a quien pertenece el instrumento superior. De otra manera sería preciso que la ejecución musical sacase gran provecho de la superioridad en nacimiento y en fortuna; y, sin embargo, estas circunstancias no pueden proporcionar en este orden el más ligero adelanto.

Ateniéndonos a este falso razonamiento, resultaría que una ventaja cualquiera podría ser comparada con otra; y porque la talla de tal hombre excediese la de otro, se seguiría como regla general que la talla podría ser puesta en parangón con la fortuna y con la libertad. Si porque uno se distinga más por su talla que otro se distingue por su virtud, se coloca en general la talla muy por cima de la virtud, las cosas más diferentes y extrañas aparecerán entonces al mismo nivel; porque si la talla hasta cierto grado puede sobrepujar a otra cualidad en otro cierto grado, es claro que bastará fijar la proporción entre estos grados para obtener la igualdad absoluta. Pero como para hacer esto hay una imposibilidad radical, es claro que no se pretende, ni remotamente, en punto a derechos políticos, repartir el poder según toda clase de desigualdades. El que los unos sean ligeros en la carrera y los otros muy pesados no es una razón para que en política los unos tengan más y los otros menos; en los juegos gimnásticos es donde deberán apreciarse estas diferencias en su justo valor; aquí no deben entrar en concurrencia otras cosas que las que contribuyen a la formación del Estado. Es muy justo conceder una distinción particular a la nobleza, a la libertad, a la fortuna; porque los individuos libres y los ciudadanos que tienen la renta legal son los miembros del Estado; y no existiría el Estado si todos fuesen pobres o si todos fuesen esclavos. Pero a estos primeros elementos es preciso unir evidentemente otros dos: la justicia y el valor guerrero, de que el Estado no puede carecer; porque si los unos son indispensables para su existencia, los otros lo son para su prosperidad. Todos estos elementos, por lo menos los más de ellos, pueden disputarse con razón el honor de constituir la existencia de la ciudad; pero, como dije antes, a la ciencia y a la virtud es a las que debe atribuirse su felicidad.

Además, como la igualdad y la desigualdad completas son injustas tratándose de individuos que no son iguales o desiguales entre sí uno en un solo concepto, todos los gobiernos en que la igualdad y la desigualdad están establecidas sobre bases de este género, necesariamente son gobiernos corruptos. También hemos dicho más arriba que todos los ciudadanos tienen razón en considerarse con derechos, pero no la tienen al atribuirse derechos absolutos: como, por ejemplo, lo creen los ricos, porque poseen una gran parte del territorio común de la ciudad y tienen ordinariamente más crédito en las transacciones comerciales; y los nobles y los hombres libres, clases muy próximas entre sí, porque a la nobleza corresponde realmente más la ciudadanía que al estado llano, siendo muy estimada en todos los pueblos, y además porque descendientes virtuosos deben, según todas las apariencias, tener virtuosos antepasados, puesto que la nobleza no es más que un mérito de raza. Ciertamente, la virtud puede, en nuestra opinión, levantar su voz con no menos razón; la virtud social es la justicia, y todas las demás vienen necesariamente después de ella y como consecuencias. En fin, la mayoría también tiene pretensiones que puede oponer a las de la minoría, porque la mayoría, tomada en su conjunto, es más poderosa, más rica y mejor que la minoría.

Supongamos por tanto, reunidos en un solo Estado, de un lado, individuos distinguidos, nobles y ricos, y de otro una multitud a la que puede concederse derechos políticos. ¿Podrá decirse sin vacilar a quién debe pertenecer la soberanía?, ¿o será posible que aún haya duda? En cada una de las constituciones que hemos enumerado más arriba, la cuestión de saber quién debe mandar no es cuestión, puesto que la diferencia entre ellas descansa precisamente en la del soberano. En unos puntos la soberanía pertenece a los ricos, en otros a los ciudadanos distinguidos, etc. Veamos ahora lo que debe hacerse cuando todas estas diversas condiciones se encuentran simultáneamente en la ciudad. Suponiendo que la minoría de los hombres de bien sea extremadamente débil, ¿cómo podrá constituirse el Estado respecto a éstos? ¿Se mirará, si, débil y todo como es, podrá bastar, sin embargo, para gobernar el Estado, y aun para formar por sí sola una ciudad completa? Pero entonces ocurre una objeción, que igualmente puede hacerse a todos los que aspiran al poder político, y que, al parecer, echa por tierra todas las razones de los que reclaman la autoridad como un derecho debido a su fortuna, así como las de los que la reclaman como un derecho debido a su nacimiento. Adoptando el principio que todos éstos alegan en su favor, la pretendida soberanía debería evidentemente residir en el individuo que por sí solo fuese más rico que todos los demás juntos. Y asimismo, el más noble por su nacimiento querría sobreponerse a todos los que sólo tienen en su apoyo la cualidad de hombres libres. La misma objeción se hace contra la aristocracia que se funda en la virtud, porque si tal ciudadano es superior en virtud a todos los miembros del gobierno, muy apreciables por otra parte, el mismo principio obligaría a conferirle la soberanía. También cabe la misma objeción contra la soberanía de la multitud, fundada en la superioridad de su fuerza relativamente a la minoría, porque si por casualidad un individuo o algunos individuos, aunque menos numerosos que la mayoría, son más fuertes que ella, le pertenecería la soberanía antes que a la multitud. Todo esto parece demostrar claramente que no hay completa justicia en ninguna de las prerrogativas a cuya sombra reclama cada cual el poder para sí y la servidumbre para los demás. A las pretensiones de los que reivindican la autoridad fundándose en su mérito o en su fortuna, la multitud podría oponer excelentes razones. Es posible, en efecto, que sea ésta más rica y más virtuosa que la minoría, no individualmente, pero sí en masa. Esto mismo responde a una objeción que se aduce y se repite con frecuencia como muy grave. Se pregunta si en el caso que hemos supuesto el legislador que quiere dictar leyes perfectamente justas debe tener en cuenta, al hacerlo, el interés de la multitud o el de los ciudadanos distinguidos. La justicia en este caso es la igualdad, y esta igualdad de la justicia se refiere tanto al interés general del Estado como al interés individual de los ciudadanos. Ahora bien, el ciudadano en general es el individuo que tiene participación en la autoridad y en la obediencia pública, siendo por otra parte la condición del ciudadano variable, según la constitución; y en la república perfecta es el individuo que puede y quiere libremente obedecer y gobernar sucesivamente de conformidad con los preceptos de la virtud.

Capítulo VIII

Conclusión de la teoría de la soberanía

Si hay en el Estado un individuo, o, si se quiere, muchos, pero demasiado pocos, sin embargo, para formar por sí solos una ciudad, que tengan tal superioridad de mérito, que el de todos los demás ciudadanos no pueda competir con el suyo, siendo la influencia política de este individuo único o de estos individuos incomparablemente más fuerte, semejantes hombres no pueden ser confundidos en la masa de la ciudad. Reducirlos a la igualdad común, cuando su mérito y su importancia política los deja tan completamente fuera de toda comparación, es hacerles una injuria, porque tales personajes bien puede decirse que son dioses entre los hombres. Esta es una nueva prueba de que la legislación necesariamente debe recaer sobre individuos iguales por su nacimiento y por sus facultades. Pero la ley no se ha hecho para estos seres superiores, sino que ellos mismos son la ley. Sería ridículo intentar someterlos a la constitución, porque podrían responder lo que, según Antístenes, respondieron los leones al decreto dado por la asamblea de las liebres sobre la igualdad general de los animales. Este es también el origen del ostracismo en los Estados democráticos, que más que ningún otro son celosos de que se conserve la igualdad. Tan pronto como un ciudadano parecía elevarse por cima de todos los demás a causa de su riqueza, por lo numeroso de sus partidarios, o por cualquiera otra condición política, el ostracismo le condenaba a un destierro más o menos largo. En la mitología, los argonautas no tuvieron otro motivo para abandonar a Hércules. Argos declara que no quiere llevarle a bordo, porque pesaba mucho más que el resto de sus compañeros. Y así no ha habido razón para censurar en absoluto la tiranía de Trasíbulo y el consejo que Periandro le dio. No se le ocurrió a éste dar otra respuesta al enviado que fue a pedirle consejo que igualar cierto número de espigas, cortando las que sobresalían en el manojo. El mensajero no comprendió nada de lo que esto significaba, pero Trasíbulo, cuando lo supo, entendió perfectamente que debía deshacerse de los ciudadanos poderosos.

Este expediente no es útil solamente a los tiranos, y así no son los únicos que de él se aprovechan. Con igual éxito se emplea en las oligarquías y en las democracias. El ostracismo en éstas produce los mismos resultados, poniendo coto por medio del destierro al poder de los personajes a él condenados. Cuando es posible, se aplica este principio político a Estados y pueblos enteros. Puede verse la conducta que observaron los atenienses respecto de los samios, los chiotas y los lesbios; apenas afirmaron aquéllos su poder, tuvieron buen cuidado de debilitar a sus súbditos, a pesar de todos los tratados. El rey de los persas ha castigado más de una vez a los medos, a los babilonios y a otros pueblos demasiado ensoberbecidos con los recuerdos de su antigua dominación.

Esta cuestión interesa a todos los gobiernos, sin exceptuar ninguno, ni aun los buenos. Los gobiernos corruptos emplean estos medios movidos por un interés particular; pero no se emplean menos en los gobiernos que se guían por el interés general. Se puede poner más claro este razonamiento por medio de una comparación tomada de las otras ciencias y artes. El pintor no dejará en su cuadro un pie que no guarde proporción con las otras partes de la figura, aun cuando este pie fuese mucho más bello que el resto; el carpintero de marina no pondrá una proa u otra parte de la nave, si es desproporcionada; y el maestro de canto no admitirá en un concierto una voz más fuerte y más hermosa que todas las que forman el resto del coro. Así que no es imposible que los monarcas en este punto estén de acuerdo con los Estados que rigen, si realmente no apelan a este expediente sino cuando la conservación de su propio poder interesa al Estado.

Y así los principios del ostracismo, aplicados a las superioridades bien reconocidas, no carecen por completo de toda equidad política. Es, ciertamente, preferible que la ciudad, gracias a las instituciones primitivamente establecidas por el legislador, pueda excusar este remedio; pero si el legislador recibe por segunda mano el timón del Estado, puede, en caso de necesidad, apelar a este medio de reforma. Por lo demás, no han sido estos los móviles que hasta ahora han motivado tal medida; en el ostracismo no se ha tenido en cuenta el verdadero interés de la república, sino que se ha mirado simplemente como un arma de partido.

En los gobiernos corruptos, como el ostracismo sirve a un interés particular, es por esto mismo evidentemente justo; pero también es no menos evidente que no es de una justicia absoluta. En la ciudad perfecta, la cuestión es mucho más difícil. La superioridad en cualquier concepto que no sean el mérito, la riqueza o la influencia, no puede causar embarazo; pero ¿qué puede hacerse contra la superioridad de la virtud? Ciertamente no se dirá que es preciso desterrar o expulsar al ciudadano que se distingue en este respecto. Tampoco se pretenderá que es preciso reducirle a la obediencia; porque esto sería dar un jefe al mismo Júpiter. El único camino que naturalmente deben, al parecer, seguir todos los ciudadanos, es el de someterse de buen grado a este grande hombre y tomarle por rey mientras viva.

CAPÍTULO IX

TEORÍA DEL REINADO

Las consideraciones que preceden nos conducen directamente al estudio del reinado, que hemos clasificado entre los buenos gobiernos. ¿La ciudad o el Estado bien constituido debe, en interés suyo, ser gobernado por un rey? ¿No existe un gobierno preferible a éste, que si es útil a algunos pueblos, no puede serlo a otros muchos? Tales son las cuestiones que vamos a examinar. Pero indaguemos, ante todo, si el reinado es simple o si es de muchas y diferentes especies. Es fácil reconocer que es múltiple, y que sus atribuciones no son idénticas en todos los Estados. Así, el reinado en el gobierno de Esparta parece ser el más legal, pero no constituye un señorío absoluto. El rey dispone soberanamente sólo en dos cosas: en los negocios militares, que dirige cuando está fuera del territorio nacional, y en los asuntos religiosos. El reinado, comprendido de esta manera, no es verdaderamente más que un generalato inamovible, investido de poderes extraordinarios. No tiene el derecho de vida y muerte, sino en un solo caso, exceptuado también entre los antiguos: en las expediciones militares, en el ardor del combate. Homero nos lo dice: Agamenón, cuando delibera, deja pacientemente que le insulten; pero cuando marcha al enemigo, su poder llega hasta tener el derecho de matar, y exclama:

Al que entonces encuentro cerca de mis naves, le arrojo, le echo a los perros y a las aves de rapiña; porque tengo el derecho de matar...

Esta primera especie de reinado no es más que un generalato vitalicio; puede ser así hereditario como electivo.

Después de esta, debo hablar de una segunda especie de reinado, que encontramos establecido en algunos pueblos bárbaros; y que, en general, tiene, poco más o menos, los mismos poderes que la tiranía, bien sea aquél legítimo y hereditario. Hay pueblos que, arrastrados por una tendencia natural a la servidumbre, inclinación mucho más pronunciada entre los bárbaros que entre los griegos, más entre los asiáticos que entre los europeos, soportan el yugo del despotismo sin pena y sin murmurar; y he aquí por qué los reinados que pesan sobre estos pueblos son tiránicos, si bien descansan, por otra parte, sobre las sólidas bases de la ley y de la sucesión hereditaria. He aquí también por qué la guardia que rodea a estos reyes es verdaderamente real, y no como la guardia que tienen los tiranos. Son ciudadanos armados los que velan por la seguridad de un rey; mientras que el tirano sólo confía la suya a extranjeros; y esto consiste en que en el primer caso la obediencia es legal y voluntaria, y en el segundo, forzosa. Los unos tienen una guardia de ciudadanos; los otros una guardia contra los ciudadanos.

Después de estas dos especies de monarquías viene una tercera, de la que encontramos ejemplos entre los antiguos griegos, y que se llama esimenetia. Es, a decir verdad, una tiranía electiva, distinguiéndose del reinado bárbaro, no en que no es legal, sino sólo en que no es hereditaria. Los esimenetas recibían el poder unas veces por vida, y otras por un tiempo dado o hasta un hecho determinado. Así es cómo Mitilene eligió a Pítaco para rechazar a los desterrados que mandaban Antiménides y Alceo, el poeta. El mismo Alceo nos dice en uno de sus Escolios que Pítaco fue elevado a la tiranía, y echa en cara a sus conciudadanos el haberse valido de un Pítaco, enemigo de su país, para convertirle en tirano de esta ciudad, que no siente el peso de sus males, ni el peso de su deshonra, y que, al parecer, no se cansa de tributar alabanzas a su asesino. Los esimenetas antiguos o actuales tienen del despotismo el poder tiránico que se pone en sus manos, y del reinado la elección libre que los crea.

Una cuarta especie de reinado es la de los tiempos heroicos, consentida por los ciudadanos y hereditaria por la ley. Los fundadores de estas monarquías, que tanto bien hicieron a los pueblos, enseñándoles las artes o conduciéndolos a la victoria, reuniéndolos o conquistando para ellos terrenos y viviendas, fueron nombrados reyes por reconocimiento, y transmitieron el poder a sus hijos. Estos reyes tenían el mando supremo en la guerra y hacían todos los sacrificios que no requerían el ministerio de los pontífices, y además de tener estas dos prerrogativas, eran jueces soberanos en todas las causas, ya sin prestar juramento, ya dando esta garantía. La fórmula del juramento consistía en levantar el cetro en alto. En tiempos más remotos el poder de estos reyes abrazaba todos los negocios políticos, interiores y exteriores, sin excepción; pero, andando el tiempo, sea por el abandono voluntario de los reyes, sea por las exigencias de los pueblos, este reinado se vio reducido casi en todas partes a la presidencia de los sacrificios, y en los puntos donde mereció llevar todavía este nombre sólo conservó el mando de los ejércitos fuera del territorio del Estado.

Hemos reconocido cuatro clases de reinado: uno, el de los tiempos heroicos, libremente consentido, pero limitado a las funciones de general, de juez y de pontífice; el segundo, el de los bárbaros, despótico y hereditario por ministerio de la ley; el tercero, el que se llama esimenetia, y que es una tiranía electiva; el cuarto, en fin, el de Esparta, que, propiamente hablando, no es más que un generalato perpetuamente vinculado en una raza. Estos cuatro reinados son suficientemente distintos entre sí. Hay un quinto reinado, en el que un solo jefe dispone de todo, en la misma forma que en otros puntos dispone el cuerpo de la nación, el Estado, de la cosa pública. Este reinado tiene grandes relaciones con el poder doméstico, y así como la autoridad del padre es una especie de reinado en la familia, así el reinado de que aquí hablamos es una administración de familia, aplicada a una ciudad, a una o muchas naciones.

Capítulo X

Continuación de la teoría del reinado

Nosotros realmente sólo debemos considerar dos formas de reinado: la quinta, de que acabamos de hablar, y el reinado de Lacedemonia. Los otros están comprendidos entre estos dos extremos, y son, o más limitados en su poder que la monarquía absoluta, o más extensos que el reinado de Esparta. Nos circunscribimos a los dos puntos siguientes: primero si es útil o funesto al Estado tener un general perpetuo, ya sea hereditario o electivo; segundo, si es útil o funesto al Estado tener un dueño absoluto.

La cuestión de un generalato de este género es asunto propio de leyes reglamentarias más bien que de la constitución, puesto que todas las constituciones podrían admitirlo igualmente. Y así no me detendré en el reinado de Esparta.

En cuanto a la otra clase de reinado, forma una especie de constitución aparte, y voy a ocuparme de él especialmente y tratar todas las cuestiones a que puede dar lugar.

El primer punto que en esta indagación importa saber es si es preferible poner el poder en manos de un individuo virtuoso o encomendarlo a buenas leyes. Los partidarios del reinado, que lo consideran tan beneficioso, sostendrán, sin duda alguna, que la ley, al disponer sólo de una manera general, no puede prever todos los casos accidentales, y que es irracional querer someter una ciencia, cualquiera que ella sea, al imperio de una letra muerta, como aquella ley de Egipto que no permite a los médicos obrar antes del cuarto día de enfermedad, exigiéndoles la responsabilidad si lo hacen cuando este término no ha pasado aún. Luego, evidentemente, la letra y la ley no pueden por estas mismas razones constituir jamás un buen gobierno. Pero esta forma de resoluciones generales es una necesidad para todos los que gobiernan, y su uso es, en verdad, más acertado en una naturaleza exenta de pasiones que en la que está esencialmente sometida a ellas. La ley es impasible, mientras que toda alma humana es, por el contrario, necesariamente apasionada. Pero el monarca, se dice, será más apto que la ley para resolver en casos particulares. Entonces se admite, evidentemente, que al mismo tiempo que él es legislador, hay también leyes que cesan de ser soberanas en los puntos que callan, pero que lo son en los puntos de que hablan. En todos los casos en que la ley no puede decidir o no puede hacerlo equitativamente, ¿debe someterse el punto a la autoridad de un individuo superior a todos los demás, o a la de la mayoría? De hecho, hoy la mayoría juzga, delibera, elige en las asambleas públicas, y todos sus decretos recaen sobre casos particulares. Cada uno de sus miembros, considerado aparte, es inferior, quizá, si se le compara con el individuo de que acabo de hablar; pero el Estado se compone precisamente de esta mayoría, y una comida en que cada cual lleva su parte es siempre más completa que la que pudiera dar por sí solo uno de los convidados. Por esta razón, la multitud, en la mayor parte de los casos, juzga mejor que un individuo, cualquiera que él sea. Además, una cosa en gran cantidad es siempre menos corruptible, como se ve, por ejemplo, en una masa de agua, y la mayoría, por la misma razón, es mucho menos fácil de corromper que la minoría. Cuando el individuo está dominado por la cólera o cualquiera otra pasión, su juicio necesariamente se falsea, pero sería prodigiosamente difícil que en un caso igual toda la mayoría se enfureciese o se engañase. Supóngase, por otra parte, una multitud de hombres libres, que no se separan de la ley sino en aquello en que la ley es necesariamente deficiente. Aunque no sea cosa fácil en una masa numerosa, puedo suponer, sin embargo, que la mayoría de ella se compone de hombres virtuosos, como individuos y como ciudadanos; y pregunto entonces: ¿un solo hombre será más incorruptible que esta mayoría numerosa, pero proba? ¿No está la ventaja, evidentemente, de parte de la mayoría? Pero se dice: la mayoría puede amotinarse, y un hombre solo no puede hacerlo. Mas se olvida que hemos supuesto en todos los miembros de la mayoría tanta virtud como en este individuo único. Por consiguiente, si se llama aristocracia al gobierno de muchos ciudadanos virtuosos, y reinado al de uno sólo, la aristocracia será ciertamente para estos Estados muy preferible al reinado, ya sea absoluto su poder, ya no lo sea, con tal que se componga de individuos que sean tan virtuosos los unos como los otros. Si nuestros antepasados se sometieron a los reyes, sería, quizá, porque entonces era muy difícil encontrar hombres eminentes, sobre todo en Estados tan pequeños como los de aquel tiempo; o acaso no admitieron a los reyes sino por puro reconocimiento, gratitud que hace honor a nuestros padres. Pero cuando el Estado tuvo muchos ciudadanos de un mérito igualmente distinguido, no pudo tolerarse ya el reinado; se buscó una forma de gobierno en que la autoridad pudiese ser común, y se estableció la república. La corrupción produjo dilapidaciones públicas, y dio lugar, muy probablemente, como resultado de la indebida estimación dada al dinero, a las oligarquías. Éstas se convirtieron muy luego en tiranías, como las tiranías se convirtieron luego en demagogias. La vergonzosa codicia de los gobernantes, que tendía sin cesar a limitar su número, dio tanta fuerza a las masas, que pudieron bien pronto sacudir la opresión y hacerse cargo del poder ellas mismas. Más tarde, el crecimiento de los Estados no permitió adoptar otra forma de gobierno que la democracia.

Pero nosotros preguntaremos a los que alaban la excelencia del reinado: ¿cuál debe ser la suerte de los hijos de los reyes? ¿Es que quizá también ellos habrán de reinar? Ciertamente, si han de ser tales como muchos que se han visto, semejante sucesión hereditaria será bien funesta. Pero el rey, se dirá, será árbitro de no transmitir el reinado a su raza. En este caso, graves peligros tiene esta confianza, porque la posición es muy resbaladiza, y semejante desinterés exigiría un heroísmo de que no es capaz el corazón humano. También preguntaremos si, para ejercer su poder, el rey que pretende dominar debe tener a su disposición una fuerza armada, capaz de contrarrestar y someter a los rebeldes; o, en otro caso, cómo podrá mantener su autoridad. Suponiendo que reine con arreglo a las leyes, y que no las sustituya nunca con su arbitrio personal, aun así será preciso que disponga de cierta fuerza para proteger las mismas leyes. Es cierto que, tratándose de un rey tan perfectamente ajustado a la ley, la cuestión se resuelve bien pronto: debe tener, en verdad, una fuerza armada; y esta fuerza debe calcularse de suerte que sea el rey más poderoso que cada ciudadano en particular o que cierto número de ciudadanos reunidos; y también de manera que sea él más débil que todos juntos. En esta proporción nuestros mayores arreglaban las guardias que concedían, al poner el Estado en manos de un jefe que llamaban esimeneta o tirano. Partiendo de esta base también, cuando Dionisio pidió guardias, un siracusano aconsejó en la asamblea del pueblo que se le concedieran.

CAPÍTULO XI

CONCLUSIÓN DE LA TEORÍA DEL REINADO

La materia nos conduce ahora a tratar del reinado en que el monarca puede hacer todo lo que le plazca, y que vamos a estudiar aquí. Ninguno de los reinados que se llaman legales constituye, repito, una especie particular de gobierno, puesto que se puede establecer dondequiera un generalato inamovible, en la democracia lo mismo que en la aristocracia. Muchas veces el gobierno militar está confiado a un solo individuo, y hay una magistratura de este género en Epidamno y en Opunto, donde, sin embargo, los poderes del jefe supremo son menos extensos. En cuanto a lo que se llama reinado absoluto, es decir, aquel en que un solo hombre reina soberanamente como bien le parece, muchos sostienen que la naturaleza misma de las cosas rechaza este poder de uno sólo sobre todos los ciudadanos, puesto que el Estado no es más que una asociación de seres iguales, y que entre seres naturales iguales las prerrogativas y los derechos deben ser necesariamente idénticos. Si es en el orden físico perjudicial dar alimento igual y vestidos iguales a hombres de constitución y estatura diferentes, la analogía no es menos patente cuando se trata de los derechos políticos; y, a la inversa, la desigualdad entre iguales no es menos irracional.

Es, por tanto, justo que la participación en el poder y en la obediencia sea para todos perfectamente igual y alternativa; porque esto es, precisamente, lo que procura hacer la ley, y la ley es la constitución. Es preciso preferir la soberanía de la ley a la de uno de los ciudadanos; y por este mismo principio, si el poder debe ponerse en manos de muchos, sólo se les debe hacer guardianes y servidores de la ley; porque si la existencia de las magistraturas es cosa indispensable, es una injusticia patente dar una magistratura suprema a un solo hombre, con exclusión de todos los que valen tanto como él.

A pesar de lo que se ha dicho, allí donde la ley es impotente, un individuo no podrá nunca más que ella; una ley que ha sabido enseñar convenientemente a los magistrados puede muy bien dejar a su buen sentido y a su justificación el arreglar y juzgar todos los casos en que ella guarda silencio. Más aún; les concede el derecho de corregir todos los defectos que tenga, cuando la experiencia ha hecho ver que admite una mejora posible. Por tanto, cuando se reclama la soberanía de la ley se pide que la razón reine a la par que las leyes; pero pedir la soberanía para un rey es hacer soberanos al hombre y a la bestia; porque los atractivos del instinto y las pasiones del corazón corrompen a los hombres cuando están en el poder, hasta a los mejores; la ley, por el contrario, es la inteligencia sin las ciegas pasiones. El ejemplo tomado más arriba de las ciencias no parece concluyente; es peligroso atenerse en medicina a los preceptos escritos, y vale más confiar en los hombres prácticos. El médico nunca se verá arrastrado por la amistad a prescribir un tratamiento irracional; a lo más, tendrá en cuenta los honorarios que le ha de valer la curación. En política, por lo contrario, la corrupción y el favor ejercen muy poderosamente un funesto influjo. Sólo cuando se sospecha que el médico se ha dejado ganar por los enemigos para atentar a la vida del enfermo, se acude a los preceptos escritos. Más aún, el médico enfermo llama para curarse a otros médicos, y el gimnasta muestra su fuerza en presencia de otros gimnasias; creyendo unos y otros que juzgarían mal si fuesen jueces en causa propia, por no poder ser desinteresados. Luego, evidentemente, cuando sólo se aspira a obtener la justicia es preciso optar por un término medio, y este término medio es la ley. Por otra parte, hay leyes fundadas en las costumbres que son mucho más poderosas e importantes que las leyes escritas; y, si es posible que se encuentren en la voluntad de un monarca más garantías que en la ley escrita, seguramente se encontrarán menos que en estas leyes, cuya fuerza descansa por completo en las costumbres. Pero un solo hombre no puede verlo todo con sus propios ojos; será preciso que delegue su poder en numerosos funcionarios inferiores, y entonces, ¿no es más conveniente establecer esta repartición del poder desde el principio que dejarlo a la voluntad de un solo individuo? Además, queda siempre en pie la objeción que precedentemente hemos hecho: si el hombre virtuoso merece el poder a causa de su superioridad, dos hombres virtuosos lo merecerán más aún. Así dice el poeta: «Dos bravos compañeros, cuando marchan juntos...,» súplica que hace Agamenón cuando pide al cielo «Tener diez consejeros sabios como Néstor.»

Pero hoy, se dirá, en algunos Estados hay magistrados encargados de fallar soberanamente, como lo hace el juez, en los casos que la ley no puede prever, prueba de que no se cree que la ley sea el soberano y el juez más perfecto, por más que se reconozca su omnipotencia en los puntos que ella decide; pero precisamente por lo mismo que la ley sólo puede abrazar ciertas cosas dejando fuera otras, se duda de su excelencia y se pregunta si, en igualdad de circunstancias, no es preferible sustituir su soberanía con la de un individuo, puesto que disponer legislativamente sobre asuntos que exigen deliberación especial es una cosa completamente imposible. No se niega que en tales casos sea preciso someterse al juicio de los hombres: lo que se niega únicamente es que deba preferirse un solo individuo a muchos, porque cada uno de los magistrados, aunque sea aislado, puede, guiado por la ley que ha estudiado, juzgar muy equitativamente. Pero podría parecer absurdo el sostener que un hombre que para formar juicio sólo tiene dos ojos y dos oídos, y para obrar dos pies y dos manos, pueda hacerlo mejor que una reunión de individuos con órganos mucho más numerosos. En el estado actual, los monarcas mismos se ven precisados a multiplicar sus ojos, sus oídos, sus manos y sus pies, repartiendo la autoridad con los amigos del poder y con sus amigos personales. Si estos agentes no son amigos del monarca no obrarán conforme a las intenciones de éste; y si son sus amigos, obrarán, por el contrario, en bien de su interés y del de su autoridad. Ahora bien, la amistad supone necesariamente semejanza, igualdad; y el rey, al permitir que sus amigos compartan su poder, viene a admitir al mismo tiempo que el poder debe ser igual entre iguales.

Tales son, sobre poco más o menos, las objeciones que se hacen al reinado.

Unas son perfectamente fundadas, mientras que otras lo son quizá menos. El poder del señor, así como el reinado o cualquier otro poder político justo y útil, es conforme con la naturaleza, mientras que no lo es la tiranía, y todas las formas corruptas de gobierno son igualmente contrarias a las leyes naturales. Lo que hemos dicho prueba que, entre individuos iguales y semejantes, el poder absoluto de un solo hombre no es útil ni justo, siendo del todo indiferente que este hombre sea, por otra parte, como la ley viva en medio de la carencia de leyes o en presencia de ellas, o que mande a súbditos tan virtuosos o tan depravados como él, o, en fin, que sea completamente superior a ellos por su mérito. Sólo exceptúo un caso que voy a decir, y que ya he indicado antes.

Fijemos ante todo lo que significan para un pueblo los epítetos de monárquico, aristocrático y republicano. Un pueblo monárquico es aquel que naturalmente puede soportar la autoridad de una familia dotada de todas las virtudes superiores que exige la dominación política. Un pueblo aristocrático es aquel que, teniendo las cualidades necesarias para tener la constitución política que conviene a hombres libres, puede naturalmente soportar la autoridad de ciertos jefes llamados por su mérito a gobernar. Un pueblo republicano es aquel en que por naturaleza todo el mundo es guerrero, y sabe igualmente obedecer y mandar a la sombra de una ley que asegura a la clase pobre la parte de poder que debe corresponderle.

Así, pues, cuando toda una raza, o aunque sea un individuo cualquiera, sobresale mostrando una virtud de tal manera superior que sobrepuje a la virtud de todos los demás ciudadanos juntos, entonces es justo que esta raza sea elevada al reinado, al supremo poder, y que este individuo sea proclamado rey. Esto, repito, es justo, no sólo porque así lo reconozcan los fundadores de las constituciones aristocráticas, oligárquicas y también democráticas, que unánimemente han admitido los derechos de la superioridad, aunque estén en desacuerdo acerca de la naturaleza de esta superioridad, sino también por las razones que hemos expuesto anteriormente. No es equitativo matar o proscribir mediante el ostracismo a un personaje semejante, ni tampoco someterlo al nivel común, porque la parte no debe sobreponerse al todo, y el todo, en este caso, es precisamente esta virtud tan superior a todas las demás. No queda otra cosa que hacer que obedecer a este hombre y reconocer en él un poder, no alternativo, sino perpetuo.

Pongamos aquí fin al estudio del reinado, después de haber expuesto sus diversas especies, sus ventajas y sus peligros, según los pueblos a que se aplica, y después de haber estudiado las formas que reviste.

Capítulo XII

Del gobierno perfecto o de la aristocracia

De las tres constituciones que hemos reconocido como buenas, la mejor debe ser necesariamente la que tenga mejores jefes. Tal es el Estado en que se encuentra por fortuna una gran superioridad de virtud, ya pertenezca a un solo individuo con exclusión de los demás, ya a una raza entera, ya a la multitud, y en el que los unos sepan obedecer tan bien como los otros mandar, movidos siempre por un fin noble. Se ha demostrado precedentemente que en el gobierno perfecto la virtud privada era idéntica a la virtud política; siendo no menos evidente que con los mismos medios y las mismas virtudes que constituyen al hombre de bien se puede constituir igualmente un Estado, aristocrático o monárquico; de donde se sigue que la educación y las costumbres que forman al hombre virtuoso son sobre poco más o menos las mismas que forman al ciudadano de una república o al jefe de un reinado.

Sentado esto, veamos de tratar de la república perfecta, de su naturaleza, y de los medios de establecerla. Cuando se la quiere estudiar con todo el cuidado que merece, es preciso...

Libro cuarto

Teoría general de la ciudad perfecta

CAPÍTULO I

DE LA VIDA PERFECTA

Cuando se quiere estudiar la cuestión de la república perfecta con todo el cuidado que reclama, importa precisar en primer lugar cuál es el género de vida que merece sobre todo nuestra preferencia. Si se ignora esto, necesariamente se habrá de ignorar cuál es el gobierno por excelencia, porque es natural que un gobierno perfecto procure a los ciudadanos a él sometidos, en el curso ordinario de las cosas, el goce de la más perfecta felicidad, compatible con su condición. Y así, convengamos ante todo en cuál es el género de vida preferible para todos los hombres en general, y después veremos si es el mismo o diferente para la totalidad que para el individuo. Como creemos haber demostrado suficientemente en nuestras obras exotéricas lo que es la vida más perfecta, aquí no haremos más que aplicar el principio allí sentado. Un primer punto, que nadie puede negar, porque es absolutamente verdadero, es que los bienes que el hombre puede gozar se dividen en tres clases: bienes que están fuera de su persona, bienes del cuerpo y bienes del alma; consistiendo la felicidad en la reunión de todos ellos. No hay nadie que pueda considerar feliz a un hombre que carezca de prudencia, justicia, fortaleza y templanza, que tiemble al ver volar una mosca, que se entregue sin reserva a sus apetitos groseros de comer y beber, que esté dispuesto, por la cuarta parte de un óbolo, a vender a sus más queridos amigos y que, no menos degradado en punto a conocimiento, fuera tan irracional y tan crédulo como un niño o un insensato. Cuando se presentan estos puntos en esta forma, se conviene en ellos sin dificultad. Pero en la práctica no hay esta conformidad, ni sobre la medida, ni sobre el valor relativo de estos bienes. Se considera uno siempre con bastante virtud, por poca que tenga; pero tratándose de riqueza, fortuna, poder, reputación y todos los demás bienes de este género, no encontramos límites que ponerles, cualquiera que sea la cantidad en que los poseamos.

A los hombres insaciables les diremos que deberían, sin dificultad, convencerse en esta ocasión, en vista de los mismos hechos, de que, lejos de adquirirse y conservarse las virtudes mediante los bienes exteriores, son, por el contrario, adquiridos y conservados éstos mediante aquéllas; que la felicidad, ya se la haga consistir en los goces, ya en la virtud, o ya en ambas cosas a la vez, es patrimonio, sobre todo, de los corazones más puros y de las más distinguidas inteligencias; y que está reservada a los hombres poco llevados del amor a estos bienes que nos importan tan poco, más bien que a aquellos que, poseyendo estos bienes exteriores en más cantidad que la necesaria, son, sin embargo, tan pobres respecto de las verdaderas riquezas.

Independientemente de los hechos, la razón basta por sí sola para demostrar perfectamente esto mismo. Los bienes exteriores tienen un límite como cualquier otro medio o instrumento; y las cosas que se dicen útiles son precisamente aquellas cuya abundancia nos embaraza inevitablemente, o no nos sirven verdaderamente para nada. Respecto a los bienes del alma, por el contrario, nos son útiles en razón de su abundancia, si se puede hablar de utilidad tratándose de cosas que son, ante todo, esencialmente bellas. En general, es evidente que la perfección suprema de las cosas que se comparan para conocer la superioridad de cada una respecto de la otra, está siempre en relación directa con la distancia misma en que están entre sí estas cosas, cuyas cualidades especiales estudiamos. Luego, si el alma, hablando de una manera absoluta y aun también con relación a nosotros, es más preciosa que la riqueza y que el cuerpo, su perfección y la de éstos estarán en una relación análoga. Según las leyes de la naturaleza, todos los bienes exteriores sólo son apetecibles en interés del alma, y los hombres prudentes sólo deben desearlos para ella, mientras que el alma nunca debe ser considerada como medio respecto de estos bienes. Por tanto, estimaremos como punto perfectamente sentado que la felicidad está siempre en proporción de la virtud y de la prudencia, y de la sumisión a las leyes de éstas, y ponemos aquí por testigo de nuestras palabras a Dios, cuya felicidad suprema no depende de los bienes exteriores, sino que reside por entero en él mismo y en la esencia de su propia naturaleza. Además, la diferencia entre la felicidad y la fortuna consiste necesariamente en que las circunstancias fortuitas y el azar pueden procurarnos los bienes que son exteriores al alma, mientras que el hombre no es justo ni prudente por casualidad o por efecto del azar. Como consecuencia de este principio y por las mismas razones, resulta que el Estado más perfecto es al mismo tiempo el más dichoso y el más próspero. La felicidad no puede acompañar nunca al vicio; así el Estado, como el hombre, no prosperan sino a condición de ser virtuosos y prudentes; y el valor, la prudencia y la virtud se producen en el Estado con la misma extensión y con las mismas formas que en el individuo; y por lo mismo que el individuo las posee es por lo que se le llama justo, sabio y templado.

No daremos más extensión a estas ideas preliminares; era imposible que dejáramos de tocar aquí este punto, si bien no es este el lugar propio para desarrollarlo todo lo posible, pues toca a otro tratado. Hagamos constar tan sólo que el fin esencial de la vida, así para el individuo aislado como para el Estado en general, es el alcanzar este noble grado de virtud y hacer todo lo que ella ordena. En cuanto a las objeciones que pueden oponerse a este principio, no responderemos a ellas en este momento, a reserva de examinarlas más tarde, si quedan todavía dudas después de que nos hayamos explicado.

Capítulo II

De la felicidad con relación al Estado

Nos queda por averiguar si la felicidad, respecto del Estado, está constituida por elementos idénticos o diversos que la de los individuos. Evidentemente, todos convienen en que estos elementos son idénticos: si se hace consistir la felicidad del individuo en la riqueza no se vacilará en declarar que el Estado es completamente dichoso tan pronto como es rico; si se estima que para el individuo es la mayor felicidad el ejercer un poder tiránico el Estado será tanto más dichoso cuanto más vasta sea su dominación; si para el hombre la felicidad suprema consiste en la virtud, el Estado más virtuoso será igualmente el más afortunado. Dos puntos llaman aquí principalmente nuestra atención. En primer lugar, ¿debe preferir el individuo la vida política, la participación en los negocios del Estado, a vivir completamente extraño a ella y libre de todo compromiso público? Y en segundo, ¿qué constitución, qué sistema político, debe adoptarse con preferencia: el que admite a todos los ciudadanos sin excepción a la gestión de sus negocios, o el que, haciendo algunas excepciones, llama por lo menos a la mayoría? Esta última cuestión interesa a la ciencia y a las teorías políticas, que no se cuidan de las conveniencias individuales; y como precisamente son consideraciones de este género las que aquí nos ocupan, dejaremos aparte la segunda cuestión, para limitarnos a la primera, que constituirá el objeto especial de esta parte de nuestro tratado.

Por lo pronto, el Estado más perfecto es evidentemente aquel en que cada ciudadano, sea el que sea, puede, merced a las leyes, practicar lo mejor posible la virtud y asegurar mejor su felicidad. Aun concediendo que la virtud deba ser el fin capital de la vida, muchos se preguntan si la vida política y activa vale más que una vida extraña a toda obligación exterior y consagrada por entero a la meditación, única vida, según algunos, que es digna del filósofo. Los partidarios más sinceros que ha contado la virtud, así en nuestros días como en tiempos pasados, han abrazado todos una u otra de estas ocupaciones: la política o la filosofía. En este punto la verdad es de alta importancia, porque todo individuo, si es prudente, y lo mismo todo Estado, adoptarán necesariamente el camino que les parezca el mejor. Dominar sobre lo que nos rodea es a los ojos de algunos una horrible injusticia, si el poder se ejerce despóticamente; y cuando el poder es legal, cesa de ser injusto, pero se convierte en un obstáculo a la felicidad personal del que lo ejerce. Según una opinión diametralmente opuesta y que tiene también sus partidarios, se pretende que la vida práctica y política es la única que conviene al hombre, y que la virtud, bajo todas sus formas, lo mismo es patrimonio de los particulares que de los que dirigen los negocios generales de la sociedad. Los partidarios de esta opinión, y, por tanto, adversarios de la otra, persisten y sostienen que no hay felicidad posible para el Estado sino mediante la dominación y el despotismo; y, realmente, en algunos Estados la constitución y las leyes van encaminadas por entero a hacer la conquista de los pueblos vecinos; y, si, en medio de esta confusión general que presentan casi en todas partes los materiales legislativos, se ve en las leyes un fin único, no es otro que la dominación. Así en Lacedemonia y en Creta el sistema de la educación pública y la mayor parte de las leyes no están hechos sino para la guerra. Todos los pueblos a quienes es dado satisfacer su ambición hacen el mayor aprecio del valor guerrero, pudiendo citarse, por ejemplo, los persas, los escitas, los tracios, los celtas. Con frecuencia las mismas leyes fomentan esta virtud. En Cartago, por ejemplo, se tiene a orgullo llevar en los dedos tantos anillos como campañas se han hecho. En otro tiempo, en Macedonia la ley condenaba al guerrero a llevar un cabestro si no había dado muerte a algún enemigo. Entre los escitas, en ciertas comidas solemnes, corría la copa de mano en mano, pero no podía ser tocada por el que no había muerto a alguno en el combate. En fin, los iberos, raza belicosa, plantan sobre la tumba del guerrero tantas estacas de hierro como enemigos ha inmolado. Aún podrían citarse en otros pueblos muchos usos de este género, creados por las leyes o sancionados por las costumbres.

Basta reflexionar algunos instantes para encontrar extraño que un hombre de Estado pueda nunca meditar la conquista y dominación de los pueblos vecinos, consientan ellos o no en soportar el yugo. ¿Cómo el hombre político y el legislador habían de poder ocuparse de una cosa que no es ni siquiera legítima? Buscar el poder por todos los medios, no sólo justos, sino inicuos, es trastornar todas las leyes, porque el mismo triunfo puede no ser justo. Las otras ciencias no nos presentan nada que se parezca a esto. El médico y el piloto no piensan en persuadir ni en forzar, aquél a los enfermos que tiene en cura, éste a los pasajeros que conduce. Pero se dirá que, generalmente, se confunde el poder político con el poder despótico del señor; y lo que no encuentra uno equitativo ni bueno para sí mismo, quiere, sin ruborizarse, aplicarlo a otro; así se reclama resueltamente la justicia para sí y se olvida por completo tratándose de los demás. Todo despotismo es ilegítimo, excepto cuando el señor y el súbdito son tales respectivamente por derecho natural; y si este principio es verdadero sólo

debe quererse reinar como dueño sobre seres destinados a estar sometidos a un señor, y no indistintamente sobre todos; a la manera que para un
festín o un sacrificio se va a la caza, no de hombres, sino de animales que se
pueden cazar a este fin, es decir, de animales salvajes y buenos de comer.
Pero un Estado, en verdad, si se descubriese el medio de aislarle de todos los
demás podría ser dichoso por sí mismo, con la sola condición de estar bien
administrado y de tener buenas leyes. En una ciudad semejante la constitución no aspiraría ni a la guerra, ni a la conquista, ideas que nadie debe
ni siquiera suponer en ella. Por tanto, es claro que las instituciones guerreras, por magníficas que ellas sean, no deben ser el fin supremo del Estado,
sino tan sólo un medio para que aquél se realice. El verdadero legislador
deberá proponerse tan sólo procurar a la ciudad toda, a los diversos individuos que la componen, y a todos los demás miembros de la asociación,
la parte de virtud y de bienestar que les pueda pertenecer, modificando,
según los casos, el sistema y las exigencias de sus leyes; y si el Estado tiene
otros vecinos, la legislación tendrá cuidado de prever las relaciones que
convenga mantener y los deberes que deba cumplir respecto de ellos. Esta
materia se tratará más adelante como ella merece, cuando determinemos
el fin a que debe tender el gobierno perfecto.

CAPÍTULO III

DE LA VIDA POLÍTICA

Según hemos dicho, todos convienen en que lo que debe buscarse esencialmente en la vida es la virtud; pero no se está de acuerdo en el empleo que debe darse a la vida. Examinemos las dos opiniones contrarias. De un lado, se condenan todas las funciones políticas y se sostiene que la vida de un hombre verdaderamente libre, a la cual se da una gran preferencia, difiere completamente de la vida del hombre de Estado; y de otro, se pone, por lo contrario, la vida política por cima de toda otra, porque el que no obra no puede ejecutar actos de virtud, y la felicidad y las acciones virtuosas son cosas idénticas. Estas opiniones son en parte verdaderas y en parte falsas. Que vale más vivir como un hombre libre que vivir como un señor de esclavos es muy cierto; el empleo de un esclavo, en tanto que esclavo, no es cosa muy noble, y las órdenes de un señor, relativas a los pormenores de la vida diaria no tienen nada de encantador. Pero es un error creer que toda autoridad sea necesariamente la autoridad del señor. La que se ejerce sobre hombres libres y la que se ejerce sobre esclavos no difieren menos que la naturaleza del hombre libre y la naturaleza del esclavo, como ya hemos demostrado en el principio de esta obra. Pero se incurre en una gran equivocación al preferir la inacción al trabajo, porque la felicidad sólo se encuentra en la actividad, y los hombres justos y sabios se proponen siempre en sus acciones fines tan numerosos como dignos.

Mas podría decirse, partiendo de estos mismos principios: «un poder absoluto es el mayor de los bienes, puesto que capacita para multiplicar cuanto se quiera las buenas acciones. Así, siempre que pueda uno hacerse dueño del poder, es necesario que no lo deje ir a otras manos, y en caso necesario es preciso arrancarlo de ellas. Las relaciones que nacen de la filiación, de la paternidad, de la amistad, todo debe echarse a un lado, todo debe ser sacrificado, porque es preciso apoderarse a todo trance del bien supremo y en este caso el bien supremo consiste en el éxito, en el triunfo». Esta objeción sería verdadera cuando más si las expoliaciones y la violencia pudiesen procurar alguna vez el bien supremo; pero como no es posible que nunca lo procuren, la hipótesis es radicalmente falsa. Para hacer grandes cosas, es preciso ser tan superior a sus semejantes como lo es el hombre a la mujer, el padre a los hijos, el señor al esclavo; y el que ha comenzado por violar las leyes de la virtud jamás podrá hacer tanto bien como mal ha hecho primeramente. Entre criaturas semejantes no hay equidad, no hay justicia más que en la reciprocidad, porque es la que constituye la semejanza y la igualdad. La desigualdad entre iguales y la disparidad entre pares son hechos contrarios a la naturaleza, y nada de lo que es contra naturaleza puede ser bueno. Pero si hay un mortal que sea superior por su mérito, y cuyas facultades omnipotentes le impulsen sin cesar en busca del bien, éste es el que debe tomarse por guía, y al que es justo obedecer. Sin embargo, la virtud sola no basta; es preciso, además, poder para ponerla en acción. Luego, si este principio es verdadero, y si la felicidad consiste en obrar bien, la actividad es para el Estado todo, lo mismo que para los individuos en particular, el asunto capital de la vida. No quiere decir esto que la vida activa deba, como se piensa generalmente, ser por necesidad de relación con los demás hombres, y que los únicos pensamientos verdaderamente activos sean tan sólo los que proponen resultados positivos, como consecuencia de la acción misma. Los pensamientos activos son más bien las reflexiones y las meditaciones completamente personales, que no tienen otro objeto que su propio estudio; obrar bien es un fin; y esta volición es ya casi una acción; la idea de actividad se aplica, en primer término, al pensamiento ordenador que combina y dispone los actos exteriores. El aislamiento, hasta cuando es voluntario con todas las condiciones de existencia que lleva tras sí, no impone necesariamente al Estado la inacción. Cada una de las partes que componen la ciudad puede ser activa mediante las relaciones que necesariamente y siempre tienen las unas con las otras. Otro tanto puede decirse de todo individuo considerado separadamente, cualquiera que él sea; porque de otra manera resultaría que Dios y el mundo entero no existían, puesto que su acción no tiene nada de exterior, sino que permanece concentrada en ellos mismos.

Y así, el fin supremo de la vida es necesariamente el mismo para el individuo que para los hombres reunidos y para el Estado en general.

Capítulo IV

DE LA EXTENSIÓN QUE DEBE TENER EL ESTADO

Después de los preliminares que acabamos de desenvolver y de las consideraciones que hemos hecho sobre las diversas formas de gobierno, entraremos en lo que nos resta por decir, indicando cuáles deben ser los principios necesarios y esenciales de un gobierno formado a medida del deseo. Como este Estado perfecto no puede existir sin las condiciones indispensables para su misma perfección, es lícito dárselas todas en hipótesis, y tales como se quiera, con tal que no se vaya hasta lo imposible, por ejemplo, en cuanto al número de ciudadanos y a la extensión del territorio. Si el obrero en general, el tejedor, el constructor de naves o cualquier otro artesano, debe antes de comenzar el trabajo tener la materia primera, de cuyas buenas circunstancias y preparación depende tanto el mérito de la ejecución, es preciso dar también al hombre de Estado y al legislador una materia especial, convenientemente preparada para sus trabajos. Los primeros elementos que exige la ciencia política son los hombres en el número y con las cualidades naturales que deben tener, y el suelo con la extensión y las propiedades debidas.

Se cree vulgarmente que un Estado, para ser dichoso, debe ser vasto; y si este principio es verdadero, los que lo proclaman ignoran ciertamente en qué consiste la extensión o la pequeñez de un Estado; porque juzgan únicamente de ellas por el número de sus habitantes y, sin embargo, es preciso mirar no tanto al número como al poder. Todo Estado tiene una tarea que llenar; y será el más grande el que mejor la desempeñe. Y así, yo puedo decir que Hipócrates, no como hombre, sino como médico, es mucho más grande que otro hombre de una estatura más elevada que la suya. Aun admitiendo que sólo se debe mirar al número, sería preciso no confundir unos con otros los elementos que le forman. Bien que el Estado todo encierre necesariamente una multitud de esclavos, de domiciliados, de extranjeros, sólo pueden tenerse en cuenta los miembros mismos de la ciudad, los que la componen esencialmente; y el gran número de éstos es la señal cierta de la grandeza del Estado. Una ciudad de la que saliesen una multitud de artesanos y pocos guerreros no sería nunca un gran Estado, porque es preciso distinguir un gran Estado de un Estado populoso. Ahí están los hechos para probar que es muy difícil, y quizá imposible, organizar una ciudad demasiado populosa; y ninguna de aquellas cuyas leyes han merecido tantas alabanzas ha tenido, como puede verse, una excesiva población. El razonamiento viene en apoyo de la observación. La ley es la determinación de cierto orden; las buenas leyes producen necesariamente el buen orden; pero el orden no es posible tratándose de una gran multitud. El poder divino, que abraza el universo entero, sería el único que podría en ese caso establecerlo. La belleza resulta de ordinario de la armonía del número con la extensión; y la perfección para el Estado consistirá necesariamente en reunir una justa extensión y un número conveniente de ciudadanos. Pero la extensión de los Estados está sometida a ciertos límites, como cualquiera otra cosa, como los animales, las plantas, los instrumentos. Cada cosa, para poseer todas las propiedades que le son propias, no debe ser ni desmesuradamente grande, ni desmesuradamente pequeña, porque, en tal caso, o ha perdido completamente su naturaleza especial, o se ha pervertido. Una nave de una pulgada tendría tanto de nave como una de dos estadios; si tiene ciertas dimensiones, será completamente inútil, ya sea por su extrema pequeñez, ya por su extrema magnitud. Lo mismo sucede respecto de la ciudad: demasiado pequeña, no puede satisfacer sus necesidades, lo cual es una condición esencial de la ciudad; demasiado extensa, se hasta a sí misma, pero no como ciudad, sino como nación, y ya casi no es posible en ella el gobierno. En medio de esta inmensa multitud, ¿qué general puede hacerse oír? ¿Qué Esténtor podrá servir de heraldo? Se entiende necesariamente formada la ciudad en el momento mismo en que la masa políticamente asociada puede proveer a todas las necesidades de su existencia. Más allá de este límite, la ciudad puede aún existir en más vasta escala, pero esta progresión, lo repito, tiene sus límites. Los hechos mismos nos harán ver fácilmente cuáles deben ser. En la ciudad los actos políticos son de dos especies: autoridad, obediencia. El magistrado manda y juzga. Para juzgar los negocios litigiosos y para repartir las funciones según el mérito, es preciso que los ciudadanos se conozcan y se aprecien mutuamente. Donde estas condiciones no existen, las elecciones y las sentencias jurídicas son necesariamente malas. Bajo estos dos conceptos, toda resolución tomada a la ligera es funesta, y evidentemente no puede menos de serlo, recayendo sobre una masa tan grande. Por otra parte, será muy fácil a los domiciliados y a los extranjeros usurpar el derecho de ciudad, y su fraude pasará desapercibido en medio de la multitud reunida. Puede, pues, sentarse como una verdad que la justa proporción para el cuerpo político consiste, evidentemente, en que tenga el mayor número posible de ciudadanos que sean capaces de satisfacer las necesidades de su existencia; pero no tan numerosos que puedan sustraerse a una fácil inspección o vigilancia. Tales son nuestros principios sobre la existencia del Estado.

CAPÍTULO V
DEL TERRITORIO DEL ESTADO PERFECTO

Los principios que acabamos de indicar respecto a la población del Estado pueden, hasta cierto punto, aplicarse al territorio. El más favorable, sin contradicción, es aquel cuyas condiciones sean una mejor prenda de seguridad para la independencia del Estado, porque precisamente el territorio es el que ha de suministrar toda clase de producciones. Poseer todo lo que se ha menester y no tener necesidad de nadie, he aquí la verdadera independencia. La extensión y la fertilidad del territorio deben ser tales que todos los ciudadanos puedan vivir tan desocupados como corresponde a hombres libres y sobrios. Después examinaremos el valor de este principio con más precisión, cuando tratemos, en general, de la propiedad, del bienestar y del uso que se debe hacer de la fortuna, cuestiones muy controvertidas, porque los hombres incurren con frecuencia en este punto en uno u otro de estos extremos: en una sórdida avaricia o en un lujo desenfrenado.

Lo relativo a la configuración del territorio no ofrece ninguna dificultad. Los tácticos, con cuyo dictamen debe contarse, exigen que sea de difícil acceso para el enemigo y de salida cómoda para los ciudadanos. Añadamos que el territorio, lo mismo que la masa de sus habitantes, deben estar sometidos a una vigilancia fácil, y un terreno fácil de observar no es menos fácil de defender. En cuanto al emplazamiento de la ciudad, si es posible elegirlo, es preciso que sea bueno a la vez por mar y por tierra. La única condición que debe exigirse es que todos los puntos puedan prestarse mutuo auxilio, y que el transporte de géneros, maderas y productos manufacturados del país sea fácil. Es cuestión difícil la de saber si la vecindad del mar es ventajosa o funesta para la buena organización del Estado. Este contacto con extranjeros, educados bajo leyes completamente diferentes, es perjudicial al buen orden, y la población constituida por esta multitud de mercaderes que van y vienen por mar es ciertamente muy numerosa y también rebelde a toda disciplina política. Haciendo abstracción de estos inconvenientes, no hay duda alguna de que, atendiendo a la seguridad y a la abundancia necesarias al Estado, es muy conveniente a la ciudad y al resto del territorio preferir un emplazamiento a orilla del mar. Se resiste mejor una agresión enemiga cuando se pueden recibir, a la vez, por mar y por tierra auxilios de los aliados; y si no se puede batir a los sitiadores por ambos puntos a un mismo tiempo, se puede hacer con más ventaja por uno de ellos, cuando simultáneamente se pueden ocupar ambos.

El mar permite también satisfacer las necesidades de la ciudad, es decir, importar lo que el país no produce y exportar las materias en que abunda. Pero la ciudad, al hacer el comercio, sólo debe pensar en sí misma y jamás en los demás pueblos. El tráfico mercantil de todas las naciones no tiene otro origen que la codicia, y el Estado, que debe buscar en otra parte elementos para su riqueza, no debe entregarse jamás a semejantes tráficos. Pero en algunos países y en algunos Estados la rada y el puerto hecho por la naturaleza están maravillosamente situados con relación a la ciudad, la cual, sin estar muy distante, aunque sí separada, domina el puerto con sus murallas y fortificaciones. Gracias a esta situación, la ciudad se aprovechará evidentemente de todas estas comunicaciones, si le son útiles; y si pueden serle perjudiciales, una simple disposición legislativa podrá alejar todo peligro, designando especialmente los ciudadanos a quienes habrá de permitirse o prohibirse esta comunicación con los extranjeros.

En cuanto a las fuerzas navales, nadie duda que el Estado debe, hasta cierto punto, ser poderoso por mar, y esto no sólo en vista de sus necesidades interiores, sino también con relación a sus vecinos, a los cuales debe poder socorrer o molestar por mar y por tierra, según los casos. La extensión de las fuerzas marítimas debe ser proporcionada al género de existencia de la ciudad. Si esta existencia es por completo de dominación y de relaciones políticas, es preciso que la marina de la ciudad tenga proporciones análogas a las empresas que ha de llevar a cabo. Generalmente el Estado no tiene necesidad de esta población enorme compuesta por las gentes de mar, que no deben ser jamás miembros de la ciudad. No hablo de los guerreros que se embarcan en las flotas, que las mandan y que las dirigen, porque éstos son ciudadanos libres y proceden del ejército de tierra. Dondequiera que las gentes del campo y los labradores abundan, hay necesariamente gran número de marinos. Algunos Estados nos suministran pruebas de este hecho; el gobierno de Heraclea, por ejemplo, aunque su ciudad es muy pequeña comparada con otras, no por eso deja de equipar numerosas galeras.

No llevaré más adelante estas consideraciones sobre el territorio del Estado, sus puertos, sus ciudades, su relación con el mar y sus fuerzas navales.

De las cualidades naturales que deben tener los ciudadanos de la república perfecta

Hemos determinado antes los límites numéricos del cuerpo político; veamos ahora qué cualidades naturales se requieren en los miembros que lo componen. Puede formarse una idea de ellas con sólo echar una mirada sobre las ciudades más célebres de la Grecia y sobre las diversas naciones que ocupan la tierra. Los pueblos que habitan en climas fríos, hasta en Europa, son, en general, muy valientes, pero son en verdad inferiores en inteligencia y en industria; y si bien conservan su libertad, son, sin embargo, políticamente indisciplinables, y jamás han podido conquistar a sus vecinos. En Asia, por el contrario, los pueblos tienen más inteligencia y aptitud para las artes, pero les falta corazón, y permanecen sujetos al yugo de una esclavitud perpetua. La raza griega, que topográficamente ocupa un lugar intermedio, reúne las cualidades de ambas. Posee a la par inteligencia y valor; sabe al mismo tiempo guardar su independencia y constituir buenos gobiernos, y sería capaz, si formara un solo Estado, de conquistar el universo. En el seno mismo de la Grecia los diversos pueblos presentan entre sí desemejanzas análogas a las que acabamos de indicar: aquí predomina una sola cualidad; allí todas se armonizan en una feliz combinación. Puede decirse sin temor de engañarse que un pueblo debe poseer a la vez inteligencia y valor, para que el legislador pueda conducirle fácilmente por el camino de la virtud. Algunos escritores políticos exigen que sus guerreros sean afectuosos con aquellos a quienes conocen y feroces con los desconocidos, y precisamente el corazón es el que produce en nosotros la afección; el corazón es la facultad del alma que nos obliga a amar. En prueba de ello podría decirse que el corazón, cuando se cree desdeñado, se irrita mucho más contra los amigos que contra los desconocidos. Arquíloco, cuando quiere quejarse de sus amigos, se dirige a su corazón y dice:

«Oh corazón mío, ¿no es un amigo el que te ultraja?»

En todos los hombres, el amor a la libertad y a la dominación parte de este mismo principio: el corazón es imperioso y no sabe someterse. Pero los autores que he citado más arriba hacen mal en exigir la dureza con los extranjeros; porque no es conveniente tenerla con nadie, y las almas grandes nunca son adustas como no sea con el crimen; y, repito, se irritan más contra los amigos cuando creen haber recibido de ellos una injuria. Esta cólera es perfectamente racional; porque, en este caso, aparte del daño que tal conducta pueda producir, se cree perder, además, una benevolencia con que con razón se contaba. De aquí aquel pensamiento del poeta:

«La lucha entre hermanos es más encarnizada.»

Y este otro:

«El que quiere con exceso, sabe aborrecer del mismo modo.»

Al especificar, respecto a los ciudadanos, cuáles deben ser su número y sus cualidades naturales, y al determinar la extensión y las condiciones del territorio, nos hemos encerrado dentro de los límites de una exactitud aproximada, pues no debe exigirse en simples consideraciones teóricas la misma precisión que en las observaciones de los hechos que nos suministran los sentidos.

Capítulo VII

De los elementos indispensables a la existencia de la ciudad

Así como en los demás compuestos que crea la naturaleza no hay identidad entre todos los elementos del cuerpo entero, aunque sean esenciales a su existencia, en igual forma se puede, evidentemente, no contar entre los miembros de la ciudad a todos los elementos de que tiene, sin embargo, una necesidad indispensable; principio igualmente aplicable a cualquiera otra asociación que sólo haya de formarse de elementos de una sola y misma especie. Los asociados deben tener necesariamente un punto de unidad común, ya sean, por otra parte, en razón de su participación en ella iguales o desiguales: por ejemplo, los alimentos, la posesión del suelo o cualquier otro objeto semejante. Pueden hacerse dos cosas, la una en vista de la otra, ésta como medio, aquélla como fin, sin que haya entre ellas más de común que la acción producida por la una y recibida por la otra. Esta es la relación que hay en un trabajo cualquiera entre el instrumento y el obrero. La casa no tiene, ciertamente, nada que pueda ser común a ella y al albañil, y, sin embargo, el arte del albañil no tiene otro objeto que la casa. En igual forma, la ciudad tiene necesidad seguramente de la propiedad, pero la propiedad no es ni remotamente parte esencial de la ciudad, por más que de la propiedad formen parte como elementos seres vivos. La ciudad no es más que una asociación de seres iguales, que aspiran en común a conseguir una existencia dichosa y fácil. Pero como la felicidad es el bien supremo; como consiste en el ejercicio y aplicación completa de la virtud, y en el orden natural de las cosas, la virtud está repartida muy desigualmente entre los hombres, porque algunos tienen muy poca o ninguna; aquí es donde evidentemente hay que buscar el origen de las diferencias y de las divisiones entre los gobiernos. Cada pueblo, al buscar la felicidad y la virtud por diversos caminos, organiza también a su modo la vida y el Estado sobre bases asimismo diferentes.

Veamos cuántos elementos son indispensables a la existencia de la ciudad; porque la ciudad estará constituida necesariamente por aquellos en los cuales reconozcamos este carácter.

Enumeremos las cosas mismas a fin de ilustrar la cuestión: en primer lugar, las subsistencias; después, las artes, indispensables a la vida, que tiene necesidad de muchos instrumentos; luego las armas, sin las que no se concibe la asociación, para apoyar la autoridad pública en el interior contra las facciones, y para rechazar los enemigos de fuera que puedan atacarlos; en cuarto lugar, cierta abundancia de riquezas, tanto para atender a las necesidades interiores como para la guerra; en quinto lugar, y bien podíamos haberlo puesto a la cabeza, el culto divino, o, como suele llamársele, el sacerdocio; en fin, y este es el objeto más importante, la decisión de los asuntos de interés general y de los procesos individuales.

Tales son las cosas de que la ciudad, cualquiera que ella sea, no puede absolutamente carecer. La agregación que constituye la ciudad no es una agregación cualquiera, sino que, lo repito, es una agregación de hombres de modo que puedan satisfacer todas las necesidades de su existencia. Si uno de los elementos que quedan enumerados llega a faltar, entonces es radicalmente imposible que la asociación se baste a sí misma. El Estado exige imperiosamente todas estas diversas funciones; necesita trabajadores que aseguren la subsistencia de los ciudadanos; y necesita artistas, guerreros, gentes ricas, pontífices y jueces que velen por la satisfacción de sus necesidades y por sus intereses.

Capítulo VIII

Elementos políticos de la ciudad

Después de haber sentado los principios, tenemos aún que examinar si todas estas funciones deben pertenecer sin distinción a todos los ciudadanos. Tres cosas son en este caso posibles: o que todos los ciudadanos sean a la vez e indistintamente labradores, artesanos, jueces y miembros de la asamblea deliberante; o que cada función tenga sus hombres especiales; o, en fin, que unas pertenezcan necesariamente a algunos individuos en particular y otras a la generalidad. La confusión de las funciones no puede convenir a cualquier Estado indistintamente. Ya hemos dicho que se podían suponer diversas combinaciones, admitir o no a todos los ciudadanos en todos los empleos, y conferir ciertas funciones como privilegio. Esto mismo es lo que constituye la desemejanza de los gobiernos. En las democracias todos los derechos son comunes, y lo contrario sucede en las oligarquías.

El gobierno perfecto que buscamos es, precisamente, aquel que garantiza al cuerpo social el mayor grado de felicidad. Ahora bien, la felicidad, según hemos dicho, es inseparable de la virtud; y así, en esta república perfecta, en la que la virtud de los ciudadanos será una verdad en toda la extensión de la palabra y no relativamente a un sistema dado, aquéllos se abstendrán cuidadosamente de ejercer toda profesión mecánica y de toda especulación mercantil, trabajos envilecidos y contrarios a la virtud. Tampoco se dedicarán a la agricultura, pues se necesita tener tiempo de sobra para adquirir la virtud y para ocuparse de la cosa pública. Nos quedan aún la clase de guerreros y la que delibera sobre los negocios del Estado y juzga los procesos; dos elementos que deben, al parecer, constituir esencialmente la ciudad. Las dos funciones que les conciernen, ¿deberán ponerse en manos separadas o reunirlas en unas mismas? La respuesta que debe darse a esta pregunta es clara: deben estar separadas hasta cierto punto, y hasta cierto punto reunidas; separadas, porque piden edades diferentes y necesitan la una prudencia, la otra vigor; reunidas, porque es imposible que gentes que tienen la fuerza en su mano y que pueden usar de ella se resignen a una perpetua sumisión. Los ciudadanos armados son siempre árbitros de mantener o de derribar el gobierno. No hay más remedio que confiar todas esas funciones a las mismas manos, pero atendiendo a las diversas épocas de la vida, como la misma naturaleza lo indica; y puesto que el vigor es propio de la juventud, y la prudencia de la edad madura, deben distribuirse las atribuciones conforme a este principio, tan útil como equitativo, como que descansa en la diferencia misma que nace del mérito.

Por esta misma razón, los bienes raíces deben pertenecer a los que componen estas dos clases, porque el desahogo en la vida está reservado para los ciudadanos, y aquéllos lo son esencialmente. En cuanto al artesano, no tiene derechos políticos, como no los tiene ninguna otra de las clases extrañas a las nobles ocupaciones de la virtud, lo cual es una consecuencia evidente de nuestros principios. La felicidad reside exclusivamente en la virtud, y para que pueda decirse que una ciudad es dichosa es preciso tener en cuenta no a algunos de sus miembros, sino a todos los ciudadanos sin excepción. Y así las propiedades pertenecerán en propiedad a los ciudadanos, y los labradores serán necesariamente esclavos, o bárbaros, o siervos.

En fin, de los elementos de la ciudad resta que hablemos de los pontífices, cuya posición en el Estado está bien señalada. Un labrador, un obrero, no pueden alcanzar nunca el desempeño de las funciones del pontificado; sólo a los ciudadanos pertenece el servicio de los dioses; y como el cuerpo político se divide en dos partes, la una guerrera, la otra deliberante, y es conveniente a la vez rendir culto a la divinidad y procurar el descanso a los ciudadanos agobiados por los años, a éstos es a quienes debe encomendarse el cuidado del sacerdocio.

Tales son, pues, los elementos indispensables a la existencia del Estado, las partes que realmente componen la ciudad. Ésta no puede, por un lado, carecer de labradores, de artesanos y de mercenarios de todas clases; y por otro, la clase guerrera y la clase deliberante son las únicas que la componen políticamente. Estas dos grandes divisiones del Estado se distinguen también entre sí, la una por la perpetuidad y la otra por el carácter alternativo de las funciones.

Capítulo IX

Antigüedad de ciertas instituciones políticas

No es, por lo demás, un descubrimiento de nuestro tiempo, y ni siquiera reciente en la filosofía política, esta división necesaria de los individuos en clases distintas, los guerreros de una parte, y los labradores de otra. Todavía hoy existe en Egipto y en Creta, instituida en el primer punto, según se dice, por las leyes de Sesostris, y en el segundo, por las de Minos. El establecimiento de las comidas en común no es menos antiguo, pues respecto a Creta se remonta al reinado de Minos, y respecto a Italia a una época más remota aún. Los sabios de este último país aseguran que es debido a un cierto Ítalo, que llegó a ser rey de la Enotria, el que los enotrios hayan mudado su nombre en el de italianos, y que el nombre de Italia fue dado a toda esta parte de las costas de Europa, comprendida entre los golfos Escilético y Lamético, distantes entre sí una medida jornada. Se añade que Ítalo hizo agricultores a los enotrios, que antes eran nómadas, y que entre otras instituciones les dio la de las comidas en común. Hoy mismo hay cantones que conservan esta costumbre, a la par que algunas leyes de Ítalo. Esta costumbre existía entre los ópicos, habitantes de las orillas de la Tirrenia, y que llevan aún su antiguo sobrenombre de ausonios; y también se encuentra entre los caonios, que ocupan el país llamado Sirteis, en las costas de la Yapigia y del golfo Jónico. Por lo demás, es sabido que los caonios eran también de origen enotrio.

Las comidas en común tuvieron, pues, su origen en Italia. La división de los ciudadanos por clases viene de Egipto, pues el reinado de Sesostris es muy anterior al de Minos. Debe creerse, por lo demás, que en el curso de los siglos los hombres han debido idear estas instituciones y otras muchas con frecuencia o, por mejor decir, una infinidad de veces. Por lo pronto, la misma necesidad ha sugerido precisamente los medios de satisfacer las primeras exigencias de la vida; y una vez adquirido este fondo, los perfeccionamientos y la abundancia han debido, según todas las apariencias, desenvolverse en la misma proporción; y es, por tanto, una consecuencia muy lógica el creer esta ley aplicable igualmente a las instituciones políticas. En este punto todo es muy antiguo, y el Egipto está ahí para probarlo. Nadie negará su prodigiosa antigüedad, y en todos los tiempos ha tenido leyes y una organización política. Por tanto, es preciso seguir a nuestros predecesores en todo aquello en que han obrado bien, y no pensar en novedades, sino en los puntos en que nos han dejado vacíos que llenar.

Hemos dicho que los bienes raíces pertenecían de derecho a los que llevan las armas y tienen derechos políticos, y hemos añadido, al fijar las cualidades y la extensión del territorio, que los labradores debían formar una clase separada de aquéllos. Hablaremos aquí de la división de las propiedades y del número y especie de labradores. Hemos rechazado ya la comunidad de tierras, admitida por algunos autores; pero hemos declarado que la benevolencia de unos ciudadanos para con los otros debía hacer común el uso de aquéllas, para que todos tuvieran, al menos, segura su subsistencia. Se mira generalmente el establecimiento de las comidas en común como perfectamente provechoso a todo Estado bien constituido. Más tarde diremos por qué adoptamos nosotros también este principio; pero es preciso que todos los ciudadanos, sin excepción, tengan un puesto en aquéllas, y es difícil que los pobres, si han de concurrir con la parte fijada por la ley, puedan, además, atender a todas las demás necesidades de su familia. Los gastos del culto divino son también una carga común de la ciudad. Y así, el territorio debe dividirse en dos porciones, una para el público, otra para los particulares, y subdividirse ambas en otras dos. La primera porción se subdividirá para atender, a la vez, a los gastos del culto y a los de las comidas públicas. En cuanto a la segunda, se la dividirá, a fin de que, poseyendo todo ciudadano a un mismo tiempo fincas en la frontera y en las cercanías de la ciudad, esté igualmente interesado en la defensa de las dos localidades. Esta repartición, equitativa en sí misma, garantiza la igualdad de los ciudadanos y su unión más íntima contra los enemigos comunes de los Estados vecinos. Donde no está establecida esta repartición, a los unos inquieta muy poco la guerra que asola la frontera; y los otros la temen con una vergonzosa pusilanimidad. En algunos Estados la ley excluye a los propietarios de la frontera de toda deliberación sobre las agresiones enemigas, por considerarlos directamente interesados, y no poder, por consiguiente, ser buenos jueces. Tales son los motivos que obligan a dividir el territorio en la forma que hemos dicho. En cuanto a los que deben cultivarlo, si cabe elegir, deben preferirse los esclavos, y tener cuidado de que no sean todos de la misma nación, y principalmente de que no sean belicosos. Con estas dos condiciones serán excelentes para el trabajo, y no pensarán en rebelarse. Después es conveniente mezclar con los esclavos algunos bárbaros que sean siervos y que tengan las mismas cualidades que aquéllos. Los que trabajan en terrenos particulares pertenecerán al propietario; los que en terrenos públicos, al Estado. Más adelante, diremos el trato que debe darse a los esclavos, y por qué se debe siempre mostrarles la libertad como recompensa de sus trabajos.

CapÍtulo X
De la situación de la ciudad

No repetiremos por qué la ciudad debe ser, a la vez, continental y marítima, y en relación, en cuanto sea posible, con todos los puntos del territorio, puesto que ya lo hemos dicho más arriba. En cuanto a la situación considerada en sí misma, cuatro cosas deben tenerse en cuenta. La primera y más importante es la salubridad: la exposición al Levante y a los vientos que de allí soplan es la más sana de todas; la exposición al Mediodía viene en segundo lugar, y tiene la ventaja de que el frío en invierno es más soportable. Desde otros puntos de vista, el asiento de la ciudad debe ser también escogido teniendo en cuenta las ocupaciones que en el interior de ella tengan los ciudadanos y los ataques de que pueda ser objeto. Es preciso que, en caso de guerra, los habitantes puedan fácilmente salir, y que los enemigos tengan tanta dificultad de entrar en ella como en bloquearla. La ciudad debe tener dentro de sus muros aguas y fuentes naturales en bastante cantidad, y a falta de ellas conviene construir vastos y numerosos aljibes destinados a guardar las aguas pluviales, para que nunca falte agua, caso de que durante la guerra se interrumpan las comunicaciones con el resto del país. Como la primera condición es la salud de los habitantes, y ésta resulta, en primer lugar, de la situación y posición de la ciudad que hemos expuesto, y en segundo, del uso de aguas saludables, este último punto exige también la más severa atención. Las cosas que obran sobre el cuerpo con más frecuencia y más amplitud tienen también mayor influjo sobre la salud; y en este caso se encuentra precisamente la acción natural del aire y de las aguas. Y así, en cualquier punto donde las aguas naturales no sean ni igualmente buenas, ni igualmente abundantes, será prudente separar las potables de las que pueden servir para los usos ordinarios.

En cuanto a los medios de defensa, la naturaleza y la utilidad del emplazamiento varían según las constituciones. Una ciudad situada en lo alto conviene a la oligarquía y a la monarquía; la democracia prefiere para esto una llanura. La aristocracia desecha todas estas posiciones y se acomoda más bien en algunas alturas fortificadas. En cuanto a la disposición de las habitaciones particulares, parecen más agradables y generalmente más cómodas si están alineadas a la moderna y conforme al sistema de Hipódamo. El antiguo método tenía, por el contrario, la ventaja de ser más seguro en caso de guerra; una vez los extranjeros en la ciudad, difícilmente podían salir, después de haberles costado la entrada no menos trabajo. Es preciso combinar estos dos sistemas, y será muy oportuno imitar lo que nuestros cosecheros llaman tresbolillo en el cultivo de las viñas. Se alineará, por tanto, la ciudad solamente en algunas partes en algunos cuarteles, y no en toda su superficie; y de este modo irá unida la elegancia a la seguridad. En fin, en cuanto a las murallas, los que no quieren para las ciudades otras que el valor de los habitantes se dejan llevar de una antigua preocupación, por más que han podido ver que los hechos han dado un mentís a las ciudades que han hecho de esto una singular cuestión de honra. Poco valor probaría el defenderse de enemigos iguales o poco superiores en número al abrigo de las murallas; pero se ha visto y se puede ver aún pueblos que atacan en masa, sin que el valor sobrehumano de un puñado de valientes pueda rechazarlos. Para precaver, pues, reveses y desastres, para evitar una derrota cierta, los medios más militares son las fortificaciones más inexpugnables, sobre todo hoy en que el arte de sitiar, con sus tiros y sus terribles máquinas, ha hecho tantos progresos. No permitir que haya murallas en las ciudades es tan poco sensato como escoger un país abierto o nivelar todas las alturas; sería como prohibir rodear de paredes las casas particulares por temor de hacer cobardes a los habitantes. Es preciso persuadirse de que, cuando se cuenta con murallas, se puede, según se quiera, servirse o no de ellas; y que en una ciudad abierta no es posible la elección. Si nuestras reflexiones son exactas, es preciso no sólo rodear la ciudad de murallas, sino que deben, además de servir de ornato, ser capaces de resistir todos los sistemas de ataque, y sobre todo los de la táctica moderna. El que ataca no desperdicia ningún medio para alcanzar el triunfo; el que se defiende debe, por su parte, buscar, meditar e inventar nuevos recursos; y la primera ventaja de un pueblo que está muy sobre sí es que se piensa menos en atacarle. Mas como en las comidas en común hay precisión de distribuir los ciudadanos en muchas secciones, y las murallas deben, igualmente, tener de distancia en distancia y en puntos convenientes torres y cuerpos de guardia, es claro que estas torres estarán, naturalmente, destinadas a albergar las secciones de ciudadanos, y que en ellas tendrán lugar las comidas.

Tales son los principios que se pueden adoptar relativamente a la situación y a la utilidad de las murallas.

Capítulo XI

De los edificios públicos y de la política

Los edificios consagrados a las ceremonias religiosas serán tan espléndidos como sea preciso y servirán, a la vez, para las comidas públicas de los principales magistrados y para la celebración de todos los ritos que la ley o el oráculo de la Pitonisa no han querido que fuesen secretos. Este lugar, que deberá poder verse desde todos los cuarteles que le rodean, será tal como lo exige la dignidad de los personajes que tiene que albergar. Al pie de la eminencia en que estará situado el edificio será conveniente que esté la plaza pública, construida como la que se llama en Tesalia Plaza de la Libertad. No se consentirá nunca que esta plaza se manche dejando tener en ella mercancías, y se prohibirá la entrada en ella a los artesanos, a los labradores y a todo individuo de esta clase, a menos que el magistrado expresamente los llame. También es preciso que el aspecto de este lugar sea agradable, puesto que será allí donde los hombres de edad madura se dedicarán a los ejercicios gimnásticos, porque hasta desde este punto de vista deben separarse los ciudadanos según su edad, y algunos magistrados asistirán a los juegos de la juventud, así como los de madura edad asistirán algunas veces a los de los magistrados. La presencia del magistrado inspira verdadero acatamiento y aquel respetuoso temor que es propio del corazón del hombre libre. Lejos de esta plaza, y bien separada de ella, estará la destinada al tráfico, debiendo ser este sitio de fácil acceso para todas las mercancías que se transporten, procedentes del mar y del interior del país.

Puesto que el cuerpo de ciudadanos se divide en pontífices y magistrados, es conveniente que las comidas de los pontífices tengan lugar en las cercanías de los edificios sagrados. En cuanto a los magistrados, encargados de fallar en materia de contratos, acciones civiles y criminales, y todos los negocios de este género, o encargados de la vigilancia de los mercados y de lo que se llama policía de la ciudad, el lugar de sus comidas debe estar situado cerca de la plaza pública y de un cuartel de mucha concurrencia. A este efecto, será muy conveniente que esté próximo a la plaza de contratación en que tienen lugar todas las transacciones. En la otra plaza de que más arriba hemos hablado, debe reinar una calma absoluta; mientras que ésta, por el contrario, estará destinada a todas las relaciones de carácter material e indispensables.

Todas las divisiones urbanas que acabamos de enumerar deberán hacerse igualmente en los cantones rurales. En éstos los magistrados, ya se llamen conservadores de bosques, ya inspectores del campo, tendrán también cuerpos de guardias para la vigilancia y comidas en común. Asimismo, habrá repartidos por el campo algunos templos consagrados a los dioses unos, y otros a los héroes.

Es inútil que nos detengamos en pormenores más minuciosos sobre esta materia, puesto que son todas cosas fáciles de imaginar, aunque no lo sea tanto el ponerlas en práctica. Para decirlas, basta dejarse llevar del propio deseo; mas, para ejecutarlas, se necesita la ayuda de la fortuna. Y así nos contentaremos con lo dicho en este punto.

CAPÍTULO XII

DE LAS CUALIDADES QUE LOS CIUDADANOS DEBEN TENER EN LA REPÚBLICA PERFECTA

Examinemos ahora lo que será la constitución misma y qué cualidades deben poseer los miembros que componen la ciudad, para que el bienestar y el orden del Estado estén perfectamente asegurados. El bienestar, en general, sólo se obtiene mediante dos condiciones: primera, que el fin que nos proponemos sea laudable; y segunda, que sea posible realizar los actos que a él conducen. También puede suceder que estas dos condiciones se encuentren reunidas, o que no se encuentren. Unas veces el fin es excelente, y no se tienen los medios propios para conseguirlo; otras se tienen todos los recursos necesarios para alcanzarlo, pero el fin es malo; por último, cabe engañarse, a la vez, sobre el fin y sobre los medios, como lo atestigua la medicina, que tan pronto desconoce el remedio que debe curar el mal, como carece de los recursos necesarios para la curación que se propone. En todas las artes y en todas las ciencias es preciso que el fin y los medios que puedan conducir a él sean igualmente buenos y poderosos. Es claro que todos los hombres desean la virtud y la felicidad, pero a unos es permitido y a otros no el conseguirlo, lo cual es resultado ya de las circunstancias, ya de la naturaleza. La virtud sólo se obtiene mediante ciertas condiciones que fácilmente pueden reunir los individuos afortunados y difícilmente los individuos menos favorecidos; y es posible, aun supuestas todas las facultades requeridas, extraviarse y apartarse del camino desde los primeros pasos. Puesto que nuestras indagaciones tienen por objeto la mejor constitución, base de la administración perfecta del Estado, y que esta administración perfecta es la que habrá de asegurar la mayor suma de felicidad a todos los ciudadanos, necesitamos saber necesariamente en qué consiste esta felicidad. Ya lo hemos dicho en nuestra Moral, y séanos permitido creer que esta obra no carece de toda utilidad; la felicidad es un desenvolvimiento y una práctica completa de la virtud, no relativa, sino absoluta. Entiendo por relativa la virtud que se refiere a las necesidades precisas de la vida; por absoluta, la que se refiere únicamente a lo bello y al bien. Y así, en la esfera de la justicia humana, la penalidad, el justo castigo del culpable, es un acto de virtud, pero también es un acto de necesidad, es decir, que no es bueno sino en cuanto es necesario; y sería ciertamente preferible que los individuos y el Estado pudiesen pasar sin la penalidad. Los actos que, por el contrario, sólo tienen por fin la gloria y el perfeccionamiento moral son bellos en un sentido absoluto. De estos dos órdenes de actos: el primero tiende simplemente a librarnos de un mal; el segundo prepara y opera directamente el bien. El hombre virtuoso puede saber soportar noblemente la miseria, la enfermedad y otros muchos males; pero el bienestar no por eso deja de consistir en las cosas contrarias a aquéllas. En la Moral también hemos definido al hombre virtuoso diciendo que es el que, a causa de su virtud, sólo tiene por bienes los bienes absolutos; y no hay necesidad de añadir que debe saber también hacer de estos bienes un uso absolutamente bello y bueno. De esto último ha nacido la opinión vulgar de que la felicidad depende de los bienes exteriores. Esto sería lo mismo que atribuir una preciosa pieza, tocada con la lira, al instrumento más bien que al talento del artista.

De lo que acabamos de decir resulta evidentemente que el legislador debe tener de antemano ciertos elementos para su obra, pero que puede también preparar por sí mismo algunos.

Así nos ha sido preciso suponer en el Estado todos los elementos de que el azar sólo dispone; porque hemos admitido que el azar era a veces el único dueño de las cosas; pero no es el azar el que asegura la virtud del Estado y sí la voluntad inteligente del hombre. El Estado no es virtuoso sino cuando todos los ciudadanos que forman parte del gobierno lo son, y ya se sabe que, en nuestra opinión, todos los ciudadanos deben tomar parte en el gobierno del Estado. Indaguemos, pues, cómo se educan los hombres en la virtud. Ciertamente, si esto fuese posible, sería preferible educarlos a todos a la par, sin ocuparse de los individuos uno a uno; pero la virtud general no es más que el resultado de la virtud de todos los particulares.

Sea de esto lo que quiera, tres cosas pueden hacer al hombre bueno y virtuoso: la naturaleza, el hábito y la razón. Ante todo, es preciso que la naturaleza haga que nazcamos formando parte de la raza humana, y no en cualquiera otra especie de animales; después es preciso que conceda ciertas condiciones espirituales y corporales. Además, los dones de la naturaleza no bastan: las cualidades naturales se modifican por las costumbres, que puede ejercer sobre ellas un doble influjo, pervirtiéndolas o mejorándolas. Casi todos los animales están sometidos solamente al imperio de la naturaleza; algunas especies, pocas, están también sometidas al imperio del hábito; el hombre es el único que lo está a la razón, a la vez que a la costumbre y a la naturaleza. Es preciso que estas tres cosas se armonicen; y muchas veces la razón combate a la naturaleza y a las costumbres, cuando cree que es mejor desentenderse de sus leyes. Ya hemos dicho mediante qué condiciones los ciudadanos pueden ser una materia a propósito para la obra del legislador; lo demás corresponde a la educación, que obra mediante el hábito y las lecciones de los maestros.

Capítulo XIII

DE LA IGUALDAD Y DE LA DIFERENCIA ENTRE LOS CIUDADANOS EN LA CIUDAD PERFECTA

Estando compuesta siempre la asociación política de jefes y subordinados, pregunto si la autoridad y la obediencia deben ser alternativas o vitalicias. Es claro que el sistema de la educación deberá atenerse a esta gran división de los ciudadanos. Si algunos hombres superasen a los demás, como según la común creencia los dioses y los héroes superan a los mortales, tanto respecto del cuerpo, lo cual con una simple ojeada puede verse, como respecto del alma, y de tal manera que la superioridad de los jefes fuese incontestable y evidente para los súbditos, no cabe duda de que debe preferirse que perpetuamente obedezcan los unos y manden los otros. Pero tales desemejanzas son muy difíciles de encontrar, sin que tampoco pueda suceder aquí lo que con los reyes de la India, que, según Escilax, sobrepujan por completo a los súbditos que les obedecen. Es, por tanto, evidente que por muchos motivos la alternativa en el mando y en la obediencia debe, necesariamente, ser común a todos los ciudadanos. La igualdad es la identidad de atribuciones entre seres semejantes, y el Estado no podría vivir de un modo contrario a las leyes de la equidad. Los facciosos que hubiese en el país encontrarían apoyo siempre y constantemente en los súbditos descontentos, y los miembros del gobierno no podrían ser nunca bastante numerosos para resistir a tantos enemigos reunidos.

Sin embargo, es incontestable que debe haber alguna diferencia entre los jefes y los subordinados. ¿Cuál será esta diferencia y cuál el modo de dividir el poder? Tales son las cuestiones que debe resolver el legislador. Ya lo hemos dicho; la misma naturaleza ha trazado la línea de demarcación al crear en una especie idéntica la clase de los jóvenes y la de los ancianos, unos destinados a obedecer, otros capaces de mandar. Una autoridad conferida a causa de la edad no puede provocar los celos, ni fomentar la vanidad de nadie, sobre todo cuando cada cual está seguro de que obtendrá con los años la misma prerrogativa. Y así, la autoridad y la obediencia deben ser a la vez perpetuas y alternativas, y, por consiguiente, la educación debe ser a la vez igual y diversa, puesto que, según opinión de todo el mundo, la obediencia es la verdadera escuela del mando. Ahora bien, la autoridad, según dijimos antes, puede darse en interés del que la posee, o en interés de aquel sobre quien se ejerce: en el primer caso resulta la autoridad que ejerce el señor sobre sus esclavos; en el segundo, la autoridad que se ejerce sobre hombres libres. Además, las órdenes pueden diferir entre sí tanto por el motivo por que se han dictado como por los resultados mismos que producen. Muchos servicios que se consideran exclusivamente como domésticos se hacen para honrar a los jóvenes libres que los realizan. El mérito o el vicio de una acción no se encuentra tanto en la acción misma como en los motivos que la inspiran y en el fin de cuya realización se trata.

Hemos dejado sentado que la virtud del ciudadano, cuando manda es idéntica a la virtud del hombre perfecto, y hemos añadido que el ciudadano debía obedecer antes de mandar; de todo lo cual concluimos que al legislador toca educar a los ciudadanos en la virtud, conociendo los medios que conducen a ella y el fin esencial de la vida más digna. El alma se compone de dos partes: una que posee en sí misma la razón; otra que, sin poseerla, es capaz, por lo menos, de obedecer a ella; a una y a otra pertenecen las virtudes que constituyen el hombre de bien. Una vez admitida esta división, tal como la proponemos, puede decirse sin dificultad cuál de estas dos partes del alma encierra el fin mismo a que debe aspirarse, porque siempre se hace una cosa menos buena en vista de otra mejor, lo cual es tan evidente en las producciones del arte como en las de la naturaleza, y en este caso el objeto mejor es la parte racional del alma.

Adoptando en esta indagación nuestro procedimiento ordinario, el análisis, encontramos que la razón se divide en otras dos partes, razón práctica y razón especulativa. Como es consiguiente, la división que aplicamos a esta parte del alma se aplica igualmente a los actos que ella produce; y si hubiera lugar a escoger, sería preciso preferir los actos de la parte naturalmente superior, ya lo sea en todos los casos, ya en el caso único en que las dos partes del alma se hallen en presencia una de otra; porque en todas las cosas es preciso preferir siempre lo que conduce a la realización del fin más elevado.

La vida, cualquiera que ella sea, tiene dos partes: trabajo y reposo, guerra y paz. De los actos humanos, unos hacen relación a lo necesario, a lo útil; otros únicamente a lo bello. Una distinción del todo semejante debe encontrarse necesariamente bajo estos diversos conceptos en las partes del alma y en sus actos: la guerra no se hace sino con la mira de la paz; el trabajo no se realiza sino pensando en el reposo; y no se busca lo necesario y lo útil sino en vista de lo bello. En todo esto el hombre de Estado debe arreglar sus leyes en vista de las partes del alma y de sus actos, pero, sobre todo, teniendo en cuenta el fin más elevado a que ambas puedan aspirar. Iguales distinciones se aplican a las distintas profesiones, a las diversas ocupaciones de la vida práctica. Es preciso estar dispuesto lo mismo para el trabajo que para el combate; pero el descanso y la paz son preferibles. Es preciso saber realizar lo necesario y lo útil; sin embargo, lo bello es superior a ambos. En este sentido conviene dirigir a los ciudadanos desde la infancia, y durante todo el tiempo que permanezcan sometidos a jefes. Los gobiernos de la Grecia, que hoy pasan por ser los mejores, así como los legisladores que los han fundado, al parecer no han dirigido sus instrucciones a la consecución de un fin superior, ni dictado sus leyes, ni encaminado la educación pública hacia el conjunto de las virtudes, sino que, antes bien, se han inclinado, no con mucha nobleza, a las que tienen el aspecto de útiles y son más capaces de satisfacer la ambición. Autores más modernos han sostenido poco más o menos las mismas opiniones, y han admirado altamente la constitución de Lacedemonia y alabado al fundador que la ha inclinado por entero del lado de la conquista y de la guerra. Basta la razón para condenar estos principios, así como los hechos mismos realizados ante nuestra vista se han encargado de probar su falsedad. Compartiendo el sentimiento que arrastra a los hombres en general a la conquista en vista de los beneficios de la victoria, Tibrón y todos los que han escrito sobre el gobierno de Lacedemonia elevan hasta las nubes a su ilustre legislador, porque, merced al desprecio de todos los peligros, su república ha sabido llegar a ejercer una vasta dominación. Pero ahora que el poder espartano está destruido, todo el mundo conviene en que ni Lacedemonia es dichosa, ni su legislador intachable. ¿No es cosa extraordinaria que, conservando esta república las instituciones de Licurgo y pudiendo, sin obstáculo, atemperarse a ellas a su gusto, haya, sin embargo, perdido toda su felicidad? Esto consiste en que no se conoce la naturaleza del poder que el hombre político debe esforzarse en ensalzar. Mandar a hombres libres vale mucho más y es más conforme a la virtud que mandar a esclavos. Además, no debe tenerse por dichoso a un Estado ni por muy hábil a un legislador cuando sólo se han fijado en los peligrosos trabajos de la conquista. Con tan deplorables principios cada ciudadano sólo pensará evidentemente en usurpar el poder absoluto en su propia patria, tan pronto como pueda hacerse dueño de ella, que es lo que Lacedemonia consideró como un crimen en el rey Pausanias, sin que le sirviera de defensa toda su gloria. Semejantes principios y las leyes que de ellos emanan no son dignos de un hombre de Estado, y son tan falsos como funestos. El legislador no debe despertar en el corazón de los hombres más que buenos sentimientos, así respecto del público como de los particulares. Si se ejercitan en los combates, no debe ser para someter a esclavitud a pueblos que no merecen este yugo ignominioso, sino, primero, para no ser subyugados por nadie; luego, para conquistar el poder tan sólo en interés de los súbditos, y, por fin, para no mandar como señor a otros hombres que a los destinados a obedecer como esclavos. El legislador debe hacer de manera que así sus leyes sobre la guerra como las demás instituciones sólo tengan en cuenta la paz y el reposo, y aquí los hechos vienen en apoyo de la razón. La guerra, mientras ha durado, ha sido la salvación de semejantes Estados, pero una vez asegurado su poderío, la victoria les ha sido fatal, pues, al modo del hierro, han perdido su temple tan pronto como han tenido paz, y la culpa es del legislador que no ha enseñado la paz a su ciudad.

Puesto que el fin de la vida humana es el mismo para las masas que para los individuos, y puesto que el hombre de bien y una buena constitución se proponen, por necesidad, un fin semejante, es evidente que el reposo exige virtudes especiales, porque, lo repito, la paz es el fin de la guerra, como el reposo lo es del trabajo. Las virtudes que afianzan el reposo y el bienestar son aquellas que lo mismo están en actividad durante el reposo que durante el trabajo. El reposo sólo se obtiene mediante la reunión de muchas condiciones indispensables para atender a las primeras necesidades. El Estado, para gozar de paz, debe ser prudente, valeroso y firme, porque es muy cierto el proverbio: «No hay reposo para los esclavos». Cuando no se sabe despreciar el peligro, es uno presa del primero que le ataca. Por tanto, se necesita tener valor y paciencia en el trabajo; filosofía en el descanso; prudencia y templanza en ambas situaciones; sobre todo en medio de la paz y del reposo. La guerra da forzosamente justicia y prudencia a los hombres que se embriagan y pervierten en medio de las ventajas y de los goces del reposo y de la paz. Hay, sobre todo, mayor necesidad de justicia y de prudencia cuando se está a la cima de la prosperidad y se goza de todo lo que excita la envidia de los demás hombres. Sucede lo que con los bienaventurados que los poetas nos representan en las islas Afortunadas; cuanto más completa es su beatitud en medio de todos los bienes de que se ven colmados, tanto más deben llamar en su auxilio a la filosofía, la moderación y la justicia. Estas virtudes, evidentemente, no son menos necesarias para el bienestar y para la vida moral del Estado. Si es vergonzoso no saber aprovecharse de la fortuna, lo es mucho más no saber utilizarla en el seno de la paz y ostentar valor y virtud durante los combates, para mostrar después una bajeza propia de un esclavo durante la paz y el reposo. No debe entenderse la virtud como la entendía Lacedemonia; y no es que ella haya comprendido el bien supremo de distinta manera que todos los demás, sino que creyó que éste se podía adquirir mediante una virtud especial, la virtud guerrera. Pero como hay bienes que son superiores a los que procura la guerra, es evidente que el goce de estos bienes superiores, no teniendo otro objeto que el goce mismo, es preferible al de los otros. Veamos por qué camino se podrán alcanzar estos bienes inapreciables.

Ya hemos dicho que ejercen influencia sobre el alma tres cosas: la naturaleza, las costumbres o el hábito y la razón. Hemos precisado las cualidades que los ciudadanos deben haber obtenido previamente de la naturaleza. Nos resta indagar si la educación de la razón debe preceder a la del hábito; porque es preciso que estas dos últimas influencias estén en la más perfecta armonía, puesto que la razón misma puede extraviarse al ir en busca del mejor fin, y las costumbres no están sujetas a menos errores. En esto, como en lo demás, por la generación comienza todo, pero el fin de la generación se remonta a un origen cuyo objeto es completamente diferente. En el hombre, el verdadero fin de la naturaleza es la razón y la inteligencia, únicos objetos que se deben tener en cuenta cuando se trata de los cuidados que deben aplicarse, ya a la generación de los ciudadanos, ya a la formación de sus costumbres. Así como el alma y el cuerpo, según hemos dicho, son muy distintos, así el alma tiene dos partes no menos diferentes: una irracional, otra dotada de razón; y que se producen de dos maneras de ser diversas; es propio de la primera el instinto; de la otra, la inteligencia. Si el nacimiento del cuerpo precede al del alma, la formación de la parte irracional es anterior a la de la parte racional. Es fácil convencerse de ello; la cólera, la voluntad, el deseo se manifiestan en los niños apenas nacen; el razonamiento y la inteligencia no aparecen, en el orden natural de las cosas, sino mucho más tarde. Es de necesidad ocuparse del cuerpo antes de pensar en el alma; y después del cuerpo, es preciso pensar en el instinto, bien que en definitiva no se forme el instinto sino para servir a la inteligencia ni se forme el cuerpo sino para servir al alma.

Capítulo XIV

DE LA EDUCACIÓN DE LOS HIJOS EN LA CIUDAD PERFECTA

Si es un deber del legislador asegurar robustez corporal desde el principio a los ciudadanos que ha de formar, su primer cuidado debe tener por objeto los matrimonios de los padres y las condiciones, relativas al tiempo y a los individuos, que se requieren para contraerlos. Dos cosas deben tenerse presentes: las personas y la duración probable de su unión, a fin de que haya entre las edades una conveniente relación, y que las facultades de los dos esposos no estén nunca en discordancia, pudiendo el marido tener aún hijos cuando la mujer se ha hecho estéril, o al contrario; porque estas diferencias en las uniones son origen de querellas y disgustos. Esto importa, en segundo lugar, a causa de la relación que debe haber entre los padres y los hijos que deben reemplazar a aquéllos. No es conveniente que haya entre padres e hijos una excesiva diferencia, porque entonces la gratitud de éstos para con aquéllos, que son demasiado ancianos, es completamente vana, no pudiendo los padres procurar a su familia los recursos de que tiene necesidad. Tampoco conviene que esta diferencia de edades sea muy poca, porque se tropieza con otros inconvenientes no menos graves. Los hijos entonces no tienen a sus padres mayor respeto que a sus compañeros de edad; y esta igualdad puede dar lugar en la administración de la familia a discusiones poco oportunas.

Pero volvamos a nuestro punto de partida, y veamos cómo el legislador podrá formar, casi como le plazca, los cuerpos de los niños tan pronto como son engendrados.

Todo esto descansa en un punto, al que hay que prestar una particular atención. Como la naturaleza ha limitado la facultad generadora hasta los sesenta años, a lo más, para los hombres, y hasta los cincuenta para las mujeres, ajustándose a estas edades extremas puede fijarse la edad en que puede comenzar la unión conyugal. Las uniones prematuras son poco favorables para los hijos que de ellas salen. En toda clase de animales, el emparejamiento de individuos demasiado jóvenes produce crías débiles, las más veces hembras y de formas raquíticas. La especie humana está necesariamente sometida a la misma ley. Puede uno convencerse de ello viendo que en todos los países donde los jóvenes se unen ordinariamente muy pronto, la raza es débil y de pequeñas proporciones. De esto también resulta otro peligro: las mujeres jóvenes padecen más en los partos y sucumben con más frecuencia. Así se dice que, habiendo los trezenios consultado al oráculo sobre la frecuencia con que morían sus jóvenes mujeres, éste respondió: que se las casaba muy pronto «sin tomar en cuenta el fruto que debían dar». La unión en una edad más adelantada no es menos útil para asegurar la templanza de las pasiones. Las jóvenes que han sentido el amor muy pronto parecen dotadas en general de un temperamento ardiente. Respecto a los hombres, el uso de la venus durante su crecimiento daña al desarrollo del cuerpo, que no cesa de adquirir fuerza sino en el momento fijado por la naturaleza, más allá del cual no puede crecer más.

Se puede fijar la edad para el matrimonio en los dieciocho años para las mujeres y en los treinta y siete o un poco menos para los hombres. Dentro de estos límites, el momento de la unión será el de mayor vigor; y los esposos tendrán un tiempo igual para procrear convenientemente, hasta que la naturaleza quite a ambos el poder generador. De esta manera su unión podrá ser fecunda, y lo será desde el momento de mayor vigor, si, como debe suponerse, el nacimiento de los hijos sigue inmediatamente al matrimonio, hasta la declinación de la edad, es decir, hacia los setenta años para los maridos. Tales son nuestros principios sobre la época y la duración de los matrimonios. En cuanto al momento mismo de la unión, participamos de la opinión de aquellos que, en vista de los buenos resultados de su propia experiencia, creen que la época más favorable es el invierno. Es preciso consultar también lo que los médicos y los naturalistas han dicho sobre la generación. Los primeros podrán decir cuáles son las cualidades requeridas en cuanto a la salud, y los segundos dirán qué vientos conviene esperar. En general el viento del Norte es, según ellos, preferible al del Mediodía.

No nos detendremos en las condiciones de temperamento que han de tener los padres para que nazcan con vigor sus hijos. Estos pormenores, si se tratase el asunto profundamente, tendrían su verdadero lugar en un tratado de educación. Aquí podremos ocuparnos de él en pocas palabras. No hay necesidad de que el temperamento sea atlético, ni para las faenas políticas, ni para la salud, ni para la procreación; tampoco es conveniente que sea valetudinario e incapaz de rudos trabajos, sino que es preciso que ocupe un término medio entre estos extremos. El cuerpo debe agitarse por medio de la fatiga, pero de modo que ésta no sea demasiado violenta. Tampoco deben limitarse estos ejercicios a un solo género, como hacen los atletas, sino que debe poder soportar el cuerpo todos los trabajos dignos de un hombre libre. Estas condiciones me parecen igualmente aplicables a las mujeres que a los hombres. Las madres, durante el embarazo, atenderán con cuidado a su propio régimen, y se guardarán bien de permanecer inactivas y de alimentarse ligeramente. El medio es fácil, pues bastará que el legislador les ordene que vayan todos los días al templo para implorar el favor de los dioses que presiden a los nacimientos. Pero si su cuerpo necesita la actividad, convendrá que su espíritu conserve, por el contrario, la calma más perfecta. Los fetos sienten las impresiones de las madres que los llevan en su seno, lo mismo que los frutos de la tierra penden del suelo que los alimenta.

Para distinguir los hijos que es preciso abandonar de los que hay que educar, convendrá que la ley prohíba que se cuide en manera alguna a los que nazcan deformes; y en cuanto al número de hijos, si las costumbres resisten el abandono completo, y si algunos matrimonios se hacen fecundos traspasando los límites formalmente impuestos a la población, será preciso provocar el aborto antes de que el embrión haya recibido la sensibilidad y la vida. El carácter criminal o inocente de este hecho depende absolutamente sólo de esta circunstancia relativa a la vida y a la sensibilidad.

Pero no basta haber fijado la edad en que el hombre y la mujer podrán llevar a cabo la unión conyugal; es preciso determinar también la época en que la generación deberá cesar. Los hombres muy ancianos, y lo mismo los muy jóvenes, sólo producen seres incompletos de cuerpo y de espíritu, y los hijos de los primeros son de una debilidad irremediable. Se debe cesar de engendrar en el momento mismo en que la inteligencia ha adquirido todo su desenvolvimiento, y esta época, si nos atenemos al cálculo de algunos poetas que miden la vida por septenarios, coincide generalmente con los cincuenta años. Y así se debe renunciar a procrear hijos a los cuatro o cinco años a contar desde este término, y no usar de los placeres del amor sino por motivos de salud o por consideraciones no menos graves.

En cuanto a la infidelidad, cualquiera que sea la parte de que proceda y cualquiera el grado en que se verifique, es preciso considerarla como cosa deshonrosa, mientras uno sea esposo de hecho o de nombre; y si la falta ha sido cometida durante el tiempo fijado para la fecundidad, deberá ser castigada con una pena infamante y con toda la severidad que merece.

Capítulo XV

De la educación durante la primera infancia

Una vez nacidos los hijos, es preciso convencerse de que la calidad del alimento que se les dé ha de ejercer un gran influjo sobre sus fuerzas corporales. El ejemplo mismo de los animales, así como el de todas las naciones que hacen un estudio particular de los temperamentos propios para la guerra, nos prueba que el alimento más sustancial y que más conviene al cuerpo es la leche, y que es preciso abstenerse de dar vino a los niños por temor a las enfermedades que engendra.

Importa igualmente saber hasta qué punto conviene dejarles libertad en sus movimientos; y para evitar que sus miembros, tan delicados, no se deformen, algunas naciones se sirven aún en nuestros días de ciertas máquinas que procuran a estos pequeños cuerpos un desenvolvimiento regular. También es útil habituarlos, desde la más tierna infancia, a las impresiones del frío, costumbre que no es menos útil para la salud que para los trabajos de la guerra. Asimismo hay muchos pueblos bárbaros que tienen la costumbre de bañar a sus hijos en agua fría, o de vestirlos con ropa muy ligera, que es lo que hacen los celtas.

Todos los hábitos que deben contraer los niños conviene que comiencen desde la más tierna edad, teniendo cuidado de proceder por grados; así, el calor natural de los niños hace que arrostren muy fácilmente el frío. Tales son sobre poco más o menos los cuidados que más importa tener en la primera edad. En cuanto a la edad que sigue a ésta y que se extiende hasta los cinco años, no se puede exigir ni la aplicación intelectual, ni ciertas fatigas violentas que impedirían el crecimiento. Pero se les puede exigir la actividad necesaria para evitar una pereza total del cuerpo. A los niños se les debe excitar al movimiento empleando diversos medios, sobre todo el juego, los cuales no deben ser indignos de hombres libres, ni demasiado penosos, ni demasiado fáciles. Pero sobre todo, que los magistrados encargados de la educación, y que se llaman pedónomos, vigilen con el mayor cuidado las palabras y los cuentos que lleguen a estos tiernos oídos. Todo esto debe hacerse a fin de prepararles para los trabajos que más tarde les esperan; y así sus juegos deben ser en general ensayos de los ejercicios a que habrán de dedicarse en edad más avanzada. Es un gran error ordenar en las leyes que se compriman los gritos y las lágrimas de los niños, cuando son un medio de desarrollo y un género de ejercicio para el cuerpo. Reteniendo el aliento se adquiere una nueva fuerza en medio de un penoso esfuerzo, y los niños también se aprovechan de esta contención cuando gritan. Entre otras muchas cosas, los pedónomos cuidarán también de que los niños se comuniquen lo menos posible con los esclavos, ya que hasta los siete años han de permanecer necesariamente en la casa paterna. Mas, no obstante esta circunstancia, conviene alejar de sus miradas y de sus oídos toda palabra y todo espectáculo indignos de un hombre libre. El legislador deberá desterrar severamente de su ciudad la obscenidad en las palabras, como lo hace con cualquier otro vicio. El que se permite decir cosas deshonestas está muy cerca de permitirse ejecutarlas, y, por tanto, debe proscribirse desde la infancia toda palabra y toda acción de este género. Si algún hombre libre por su nacimiento, pero demasiado joven para ser admitido en las comidas en común, se permite una palabra, una acción prohibida, que se le castigue poniéndole a la vergüenza, que se le apalee, y si es de edad ya madura, que se le pene como a un vil esclavo con castigos convenientes a su edad, porque su falta es propia de un esclavo. Si proscribimos las palabras indecentes, hemos de hacer lo mismo con las pinturas y las representaciones obscenas. El magistrado debe cuidar de que ninguna estatua ni dibujo recuerde ideas de este género, a no ser en los templos de aquellos dioses a quienes la ley misma permite la obscenidad. Pero la ley prescribe, en una edad más avanzada, no dirigir súplicas a estos dioses ni en favor de uno mismo, ni de su mujer, ni de sus hijos.

La ley debe prohibir a los jóvenes asistir a la representación de piezas satíricas y de las comedias, hasta la edad en que puedan tomar asiento en las comidas comunes y beber vino puro. Entonces la educación los resguardará de los peligros de estas reuniones.

No hemos hecho hasta aquí más que tratar someramente esta materia; pero más adelante veremos, al insistir más en ella, si será conveniente privar a la juventud absolutamente de todo espectáculo, o en caso de admitir este principio, cómo deberá modificarse. Por ahora nos hemos limitado a las generalidades más indispensables.

Teodoro, el actor trágico, quizá tenía razón para decir que no podía tolerar que un cómico, aunque fuese malo, se presentase en escena antes que él, porque los espectadores se acomodaban fácilmente a la voz del primero que oían. Esto es igualmente exacto en las relaciones con nuestros semejantes y con las cosas que nos rodean. La novedad es siempre la que más nos encanta; y así debe alejarse de la infancia todo lo que lleve el sello de algo malo, y principalmente todo aquello que tenga que ver con el vicio o con la malevolencia.

Desde los cinco a los siete años es preciso que los niños asistan, durante dos, a las lecciones que más adelante habrán de recibir ellos mismos. Después, la educación comprenderá necesariamente dos épocas distintas: desde los siete años hasta la pubertad, y desde la pubertad hasta los veintiún años. Es una equivocación el querer contar la vida sólo por septenarios. Debe seguirse más bien para esta división la marcha misma de la naturaleza, porque las artes y la educación tienen por único fin llenar sus vacíos.

Veamos, pues, en primer lugar, si conviene que el legislador imponga una regla a la infancia. Después veremos si vale más que la educación se haga en común por el Estado, o si ha de dejarse a las familias, como sucede en la mayor parte de los gobiernos actuales; y diremos, por fin, sobre qué objetos debe recaer.

Libro quinto

De la educación en la ciudad perfecta

CAPÍTULO I

CONDICIONES DE LA EDUCACIÓN

No puede negarse, por consiguiente, que la educación de los niños debe ser uno de los objetos principales de que debe cuidar el legislador. Dondequiera que la educación ha sido desatendida, el Estado ha recibido un golpe funesto. Esto consiste en que las leyes deben estar siempre en relación con el principio de la constitución, y en que las costumbres particulares de cada ciudad afianzan el sostenimiento del Estado, por lo mismo que han sido ellas mismas las únicas que han dado existencia a la forma primera. Las costumbres democráticas conservan la democracia, así como las costumbres oligárquicas conservan la oligarquía, y cuanto más puras son las costumbres, tanto más se afianza el Estado.

Todas las ciencias y todas las artes exigen, si han de dar buenos resultados, nociones previas y hábitos anteriores. Lo mismo sucede evidentemente con el ejercicio de la virtud. Como el Estado todo sólo tiene un solo y mismo fin, la educación debe ser necesariamente una e idéntica para todos sus miembros, de donde se sigue que la educación debe ser objeto de una vigilancia pública y no particular, por más que este último sistema haya generalmente prevalecido, y que hoy cada cual educa a sus hijos en su casa según el método que le parece y en aquello que le place. Sin embargo, lo que es común debe aprenderse en común, y es un error grave creer que cada ciudadano sea dueño de sí mismo, siendo así que todos pertenecen al Estado, puesto que constituyen sus elementos y que los cuidados de que son objeto las partes deben concordar con aquellos de que es objeto el conjunto. En este punto nunca se alabará bastante a los lacedemonios. La educación de sus hijos se verifica en común, y le dan una extrema importancia. En nuestra opinión, es de toda evidencia que la ley debe arreglar la educación, y que ésta debe ser pública. Pero es muy esencial saber con precisión lo que debe ser esta educación, y el método que conviene seguir. En general, no están hoy todos conformes acerca de los objetos que debe abrazar; antes, por el contrario, están muy lejos de ponerse de acuerdo sobre lo que los jóvenes deben aprender para alcanzar la virtud y la vida más perfecta. Ni aun se sabe a qué debe darse la preferencia, si a la educación de la inteligencia o a la del corazón. El sistema actual de educación contribuye mucho a hacer difícil la cuestión. No se sabe, ni poco ni mucho, si la educación ha de dirigirse exclusivamente a las cosas de utilidad real, o si debe hacerse de ella una escuela de virtud, o si ha de comprender también las cosas de puro entretenimiento. Estos diferentes sistemas han tenido sus partidarios, y no hay aún nada que sea generalmente aceptado sobre los medios de hacer a la juventud virtuosa; pero siendo tan diversas las opiniones acerca de la esencia misma de la virtud, no debe extrañarse que lo sean igualmente sobre la manera de ponerla en práctica.

Capítulo II

Cosas que debe comprender la educación

Es un punto incontestable que la educación debe comprender, entre las cosas útiles, las que son de absoluta necesidad, pero no todas sin excepción. Debiendo distinguirse todas las ocupaciones en liberales y serviles, la juventud sólo aprenderá, entre las cosas útiles, aquellas que no tiendan a convertir en artesanos a los que las practiquen. Se llaman ocupaciones propias de artesanos todas aquellas, pertenezcan al arte o a la ciencia, que son completamente inútiles para preparar el cuerpo, el alma o el espíritu de un hombre libre para los actos y la práctica de la virtud. También se da el mismo nombre a todos los oficios que pueden desfigurar el cuerpo y a todos los trabajos cuya recompensa consiste en un salario, porque unos y otros quitan al pensamiento toda actividad y toda elevación. Bien que no haya ciertamente nada de servil en estudiar hasta cierto punto las ciencias liberales; cuando se quiere llevar esto demasiado adelante se está expuesto a incurrir en los inconvenientes que acabamos de señalar. La gran diferencia depende en este caso de la intención que motiva el trabajo o el estudio. Se puede, sin degradarse, hacer para sí, para sus amigos, o con intención virtuosa, una cosa que, hecha de esta manera, no rebaja al hombre libre, pero que, hecha para otros, envuelve la idea del mercenario y del esclavo. Los objetos que abraza la educación actual, lo repito, presentan, en general, este doble carácter, y sirven poco para ilustrar la cuestión. Hoy la educación se compone ordinariamente de cuatro partes distintas: las letras, la gimnástica, la música y, a veces, el dibujo; la primera y la última, por considerarlas de una utilidad tan positiva como variada en la vida; y la segunda, como propia para formar el valor. En cuanto a la música, se suscitan dudas acerca de su utilidad. Ordinariamente, se la mira como cosa de mero entretenimiento, pero los antiguos hicieron de ella una parte necesaria de la educación, persuadidos de que la naturaleza misma, como he dicho muchas veces, exige de nosotros, no sólo un loable empleo de nuestra actividad, sino también un empleo noble de nuestros momentos de ocio. La naturaleza, repito, es el principio de todo. Si el trabajo y el descanso son dos cosas necesarias, el último es, sin contradicción, preferible, pero es preciso el mayor cuidado para emplearlo como conviene. No se dedicará, en verdad, al juego, porque sería cosa imposible hacer aquél el fin mismo de la vida. El juego es principalmente útil en medio del trabajo. El hombre que trabaja tiene necesidad de descanso, y el juego no tiene otro objeto que el procurarlo. El trabajo produce siempre la fatiga y una fuerte tensión de nuestras facultades, y es preciso, por lo mismo, saber emplear oportunamente el juego como un remedio saludable. El movimiento que el juego proporciona afloja el espíritu y le procura descanso mediante el placer que causa.

El ocio parece asegurarnos también el placer, el bienestar, la felicidad; porque éstos son bienes que alcanzan no los que trabajan, sino los que viven descansados. No se trabaja sino para llegar a un fin que aún no se ha conseguido, y, según opinión de todos los hombres, el bienestar es, precisamente, el fin que debe conseguirse, no mediante el dolor, sino en el seno del placer. Es cierto que el placer no es uniforme para todos, pues cada uno le imagina a su manera y según su temperamento. Cuanto más perfecto es el individuo, más pura es la felicidad que él imagina y más elevado su origen. Y así es preciso confesar que para ocupar dignamente el tiempo de sobra hay necesidad de conocimientos y de una educación especial; y que esta educación y estos estudios deben tener por objeto único al individuo que goza de ellos, lo mismo que los estudios que tienen la actividad por objeto deben ser considerados como necesidades y no tomar nunca en cuenta a los demás. Nuestros padres no han incluido la música en la educación a título de necesidad, porque no lo es; ni a título de cosa útil, como la gramática, que es indispensable en el comercio, en la economía doméstica, en el estudio de las ciencias y en una multitud de ocupaciones políticas; ni como el dibujo, que nos capacita para juzgar mejor las obras de arte; ni como la gimnástica, que da salud y vigor; porque la música no posee, evidentemente, ninguna de estas ventajas. En la música sólo han encontrado una digna ocupación para matar el ocio, y esto han tenido en cuenta en la práctica; porque, según ellos, si hay un solaz digno de un hombre libre, éste es la música. Homero es del mismo dictamen cuando pone en boca de uno de sus héroes estas palabras:

«Convidemos al festín a un cantor armonioso,» o cuando dice que algunos de sus personajes llaman

«Al cantor, cuya voz sabrá hechizar a todos,» y en otro pasaje Ulises dice que el más dulce de los placeres para los hombres, cuando se entregan a la alegría,

«Escuchar en el festín, en que todos toman parte, los acentos del poeta...»

Capítulo III

De la gimnástica como elemento de la educación

Se debe, pues, reconocer que hay ciertas cosas que es preciso enseñar a los jóvenes, no como cosas útiles o necesarias, sino como cosas dignas de ocupar a un hombre libre, como cosas que son bellas. ¿Hay sólo una ciencia de esta clase?, ¿hay muchas?, ¿cuáles son?, ¿cómo deben enseñarse? He aquí una serie de cuestiones que examinaremos más tarde. Lo que aquí queremos hacer constar es que la opinión de los antiguos sobre los objetos esenciales de la educación coincide con la nuestra, y que de la música pensaban absolutamente lo mismo que nosotros. Añadiremos, también, que si la juventud debe adquirir conocimientos útiles, tales como la gramática, no es sólo a causa de la utilidad especial de estos conocimientos, sino también porque facilitan la adquisición de otros muchos. Otro tanto debe decirse del dibujo. Se aprende éste, no tanto para evitar los errores y equivocaciones en las compras y ventas de muebles, utensilios, como para formar un conocimiento más exquisito de la belleza de los cuerpos. Por otra parte, esta preocupación exclusiva de la idea de utilidad no conviene ni a almas nobles ni a hombres libres.

Se ha demostrado que se debe pensar en formar las costumbres antes que la razón, y el cuerpo antes que el espíritu; de donde se sigue que es preciso someter los jóvenes al arte de la pedotribia y a la gimnástica: aquélla para procurar al cuerpo una buena constitución; ésta para que adquiera soltura. En los gobiernos, que parecen ocuparse con especial cuidado de la educación de los jóvenes, se intenta las más veces hacer de ellos atletas, lo cual perjudica tanto a la gracia como al crecimiento del cuerpo. Los espartanos evitan esta falta, pero cometen otra; a fuerza de endurecer a los jóvenes, los hacen feroces con el pretexto de hacerlos valientes. Pero, lo repito, no hay que fijarse en su solo fin exclusivamente, y en éste menos que en cualquier otro. Si sólo se intenta inspirar valor, tampoco se consigue por este medio. El valor, lo mismo en los animales que en los hombres, no es patrimonio de los más salvajes, sino que lo es, por el contrario, de los que reúnen la dulzura y la magnanimidad del león. Algunas tribus de las orillas del Ponto Euxino, los aqueos y los heniocos, tienen por costumbre el asesinato y son antropófagos; otras naciones, situadas más al interior, tienen hábitos semejantes, y a veces todavía más horribles; y, sin embargo, no son más que bandoleros y no tienen verdadero valor. Ahí están los mismos lacedemonios, que debieron al principio su superioridad a sus hábitos de ejercicio y de fatiga, y que hoy son sobrepujados por muchos pueblos en la gimnástica y hasta en el combate; y es que su superioridad descansaba no tanto en la educación de su juventud, como en la ignorancia de sus adversarios en gimnástica.

Es preciso, pues, poner en primer lugar un valor generoso, y no la ferocidad. Desafiar noblemente el peligro no es cualidad propia de un lobo, ni de una bestia salvaje; es propio exclusivamente del hombre valiente. Dando demasiada importancia a esta parte secundaria de la educación, y despreciando los puntos principales de la misma, no hacéis de vuestros hijos más que obreros; habéis querido hacerlos aptos tan sólo para una ocupación de la sociedad, y resulta que son, hasta en esta especialidad, muy inferiores a otros muchos, como lo dice claramente la razón. Es preciso juzgar de las cosas en vista, no de los hechos pasados, sino de los actuales: hoy encontramos rivales tan instruidos como puede serlo uno mismo; en otro tiempo no los había.

Debe, por tanto, concedérsenos que la ocupación de la gimnástica es necesaria y que los límites que le hemos fijado son los verdaderos. Hasta la adolescencia los ejercicios deben ser ligeros; y se evitará la alimentación demasiado sustanciosa, así como los trabajos demasiado duros, no sea que vayan a detener el crecimiento del cuerpo. El peligro de estas fatigas prematuras se prueba con un notable testimonio: apenas se encuentran en los fastos de Olimpia dos o tres vencedores de los premiados cuando eran niños, que hayan conseguido el premio más tarde en edad madura; los ejercicios demasiado violentos de la primera edad les habían privado de todo su vigor. Los tres años que siguen a la adolescencia serán consagrados a estudios de otro género; y se podrá, ya sin peligro, someterlos en los años siguientes a ejercicios rudos y a un régimen más severo. De esta manera se evitará fatigar a la vez el cuerpo y el espíritu, cuyos trabajos producen, en el orden natural de las cosas, efectos del todo contrarios: los trabajos del cuerpo dañan el espíritu; los trabajos del espíritu son funestos al cuerpo.

Capítulo IV

De la música como elemento de la educación

Ya hemos expuesto acerca de la música algunos principios dictados por la razón; creemos conveniente volver sobre esta discusión y desarrollarla más, a fin de suministrar alguna dirección a las indagaciones ulteriores que otros podrán hacer sobre esta materia. Dificultoso es decir en qué consiste su poder y cuál es su verdadera utilidad. ¿Es sólo un juego? ¿Es un puro pasatiempo, como el sueño y los placeres de la mesa, entretenimientos poco nobles en sí mismos, sin duda, pero que, como ha dicho Eurípides,

«Nos agradan... y sirven de desahogo?»

¿Se debe poner la música al mismo nivel, y tomarla como se toma el vino, no deteniéndose hasta la embriaguez, o como se toma el baile? Hay gentes que dan otro valor a la música. Pero la música, ¿no es más bien uno de los medios de llegar a la virtud? Así como la gimnástica influye en los cuerpos, ¿no puede ella influir en las almas, acostumbrándolas a un placer noble y puro? Y, en fin, ¿no tiene como tercera ventaja, que debe unir se a aquellas dos, la de que, al procurar descanso a la inteligencia, contribuye también a perfeccionarla?

Se convendrá sin dificultad en que la instrucción que si da a los jóvenes no es cosa de juego. Instruirse no es una burla, y el estudio es siempre penoso. Añadamos que el ocio no conviene durante la infancia, ni en los años que la siguen: el ocio es el término de una carrera; y un ser incompleto no debe, mientras lo sea, detenerse. Si se cree que el estudio de la música, durante la infancia, puede tener por fin el preparar una diversión para la edad viril, para la edad madura, ¿a qué viene adquirir personalmente esta habilidad, en lugar de valerse, para gozar de este placer y alcanzar esta instrucción, del talento de artistas especiales, como hacen los reyes de los persas y de los medos? Los hombres prácticos que se han consagrado a la música como una profesión, ¿no alcanzarán en ella una ejecución mucho más perfecta que los que sólo han dedicado a la misma el tiempo estrictamente necesario para conocerla? Y si cada ciudadano debe hacer personalmente estos largos y penosos estudios, ¿por qué no ha de aprender también los secretos de la cocina, educación que sería completamente absurda? Esta objeción no tiene menos fuerza si se supone que la música forma las costumbres. Porque en este caso también, ¿para qué aprenderla personalmente? ¿No se podrá también gozar con ella, y juzgarla bien, oyéndola a los demás? Los espartanos han adoptado este método, y sin poseer ellos mismos este conocimiento pueden, según se asegura, juzgar muy bien el mérito de la música y decidir si es buena o mala. La misma respuesta puede darse si se pretende que la música es el verdadero placer, el verdadero solaz de los hombres libres. ¿Para qué aprenderla uno mismo, y no gozar de ella mediante la habilidad de otro? ¿No es esta la idea que nos formamos de los dioses? ¿Nos han presentado jamás los poetas a Júpiter cantando y tocando la lira? En una palabra, hay algo de servil en hacerse uno mismo artista de este género en música; y a un hombre libre sólo se le permite en la embriaguez o por pasatiempo.

Más adelante tendremos quizá ocasión de examinar el valor de todas estas objeciones.

Capítulo V

Continuación de lo relativo a la música
como elemento de la educación

Ante todo, ¿debe la música ser comprendida en la educación o debe ser excluida?; ¿qué es realmente de los tres caracteres que se le atribuyen?; ¿es una ciencia, un juego o un simple pasatiempo? Es posible la duda, porque la música presenta igualmente estos tres caracteres. El juego no tiene otro objeto que la distracción; pero es preciso que ésta sea agradable, porque es un remedio para las penalidades del trabajo. También es preciso que el pasatiempo, honesto como es, sea agradable, porque el bienestar sólo existe mediante estas dos condiciones; y la música, según parecer de todo el mundo, es un delicioso placer, aislado o acompañado por el canto. Museo lo ha dicho:

«El canto, verdadero hechizo de la vida.»

Y así no deja de tenerse presente en toda reunión, en toda diversión, como un verdadero goce. Este motivo bastaría por sí solo para incluirla en la educación. Todo lo que procura placeres inocentes y puros puede concurrir al fin de la vida, y, sobre todo, puede ser un medio de descanso. Raras veces el hombre consigue el objeto supremo de la vida, pero tiene con frecuencia necesidad de descanso y de diversiones; y aunque no fuera más que por el sencillo placer que causa, siempre se sacaría buen partido de la música tomándola como un pasatiempo. Los hombres hacen a veces del placer el fin capital de la vida; el fin supremo, cuando el hombre lo consigue, procura también, si se quiere, placer; pero no es el placer que se encuentra a cada paso; buscando uno, se fija en otro, y se confunde las más de las veces con lo que debe ser el objeto de todos nuestros esfuerzos. Este fin esencial de la vida no debe buscarse a causa de los bienes que puede darnos; y, de igual modo, los placeres de que aquí se trata se buscan, no por los resultados que deban producir, sino a causa de lo que les ha precedido, es decir, del trabajo y las penalidades. He aquí, sin duda, por qué se cree encontrar la verdadera felicidad en estos placeres, que, sin embargo, no la proporcionan.

En cuanto a cierta opinión común que recomienda el cultivo de la música, no por sí misma, sino como un utilísimo medio de descanso, puede preguntarse, aun aceptándola, si la música es verdaderamente cosa tan secundaria, y si no se le puede asignar un fin más noble que aquel vulgar empleo.

¿Es posible que no pueda esperarse de ella otra cosa que este vano placer que excita en todos los hombres? Porque no se puede negar que causa un placer físico que encanta sin distinción a todas las edades y a todos los caracteres. ¿o es cosa que debe averiguarse si ejerce algún influjo en los corazones y en las almas? Para demostrar su poder moral, bastaría probar que puede modificar nuestros sentimientos. Y, ciertamente, los modifica. Véase la impresión que producen en los oyentes las obras de tantos músicos, sobre todo de Olimpo. ¿Quién negará que entusiasma a las almas? ¿Y qué es el entusiasmo más que una modificación puramente moral? Basta, para renovar las vivas impresiones que la música nos proporciona, oírla repetir aunque sea sin el acompañamiento o sin la letra.

La música es, pues, un verdadero goce; y como la virtud consiste en saber gozar, amar, aborrecer, como pide la razón, se sigue que nada es más digno de nuestro estudio y de nuestros cuidados que el hábito de juzgar sanamente las cosas y de poner nuestro placer en las sensaciones honestas y en las acciones virtuosas. Ahora bien, nada hay tan poderoso como el ritmo y el canto de la música, para imitar, aproximándose a la realidad tanto como es posible, la cólera, la bondad, el valor, la misma prudencia, y todos los sentimientos del alma, como igualmente todos los opuestos a éstos. Los hechos bastan para demostrar cómo la simple narración de cosas de este género puede mudar la disposición del alma; y cuando en presencia de simples imitaciones se deja uno llevar del dolor y de la alegría, se está muy cerca de sentir las mismas afecciones en presencia de la realidad. Si al ver un retrato, siente uno placer sólo con mirar la copia que tiene delante de sus ojos, se consideraría ciertamente dichoso si llegara a contemplar a la persona misma, cuya imagen tanto le había encantado. Los demás sentidos, como el tacto y el gusto, no reproducen ni poco ni mucho las impresiones morales; el sentido de la vista lo hace suavemente y por grados, y las imágenes a que aplicamos este sentido concluyen poco a poco por obrar sobre los espectadores que las contemplan. Pero ésta no es, precisamente, una imitación de las afecciones morales; no es más que el signo revestido con la forma y el color que ellas toman, limitándose a las modificaciones puramente corporales que revelan la pasión. Pero cualquiera que sea la importancia que se atribuya a estas sensaciones de la vista, jamás se aconsejará a la juventud que contemple las obras de Pauson, mientras que se le pueden recomendar las de Polignoto o las de cualquier otro pintor que sea tan moral como él.

La música, por el contrario, es evidentemente una imitación directa de las sensaciones morales. Cada vez que las armonías varían, las impresiones de los oyentes mudan a la par que cada una de ellas y las siguen en sus modificaciones. Al oír una armonía lastimosa, como la del modo llamado mixolidio, el alma se entristece y se comprime; otras armonías enternecen el corazón, y son las menos graves; entre estos extremos hay otra que proporciona al alma una calma perfecta, y este es el modo dórico, único que, al parecer, causa esta última impresión; el modo frigio, por el contrario, nos llena de entusiasmo. Estas diversas cualidades de la armonía han sido bien comprendidas por los filósofos que han tratado de esta parte de la educación, y su teoría no se apoya sino en el testimonio de los hechos. Los ritmos no varían menos que los modos. Los unos calman el alma, los otros la conmueven; pudiendo ser las formas de estos últimos más o menos vulgares, de mejor o peor gusto.

Es, por tanto, imposible, vistos todos estos hechos, no reconocer el poder moral de la música; y puesto que este poder es muy verdadero, es absolutamente necesario hacer que la música forme parte de la educación de los jóvenes. Este estudio guarda también una perfecta analogía con las condiciones de esta edad, que jamás sufre con paciencia lo que le causa fastidio, y la música, por su naturaleza, no lo causa nunca. La armonía y el ritmo parecen cosas inherentes a la naturaleza humana, y algunos sabios no han temido sostener que el alma no es más que una armonía, o, por lo menos, que es armoniosa.

Capítulo VI

Continuación de lo relativo a la música

Pero ¿debe enseñarse a los jóvenes a ejecutar por sí mismos la música vocal y la instrumental? Esta es una cuestión que ya indicamos antes, y que ahora vamos a tratar. No se puede negar que la influencia moral de la música varía necesariamente mucho, según que se practique o no personalmente, porque es imposible, o, por lo menos, muy difícil ser buen juez en cosas que uno no practica por sí mismo. Además, la infancia necesita una ocupación manual. El mismo sonajero de Arquitas no fue mala invención, puesto que, haciendo que los niños tuviesen las manos ocupadas, les impedía romper alguna cosa en la casa, porque los niños no pueden estar quietos ni un solo instante. El sonajero es un juguete excelente para la primera edad, y el estudio es el sonajero de la edad que sigue; y aunque no sea más que por esto, nos parece evidente que es preciso enseñar también a los jóvenes a cultivar por sí mismos la música. Es fácil, por otra parte, determinar hasta dónde debe extenderse este estudio en las diferentes edades, para que no exceda los límites debidos, a fin de poder rechazar las objeciones de los que pretenden que la música sólo puede crear virtudes vulgares. Por lo pronto, puesto que para juzgar bien en este arte es preciso practicarlo por sí mismo, concluyo de aquí que es necesario que los jóvenes aprendan a ejecutar la música. Más tarde podrán abandonar este trabajo personal, pero entonces serán capaces de apreciar y de gozar como es debido de las obras de mérito, gracias a los estudios que han hecho cuando eran jóvenes. En cuanto al inconveniente que se pone a veces a la ejecución musical diciendo que ella reduce al hombre al papel de simple artista, basta para contestar a este cargo precisar lo que conviene exigir en punto al talento de ejecución musical a los hombres que hayan de formarse en la virtud política; qué cantos y qué ritmos se les debe obligar a aprender y qué instrumentos deben estudiar. Todas estas distinciones son muy importantes, puesto que, mediante ellas, se puede responder a los que hablan de aquel supuesto inconveniente, porque no niego que cierta clase de música produce el mal efecto que se denuncia. Es preciso, pues, evidentemente, reconocer que el estudio de la música no debe perjudicar en nada a la carrera ulterior que se emprenda; que no debe degradar el cuerpo, haciéndolo incapaz de las fatigas de la guerra o de las ocupaciones políticas; en fin, que no debe ser un obstáculo a que a la sazón se practiquen los ejercicios del cuerpo, ni más tarde se adquieran los conocimientos serios. Para que el estudio de la música sea verdaderamente lo que debe ser no se ha de aspirar ni a formar discípulos que hayan de presentarse en los concursos solemnes de artistas, ni a enseñar a los jóvenes esos vanos prodigios de ejecución que en nuestros días han comenzado por introducirse en los conciertos, y que han pasado después a la esfera de la educación común. De estas delicadezas del arte sólo debe tomarse lo necesario para sentir toda la belleza de los ritmos y de los cantos, y tener para apreciar la música un sentimiento más completo que el vulgar que produce hasta en algunas especies de animales, así como en la muchedumbre de esclavos y de niños.

Con arreglo a los mismos principios se han de elegir los instrumentos para esta parte de la educación. Es preciso proscribir la flauta y los instrumentos de que sólo se sirven los artistas, como la cítara y los que a ella se parecen; y admitir solamente los que son propios para formar el oído y desenvolver generalmente la inteligencia. La flauta, por otra parte, no es instrumento moral; sólo es buena para excitar las pasiones, y se debe limitar su uso a aquellas circunstancias en que nos proponemos corregir más bien que instruir. Además, otro de los inconvenientes de la flauta, desde el punto de vista de la educación, es que impide el uso de la palabra mientras se la estudia. No sin razón han renunciado a ella hace mucho tiempo los jóvenes y los hombres libres, por más que en un principio se les obligara a estudiarla. Tan pronto como nuestros padres pudieron gustar las dulzuras del ocio, como resultado de su prosperidad, se consagraron con un ardor magnánimo a la virtud, y, orgullosos de sus campañas pasadas y, sobre todo, de sus victorias en la Guerra Médica, cultivaron todas las ciencias con más pasión que discernimiento y elevaron el arte de la flauta a la dignidad de ciencia. Se vio en Lacedemonia a un corista dar el tono al coro, tocando él mismo la flauta; y en Atenas este gusto se hizo tan nacional que no había hombre libre que no aprendiese este arte; como lo prueba bien el cuadro que Trasipo consagró a los dioses cuando tomó a su cargo la representación de una de las comedias de Ecfantides. Pero la experiencia hizo que bien pronto se desechara la flauta, cuando se reflexionó con más detenimiento sobre lo que podía contribuir o perjudicar a la virtud. Se proscribieron también muchos de los antiguos instrumentos, los pectides, los barbitonos, los que sólo excitan en los oyentes ideas voluptuosas, los heptágonos, los trígonos y los sambucos, y todos los que exigen un extremado ejercicio de la mano. Una antigua tradición mitológica, que es muy razonable, proscribe asimismo la flauta, diciéndonos que Minerva, que la había inventado, no tardó en abandonarla. Se ha dicho también, con mucha gracia, que la antipatía de la diosa a este instrumento procedía de que afeaba el semblante; pero puede creerse que Minerva rechazaba el estudio de la flauta porque no sirve para perfeccionar la inteligencia, ya que, realmente, Minerva es a nuestros ojos el símbolo de la ciencia y del arte.

Capítulo VII

Conclusión de lo relativo a la música

En punto a instrumentos y a ejecución, rechazamos, por tanto, aquellos estudios que son propios de los que se dedican a ser profesores, esto es, de los que se destinan a tomar parte en los combates solemnes de la música. Los que tal hacen no se proponen mejorarse a sí mismos moralmente, sino que sólo tienen en cuenta el placer grosero de los futuros oyentes. Y así no considero esta como una ocupación digna de un hombre libre y sí como un trabajo de mercenario, que sólo sirve para hacer artistas de profesión. El fin a que el artista aspira en este caso con el mayor empeño es malo, porque tiene que rebajar su obra poniéndola al alcance de los espectadores, cuya grosería envilece muchas veces a los artistas que intentan complacerles, degradando hasta su cuerpo a causa de los movimientos que han de hacer para tocar su instrumento.

En cuanto a armonías y a ritmos, ¿se deben incluir todos indistintamente en la educación, o se deben elegir algunos? ¿Admitiremos solamente, como hacen hoy los que se ocupan de esta parte de la enseñanza, dos elementos en música, la melopea y el ritmo, o añadiremos uno más? Importa conocer con precisión el poder de la melopea y del ritmo desde el punto de vista de la educación. ¿Debe preferirse la perfección de la una o la de la otra? Como todas estas cuestiones han sido, a nuestro parecer, muy discutidas por algunos músicos de profesión y por algunos filósofos que practicaron la misma enseñanza de la música, recomendamos los exactos pormenores de sus obras a todos los que quieran profundizar esta materia; y ya que aquí tratamos de la música sólo desde el punto de vista del legislador, nos limitaremos a algunas generalidades fundamentales.

Admitimos la división de los cantos hecha por algunos filósofos, y distinguimos, como ellos, el canto moral, el animado y el apasionado. Dentro de la teoría de estos autores, cada uno de estos cantos corresponde a una armonía especial, que es análoga a él. Partiendo de estos principios creemos que de la música se puede sacar más de un género de utilidad, puesto que puede servir a la vez para instruir el espíritu y para purificar el alma. Decimos aquí, en general, que puede purificar el alma, pero ya trataremos este punto con más claridad en nuestros estudios sobre la Poética. En tercer lugar, la música puede emplearse como un solaz y servir para distraer el espíritu y procurarle descanso después del trabajo. Igual uso deberá hacerse, evidentemente, de todas las armonías, pero con fines diversos en cada una de ellas. Para el estudio se escogerán las más morales; y para los conciertos, en lo que uno oye pero no toca, se escogerán las animadas y apasionadas. Estas impresiones que ciertas almas experimentan de un modo tan poderoso, alcanzan a todos los hombres, aunque en grados diversos; porque todos, sin excepción, se ven arrastrados por la música a la compasión, al temor, al entusiasmo. Algunos se dejan dominar más fácilmente que otros por estas impresiones; y así puede verse cómo, después de haber oído una música que ha conmovido su alma, se tranquilizan de repente al escuchar los cantos sagrados, que vienen a ser para ésta una especie de curación y purificación moral. Estos cambios bruscos tienen lugar también necesariamente en aquellas almas que se dejan arrastrar por el encanto de la música a la compasión, al terror, o a cualquier otra pasión. Cada oyente se siente conmovido, según que estas sensaciones han influido más o menos en él; pero todos han experimentado una especie de purificación y se sienten aliviados de este peso por el placer que han experimentado. Por el mismo motivo, los cantos que purifican el alma nos producen una alegría pura; y deben dejarse estas armonías y estos cantos tan impresionables a los músicos que tocan en el teatro. Pero los oyentes son de dos especies; unos que son libres e ilustrados, y otros, artesanos y groseros mercenarios, que tienen necesidad de juegos y espectáculos para descansar de sus fatigas. Como en estas naturalezas inferiores el alma se ha torcido y separado de su debido camino, tiene necesidad de armonías tan degradadas como ella y de cantos de un color falso y de una rudeza que no pierden jamás. Cada cual sólo encuentra placer en lo que responde a su naturaleza, y he aquí por qué concedemos a los artistas que han de disputarse el premio el derecho de acomodar la música a los groseros oídos de los que deben escucharla.

Pero en la educación, lo repito, sólo se admitirán los cantos y las armonías que tiene un carácter moral, como, por ejemplo, según hemos dicho ya, la armonía dórica. También es preciso aceptar cualquiera otra que propongan los versados en la teoría filosófica o en la enseñanza de la música. Sócrates, en la República de Platón, al no admitir más que el modo frigio al lado del dórico, incurre en una equivocación tanto más extraña cuanto que ha proscrito el estudio de la flauta. Es el modo frigio en las armonías poco más o menos lo que la flauta entre los instrumentos, puesto que ambos producen igualmente en el alma sensaciones impetuosas y apasionadas. La poesía misma lo prueba bien, porque en los cantos que consagra a Baco y en todas sus producciones análogas a éstas exige, ante todo, el acompañamiento de la flauta. En los cantos frigios es donde particularmente tiene lugar este género de poesía, por ejemplo, el ditirambo, cuyo carácter completamente frigio nadie desconoce. Las gentes versadas en estas materias citan de esto muchos ejemplos, entre otros, el de Filóxeno, el cual, después de haber intentado componer su ditirambo, las Fábulas, según el modo dórico, se vio obligado, por la naturaleza misma de su poema, a emplear el modo frigio, único que convenía bien en aquel caso.

En cuanto a la armonía dórica, todos convienen en que tiene más gravedad que todas las demás, y que su tono es más varonil y más moral. Partidarios declarados, como lo somos nosotros, del principio que busca siempre el término medio entre los extremos, sostendremos que la armonía dórica, que es la que tiene este carácter entre todas las demás, debe ser evidentemente enseñada con preferencia a la juventud. Dos cosas deben tenerse aquí presentes: lo posible y lo oportuno; porque lo posible y lo oportuno son principios que deben guiar a todos los hombres; pero la edad de los individuos es la única que puede determinar lo uno y lo otro. A los hombres fatigados por la edad les sería muy difícil modular cantos vigorosamente sostenidos, y la naturaleza misma les inspira más bien modulaciones suaves y dulces. Así es que algunos autores que se han ocupado de la música han echado en cara a Sócrates, y con razón, el haber proscrito las armonías dulces de la educación, con el pretexto de que sólo eran propias de la embriaguez. Sócrates se ha equivocado al creer que tenía que ver con la embriaguez, cuyo carácter consiste en una especie de frenesí, mientras que el de los cantos no es más que el de una dulce dejadez. Cuando llega la época próxima a la edad senil es bueno estudiar las armonías y los cantos de esta especie, y hasta creo que se podría encontrar entre ellos uno que convendría perfectamente a la infancia, y que reuniría, a la vez, la decencia y la instrucción; y, a nuestro juicio, tal sería con preferencia a cualquiera otro el modo lidio. Y así en punto a educación musical, se requieren esencialmente tres cosas: primero, evitar todo exceso; segundo, hacer lo que sea posible, y, finalmente, hacer lo que sea oportuno.

Libro sexto

De la democracia y de la oligarquía. De los tres poderes: legislativo, ejecutivo y judicial

Capítulo I

DE LOS DEBERES DEL LEGISLADOR

En todas las artes y ciencias, que no son demasiado particulares, sino que llegan a abrazar completamente todo un orden de hechos, cada una de aquéllas debe estudiar por su parte todo cuanto se refiere a su objeto especial. Tomemos por ejemplo la ciencia de los ejercicios corporales.

¿Cuál es la utilidad de estos ejercicios? ¿Cómo deben modificarse según los diversos temperamentos? ¿No es necesariamente el ejercicio más favorable el que conviene mejor a las naturalezas más vigorosas y más bellas? ¿Qué ejercicios son los que pueden ejecutar los más de los discípulos? ¿Hay alguno que pueda convenir a todos? Tales son las cuestiones que se pueden plantear en la gimnástica. Además, aun cuando ninguno de los discípulos del gimnasio aspirase a adquirir el vigor y la destreza de un atleta de profesión, el pedotribo y el gimnasta no son por eso menos capaces de proporcionarle, en caso necesario, semejante desarrollo de fuerzas. Una observación análoga sería igualmente exacta respecto de la medicina, de la construcción naval, de la fabricación de vestidos y de todas las demás artes en general.

Por tanto, evidentemente corresponde a una misma ciencia indagar cuál es la mejor forma de gobierno, cuál la naturaleza de este gobierno, y mediante qué condiciones sería tan perfecto cuanto pueda desearse, independientemente de todo obstáculo exterior; y, por otra parte, saber también qué constitución conviene adoptar según los diversos pueblos, a los más de los cuales no podrá, probablemente, darse una constitución perfecta. Y así, cuál es en sí y en absoluto el mejor gobierno, y cuál es el mejor relativamente a los elementos que han de constituirle; he aquí lo que deben saber el legislador y el verdadero hombre de Estado. Puede añadirse que deben, también, ser capaces de emitir su juicio sobre una constitución que hipotéticamente se someta a su examen, y designar, en virtud de los datos que se les suministren, los principios que la harían viable desde su origen y le asegurarían, una vez establecida, la más larga duración posible. Aquí supongo, como se ve, un gobierno que no hubiese recibido una organización perfecta, aunque sin carecer completamente, por otra parte, de los elementos indispensables, que no hubiese sacado todo el partido posible de sus recursos y que tuviesen aún mucho que perfeccionar.

Por lo demás, si el primer deber del hombre de Estado consiste en conocer la constitución que, pasando generalmente como la mejor, pueda darse a la mayor parte de las ciudades, es preciso confesar que las más de las veces los escritores políticos, aun dando pruebas de gran talento, se han equivocado en puntos muy capitales; porque no basta imaginar un gobierno perfecto; se necesita, sobre todo, un gobierno practicable, que pueda aplicarse fácilmente a todos los Estados. Lejos de esto, en nuestros días sólo se nos presentan constituciones inaplicables y excesivamente complicadas; o cuando se inspiran en ideas más prácticas, sólo se hace para alabar a Lacedemonia o a otro Estado cualquiera, a costa de todos los demás que existen en la actualidad. Cuando se propone una constitución, es preciso que pueda ser aceptada y puesta fácilmente en ejecución, partiendo de la situación de los Estados actuales. En política, por lo demás, no es más fácil reformar un gobierno que crearlo, lo mismo que es más difícil olvidar lo sabido que aprender por primera vez. Así que, repito, el hombre de Estado, además de las cualidades que acabo de indicar, debe ser capaz de mejorar la organización de un gobierno ya constituido; tarea que sería para él completamente imposible si no conociera todas las formas diversas de gobierno; pues es, en verdad, un error grave creer, como sucede comúnmente, que no hay más que una especie de democracia y una sola especie de oligarquía. A este indispensable conocimiento del número y combinaciones posibles de las diversas formas políticas es preciso acompañar también el estudio de las leyes, que son en sí mismas más perfectas, y de las que son mejores con relación a cada constitución; porque las leyes deben ser hechas para las constituciones, y no las constituciones para las leyes, principio que reconocen todos los legisladores. La constitución del Estado tiene por objeto la organización de las magistraturas, la distribución de los poderes, las atribuciones de la soberanía, en una palabra, la determinación del fin especial de cada asociación política. Las leyes, por el contrario, distintas de los principios esenciales y característicos de la constitución, son la regla a que ha de atenerse el magistrado en el ejercicio del poder y en la represión de los delitos que se cometan atentando a estas leyes. Es, por tanto, absolutamente necesario conocer el número y las diferencias de las constituciones, aunque no sea más que para poder dictar leyes, puesto que no pueden convenir unas mismas a todas las oligarquías, a todas las democracias, porque son muchas sus especies y no una sola.

Capítulo II

Resumen de lo precedente e indicación de lo que sigue

En nuestro primer estudio sobre las constituciones hemos reconocido tres especies de constituciones puras: el reinado, la aristocracia y la república; y otras tres especies que son desviaciones de las primeras: la tiranía, que lo es del reinado; la oligarquía, que lo es de la aristocracia; la demagogia, que lo es de la república. Hemos hablado ya de la aristocracia y del reinado; porque tratar de un gobierno perfecto era tanto como tratar de estas dos formas, puesto que ambas se apoyan en los principios de la más completa virtud. Además, hemos explicado las diferencias entre la aristocracia y el reinado, y hemos dicho lo que constituye especialmente el reinado. Resta que hablemos del gobierno que recibe el nombre común de república, y de las otras constituciones, la oligarquía, la demagogia y la tiranía.

Es fácil encontrar, entre estos malos gobiernos, un orden de degradación. El peor de todos será seguramente el que es la corrupción del primero y más divino de los buenos gobiernos. Ahora bien; o el reinado existe sólo en el nombre sin tener ninguna realidad, o descansa necesariamente en la absoluta superioridad del individuo que reina. Por tanto, la tiranía será el peor de todos los gobiernos, como que es el más distante del gobierno perfecto. En segundo lugar, viene la oligarquía, que tanto dista de la aristocracia; y por último, la demagogia, que es el más soportable de los malos gobiernos. Un escritor ha tratado de esto antes que nosotros; pero su punto de vista difería del nuestro, puesto que, admitiendo que todos estos gobiernos eran regulares y que lo mismo la oligarquía que los demás podían ser buenos, ha declarado que la demagogia era el menos bueno de los buenos gobiernos y el mejor de los malos. Nosotros, por el contrario, consideramos radicalmente malas estas tres especies de gobierno, y nos guardamos bien de afirmar que esta oligarquía es mejor que aquella otra, diciendo tan sólo que es menos mala. Mas prescindamos por el momento de esta divergencia de opinión.

Fijaremos, desde luego, lo mismo respecto de la democracia que de la oligarquía, el número de estos diversos géneros que atribuimos a ambas. Entre estas diferentes formas, ¿cuál es la más aplicable y la mejor, después del gobierno perfecto, si es que hay alguna constitución aristocrática distinta de aquélla y que tenga algún mérito? En seguida, ¿cuál es, entre todas las formas políticas, la que puede convenir a la generalidad de los Estados? Indagaremos después cuál de las constituciones inferiores es preferible para un pueblo dado, porque, evidentemente, según sean éstos, la democracia es mejor que la oligarquía y viceversa. Luego, una vez adoptada la oligarquía o la democracia, ¿cómo deben organizarse según el grado en que lo sean? Y, para terminar, después de haber pasado rápidamente revista a todas estas cuestiones hasta donde sea conveniente, procuraremos designar las causas más comunes de la caída y de la prosperidad de los Estados, sea en general con relación a todas las constituciones, sea en particular con relación a cada una de ellas.

Capítulo III

Relación de las constituciones con los elementos sociales

Lo que hace que sean múltiples las formas de las constituciones es, precisamente, la multiplicidad de los elementos que constituyen siempre al Estado. En primer lugar, todo Estado se compone de familias, como puede verse; y luego en esta multitud de hombres necesariamente los hay ricos, pobres y de mediana fortuna. Lo mismo entre los ricos que entre los pobres, hay unos que tienen armas y otros que no las tienen. En el pueblo encontramos labradores, mercaderes y artesanos, y hasta en las clases superiores hay muchos grados de riqueza y de propiedad, según que éstas son más o menos extensas. El sostenimiento de los caballos, por ejemplo, es un gasto que, en general, sólo los ricos pueden soportar. Así es que en los antiguos tiempos todos los Estados cuya fuerza militar estaba constituida por la caballería eran Estados oligárquicos. La caballería era entonces la única arma que se conocía para atacar a los pueblos vecinos, como lo atestigua la historia de Eretria Calcis, de Magnesia, situada a orillas del Meandro, y de muchas otras ciudades de Asia. A las distinciones que nacen de la fortuna es preciso unir las que proceden del nacimiento, de la virtud y de tantas otras circunstancias que hemos indicado al tratar de la aristocracia y al enumerar los elementos indispensables de todo Estado. Pues bien, estos elementos pueden tomar parte en el poder, sea en su totalidad, sea en mayor o menor número. De aquí se sigue evidentemente que las especies de constituciones deben ser por necesidad tan diversas como estos mismos elementos lo son entre sí, y según sus especies diferentes. La constitución no es otra cosa que la repartición regular del poder, que se divide siempre entre los asociados, sea en razón de su importancia particular, sea en virtud de cierto principio de igualdad común; es decir, que se puede dar una parte a los ricos y otra a los pobres, o dar a todos derechos comunes, de manera que las constituciones serán necesariamente tan numerosas como lo son las combinaciones posibles entre las partes del Estado, en razón de su superioridad respectiva y de sus diferencias.

Parece que podrían admitirse dos especies principales en estas partes, a la manera que se reconocen dos clases de vientos, los del norte y los del mediodía, de los cuales son los demás como derivaciones. En política tendremos la democracia y la oligarquía, porque se supone que la aristocracia no es más que una forma de la oligarquía con la cual se confunde, así como lo que se llama república no es más que una forma de la democracia a manera que el viento del oeste se deriva del viento norte, y el del este del viento del mediodía. Algunos autores han llevado la comparación más lejos. En la armonía, dicen, no se reconocen más que dos modos fundamentales, el dórico y el frigio; y, según este sistema, todas las demás combinaciones se refieren a uno o a otro de estos dos modos.

Dejaremos aparte esas divisiones arbitrarias de los gobiernos que comúnmente se adoptan prefiriendo la que nosotros hemos dado como más verdadera y exacta. Según nosotros, no hay más que dos constituciones, o, si se quiere, una sola bien combinada, de la cual todas las demás se derivan y son degeneraciones. Si en música todos los modos se derivan de un modo perfecto de armonía, aquí todas las constituciones se derivan de la constitución modelo; y son oligárquicas si el poder está concentrado y es más despótico; democráticas, si los resortes de aquél aparecen más quebrantados y son más suaves.

Es un error grave, aunque muy común, hacer descansar exclusivamente la democracia en la soberanía del número; porque en las mismas oligarquías, y puede decirse que en todas partes, la mayoría es siempre soberana. De otro lado, la oligarquía no consiste tampoco en la soberanía de la minoría. Supongamos un Estado compuesto de mil trescientos ciudadanos, y que mil de ellos, que son ricos, despojan de todo poder político a los otros trescientos, que aunque pobres, son tan libres como los otros e iguales en todo, excepto en la riqueza; dada esta hipótesis, ¿podrá decirse que tal Estado es democrático? Y en igual forma, si los pobres, estando en minoría, son superiores políticamente a los ricos, aunque estos últimos sean más numerosos, tampoco se podrá decir que ésta sea una oligarquía, si los otros ciudadanos, los ricos, están alejados del gobierno. Ciertamente, es más exacto decir que hay democracia allí donde la soberanía reside en todos los hombres libres, y oligarquía, donde pertenece exclusivamente a los ricos. Que los pobres estén en mayoría o que estén en minoría los ricos, son circunstancias secundarias; pero la mayoría es libre, y es la minoría la que es rica. Si el poder se repartiera según la estatura y la hermosura, como se dice que se hace en Etiopía, resultaría una oligarquía, porque la hermosura y la elevada estatura son condiciones muy poco comunes. No sería error menos grave el fundar únicamente los derechos políticos sobre bases tan deleznables. Como la democracia y la oligarquía encierran muchas clases de elementos, es preciso proceder con cautela en este punto. No hay democracia allí donde cierto número de hombres libres que están en minoría mandan sobre una multitud que no goza de libertad. Citaré a Apolonia, situada en el golfo jónico, y a Tera. En estas dos ciudades pertenecía el poder a algunos ciudadanos de nacimiento ilustre, que eran los fundadores de las colonias, con exclusión de la inmensa mayoría. Tampoco hay democracia cuando la soberanía reside en los ricos, ni aun suponiendo que al mismo tiempo estén en mayoría, como sucedió hace tiempo en Colofón, donde antes de la guerra de Lidia los más de los ciudadanos poseían fortunas considerables. No hay verdadera democracia sino allí donde los hombres libres, pero pobres, forman la mayoría y son soberanos. No hay oligarquía más que donde los ricos y los nobles, siendo pocos en número, ejercen la soberanía.

Estas consideraciones bastan para probar que las constituciones pueden ser numerosas y diversas, y por qué lo son. A esto debe añadirse que hay muchas especies en las constituciones de que hablamos aquí. ¿Cuáles son estas formas políticas? ¿Cómo nacen? Es lo que vamos a examinar, partiendo siempre de los principios que antes hemos expuesto.

Se nos concede que todo Estado se compone, no de una sola parte, sino de muchas; pues bien, cuando en historia natural se quieren conocer todas las especies del reino animal, se comienza por determinar los órganos indispensables de todo animal; por ejemplo, algunos de los sentidos que tienen, los órganos de la nutrición que reciben y digieren los alimentos, como la boca y el estómago, y, además, el aparato locomotor de cada especie. Suponiendo que no haya más órganos que éstos, pero que fuesen semejantes entre sí, esto es que, por ejemplo, la boca, el estómago, los sentidos y también el aparato de la locomoción no se pareciesen, el número de las combinaciones de los mismos que se dieran en la realidad daría lugar a otras tantas especies distintas de animales; porque es imposible que una misma especie tenga un mismo órgano, boca u oído, de muchas y diferentes clases. Todas las combinaciones posibles de estos órganos bastarán para constituir especies nuevas de animales, y estas especies serán, precisamente, tan múltiples cuanto puedan serlo las combinaciones de los órganos indispensables.

Esto se aplica exactamente a las formas políticas de que tratamos aquí; porque el Estado, como he dicho muchas veces, se compone, no de un solo elemento, sino de elementos muy numerosos.

De un lado, una clase numerosa, la de los labradores, prepara las subsistencias para la sociedad; de otro, los artesanos forman otra clase dedicada a todas las artes sin las cuales la ciudad no podría existir y que son, unas absolutamente necesarias, otras de adorno y de las que nos procuran ciertos goces. Una tercera clase es la de los comerciantes, en otros términos, la de los que venden y compran en los grandes mercados y establecimientos; una cuarta clase se compone de mercenarios, una quinta de guerreros, clase tan indispensable como las precedentes, si el Estado quiere defenderse de las invasiones y evitar el caer en la esclavitud; porque ¿es posible suponer que un Estado, verdaderamente digno de este nombre, pueda nunca ser considerado como esclavo por naturaleza? El Estado se basta necesariamente a sí mismo; el esclavo, no.

En la República de Platón se trata de esta cuestión de una manera ingeniosa, pero insuficiente. Sócrates da en ella por sentado que el Estado se compone de cuatro clases completamente indispensables: tejedores, labradores, zapateros y albañiles. Encontrando después esta asociación incompleta, añade el herrero, el pastor y, por último, el negociante y el mercader, y con esto cree que ha llenado todos los vacíos de su plan primitivo. Así que a sus ojos todo Estado se forma solamente para satisfacer las necesidades materiales, y no en primer término para un fin moral, el cual, según Platón, no es más indispensable que los zapateros y labradores. Sócrates ni aun quiere la clase de guerreros, sino para el momento en que el Estado, una vez aumentado su territorio, se encuentre en contacto y en guerra con los pueblos vecinos. Pero entre estas cuatro clases o más de asociados que enumera Platón, es absolutamente preciso que haya un individuo que administre justicia y regule los derechos de cada uno; y si se admite que en el ser animado el alma es la parte esencial con preferencia al cuerpo, ¿no deberá reconocerse también que sobre estos elementos necesarios para la satisfacción de las necesidades inevitables de la existencia se encuentra también en el Estado la clase de guerreros y la de los árbitros de la justicia social? ¿Y no debe añadirse a estas dos la clase que decide los intereses generales del Estado, atribución especial de la inteligencia política? Que todas estas funciones estén aisladas y repartidas entre ciertos individuos o que se ejerzan todas por las mismas manos, poco importa a nuestro razonamiento, porque muchas veces la función del guerrero y la del labrador se encuentran reunidas; pero si es preciso admitir como elementos del Estado a los unos y a los otros, no es, en verdad, el elemento guerrero el menos necesario. A éstas añado yo una séptima clase, que contribuye con su fortuna a los servicios públicos, que es la de los ricos; después, una octava, la de los administradores de Estado, de aquellos que se consagran al desempeño de las magistraturas, puesto que el Estado no puede existir sin magistrados, y, por consiguiente, necesita de ciudadanos que sean capaces de mandar a los demás y que se consagren a este servicio público, sea por toda la vida, sea temporal y alternativamente. Queda, en fin, esta porción del Estado, de que acabamos de hablar, que decide los negocios generales y juzga en las contiendas particulares.

Si es, por tanto, una necesidad para el Estado la equitativa y justa organización de todos estos elementos, lo será igualmente que haya entre todos los hombres llamados al poder cierto número de ellos que estén dotados de virtud.

Se supone, generalmente, que muchas funciones pueden sin inconveniente acumularse y que un mismo individuo puede ser a la vez guerrero, labrador, artesano, juez y senador. Además, todos los hombres reivindican su parte de mérito y se creen capaces de desempeñar casi todos los empleos; pero las únicas cosas que no se pueden acumular son la pobreza y la riqueza, y por esto los ricos y los pobres son las dos porciones más distintas del Estado. Por otra parte, como ordinariamente los pobres están en mayoría y los ricos en minoría, se les considera como dos elementos políticos completamente opuestos. Consecuencia de esto es que el predominio de los unos o de los otros constituye la diferencia entre las constituciones, que por tanto quedan, al parecer, reducidas solamente a dos: la democracia y la oligarquía.

Hemos, pues, demostrado que existen muchas especies de constituciones, y hemos expresado la causa; y ahora vamos a probar que hay también muchas especies de democracias y de oligarquías.

Capítulo IV

Especies diversas de democracia

Esta multiplicidad de especies en la democracia y en la oligarquía es una consecuencia evidente de los razonamientos que preceden, puesto que hemos reconocido que en la clase inferior hay muchos grados y que la que se llama clase distinguida no los tiene menos. En la clase inferior pueden reconocerse los labradores, los artesanos, los comerciantes, ya vendan o compren, y las gentes de mar, ya sean militares, navegantes costaneros o pescadores. Muchas veces, cada una de estas profesiones diversas comprende una infinidad de individuos. Bizancio y Tarento están pobladas de pescadores; Atenas, de marineros; Egina y Quíos, de negociantes; Ténedos, de comerciantes de cabotaje. También pueden comprenderse en la clase inferior los obreros, las personas que no tienen bastante fortuna para vivir sin trabajar, los que son ciudadanos y libres sólo por el lado del padre o de la madre, y, en fin, todos aquellos cuyos medios de existencia se aproximan a los de los que acabamos de enumerar. En la clase elevada, las distinciones se fundan en la fortuna, la nobleza, el mérito, la instrucción, y en otras circunstancias análogas.

La igualdad es la que caracteriza la primera especie de democracia y la igualdad fundada por la ley en esta democracia significa que los pobres no tendrán derechos más extensos que los ricos, y que ni unos ni otros serán exclusivamente soberanos, sino que lo serán todos en igual proporción. Por tanto, si la libertad y la igualdad son, como se asegura, las dos bases fundamentales de la democracia, cuanto más completa sea esta igualdad en los derechos políticos, tanto más se mantendrá la democracia en toda su pureza; porque siendo el pueblo en este caso el más numeroso, y dependiendo la ley del dictamen de la mayoría, esta constitución es necesariamente una democracia. Esta es la primera especie de democracia.

Después de ella viene otra, en la que las funciones públicas se obtienen con arreglo a una renta, que de ordinario es muy moderada. Los empleos en esta democracia deben ser accesibles a todos los que tengan la renta fijada, e inaccesibles para todos los demás. En una tercera especie de democracia, todos los ciudadanos cuyo derecho no se pone en duda obtienen las magistraturas, pero la ley reina soberanamente. En otra, basta para ser magistrado ser ciudadano con cualquier título, dejándose aún la soberanía a la ley. Una quinta especie tiene las mismas condiciones, pero traspasa la soberanía a la multitud, que reemplaza a la ley; porque entonces la decisión popular, no la ley, lo resuelve todo. Esto es debido a la influencia de los demagogos.

En efecto, en las democracias en que la ley gobierna, no hay demagogos, sino que corre a cargo de los ciudadanos más respetados la dirección de los negocios. Los demagogos sólo aparecen allí donde la ley ha perdido la soberanía. El pueblo entonces es un verdadero monarca, único, aunque compuesto por la mayoría, que reina, no individualmente, sino en cuerpo. Homero ha censurado la multiplicidad de jefes, pero no puede decirse si quiso hablar, como hacemos aquí, de un poder ejercido en masa o de un poder repartido entre muchos jefes, ejercido por cada uno en particular. Tan pronto como el pueblo es monarca, pretende obrar como tal, porque sacude el yugo de la ley y se hace déspota, y desde entonces los aduladores del pueblo tienen un gran partido. Esta democracia es en su género lo que la tiranía es respecto del reinado. En ambos casos encontramos los mismos vicios, la misma opresión de los buenos ciudadanos; en el uno mediante las decisiones populares, en el otro mediante las órdenes arbitrarias. Además, el demagogo y el adulador tienen una manifiesta semejanza. Ambos tienen un crédito ilimitado; el uno cerca del tirano, el otro cerca del pueblo corrupto. Los demagogos, para sustituir la soberanía de los derechos populares a la de las leyes, someten todos los negocios al pueblo porque su propio poder no puede menos de sacar provecho de la soberanía del pueblo de quien ellos soberanamente disponen, gracias a la confianza que saben inspirarle. Por otra parte, todos los que creen tener motivo para quejarse de los magistrados, apelan al juicio exclusivo del pueblo; éste acoge de buen grado la reclamación, y todos los poderes legales quedan destruidos. Con razón puede decirse que esto constituye una deplorable demagogia, y que no es realmente una constitución; pues sólo hay constitución allí donde existe la soberanía de las leyes. Es preciso que la ley decida los negocios generales, como el magistrado decide los negocios particulares en la forma prescrita por la constitución. Si la democracia es una de las dos especies principales de gobierno, el Estado donde todo se resuelve de plano mediante decretos populares no es, a decir verdad, una democracia, puesto que tales decretos no pueden nunca dictar resoluciones de carácter general legislativo.

He aquí lo que teníamos que decir sobre las formas diversas de la democracia.

CAPÍTULO V

ESPECIES DIVERSAS DE OLIGARQUÍA

El carácter distintivo de la primera especie de oligarquía es la fijación de un censo bastante alto, para que los pobres, aunque estén en mayoría, no puedan aspirar al poder, abierto sólo a los que poseen la renta fijada por la ley. En una segunda especie, el censo exigido para tomar parte en el gobierno es de consideración, y el cuerpo de magistrados tiene el derecho de elegir sus propios miembros. Sin embargo, es preciso decir que si la elección ha de recaer entre todos los incluidos en el censo, la institución parece más bien aristocrática; y sólo es oligárquica cuando el círculo de la elección es limitado. Una tercera especie de oligarquía se funda en la sucesión, a manera de herencia, en los empleos que pasan de padre a hijo. En otra, la cuarta, se une a este principio hereditario el de la soberanía de los magistrados, la cual sustituye al reinado de la ley. Esta última forma corresponde perfectamente a la tiranía en los gobiernos monárquicos; y en las democracias, a la especie de que últimamente hemos hablado. Esta especie de oligarquía se llama dinastía o gobierno de la fuerza.

Tales son las formas diversas de oligarquía y de democracia. Es preciso, sin embargo, añadir aquí una observación importante, y es que muchas veces, aunque la constitución no sea democrática, el gobierno, efecto de la tendencia de las costumbres y de los espíritus, es popular; y recíprocamente en otros casos, aunque la constitución legal sea más bien democrática, la tendencia de las costumbres y de los espíritus es oligárquica. Pero esta discordancia es casi siempre el resultado de una revolución, y nace de que se evita hacer innovaciones bruscas; y prefiriendo contentarse con usurpaciones progresivas y de poca consideración, se dejan en pie las leyes anteriores; pero los jefes de la revolución no son por eso menos dueños del Estado.

Es una consecuencia evidente de los principios antes sentados que no hay otras especies de democracias y de oligarquías que las que hemos dicho. En efecto, necesariamente, los derechos políticos han de pertenecer a todas las partes del pueblo enumeradas más arriba, o sólo a algunas de ellas con exclusión de las demás. Cuando los agricultores y los hombres de mediana fortuna son soberanos en el Estado, éste debe ser regido por la ley, puesto que los ciudadanos ocupados en los trabajos a que deben su subsistencia no tienen el tiempo de sobra necesario para dedicarse a los negocios públicos; ellos se remiten para esto a la ley, y no se reúnen en la asamblea política sino en los casos absolutamente indispensables. Por lo demás, los derechos pertenecen, sin ninguna distinción, a todos los empadronados en el censo legal; porque si no se hiciera esta prerrogativa completamente general, se constituiría una oligarquía. Pero como la mayor parte de los ciudadanos no tiene una renta segura, les falta tiempo para ocuparse de los asuntos generales; y he aquí cómo se establece esta primera especie de democracia.

La especie que viene en segundo lugar en el orden que hemos trazado es aquella en la que todos los ciudadanos de cuyo origen no se duda tienen derechos políticos, aunque realmente sólo los gozan los que pueden vivir sin trabajar. En esta democracia, las leyes son todavía soberanas, porque los ciudadanos, en general, no son bastante ricos, ni tienen bastantes rentas propias.

En la tercera especie, basta ser libre para poseer derechos políticos. Pero aquí también la necesidad de trabajar impide a casi todos los ciudadanos el ejercerlos: y la soberanía de la ley no es menos indispensable que en las dos primeras especies.

La cuarta es la más moderna, cronológicamente hablando. Habiendo alcanzado más extensión los Estados, que la tenían escasa en un principio, y aumentado su bienestar con el crecimiento de las rentas públicas, la multitud adquirió, a causa de su importancia, todos los derechos políticos; y los ciudadanos pudieron entonces consagrarse en común a la dirección de los negocios generales, porque tenían tiempo de sobra, y se procuró a los menos acomodados, por medio de indemnizaciones, el tiempo necesario para consagrarse también a la cosa pública. Estos mismos ciudadanos pobres son los más desocupados, puesto que no tienen intereses particulares de que cuidar, circunstancia que con tanta frecuencia no permitía a los ricos concurrir a las asambleas del pueblo y a los tribunales de que son miembros, y así la multitud se hace soberana, ocupando el lugar de las leyes.

Tales son las causas necesarias que determinan el número y las diversidades de las democracias.

La primera especie de oligarquía es aquella en la que la mayoría de los ciudadanos posee riquezas inferiores a las de que acabamos de hablar, y que son de poca consideración. El poder se atribuye a todos aquellos que tienen la renta legal; y el ser tantos los ciudadanos que adquieren de esta manera los derechos políticos ha sido causa de que se haya atribuido la soberanía a la ley y no a los hombres. Estando muy distantes a causa de su número de la unidad monárquica, y siendo muy poco ricos para vivir en un ocio absoluto, y no bastante pobres para deber vivir a expensas del Estado, tienen necesidad de proclamar la ley soberana, en vez de hacerse ellos mismos soberanos. Si suponemos que los poseedores de renta son menos numerosos que en la primera hipótesis, y las fortunas más pingües, tendremos la segunda especie de oligarquía. La ambición entonces se aviva con el poder, y los ricos nombran ellos mismos entre los demás ciudadanos a los que habrán de desempeñar los empleos del gobierno. Poco poderosos aún para reinar sobre la ley, lo son bastante, sin embargo, para hacer dictar la que les concede estas inmensas prerrogativas. Concentrando en un número de manos todavía menor las fortunas que han llegado ya a ser demasiado grandes, se llega al tercer grado de la oligarquía, en el cual los miembros de la minoría desempeñan personalmente las funciones, pero conforme a la ley que las hace hereditarias. Suponiendo en los miembros de la oligarquía un nuevo aumento de riquezas y de partidarios, este gobierno hereditario se aproxima mucho a la monarquía. Los hombres, no la ley, reinan en él. Esta cuarta forma de oligarquía corresponde a la última forma de democracia.

Al lado de la democracia y de la oligarquía existen otras dos formas políticas, una de las cuales, según reconocen todos los autores y nosotros también, forma parte de las cuatro principales constituciones, si se admite, siguiendo la opinión común, que estas constituciones son la monarquía, la oligarquía, la democracia y la llamada aristocracia. Una quinta forma política es aquella que recibe el nombre genérico de todas las demás, y que se llama comúnmente república; como es muy rara, pasa desapercibida a los ojos de los autores que pretenden enumerar las especies diversas de gobierno y que sólo reconocen las cuatro que acabamos de indicar, como ha hecho Platón en sus dos repúblicas.

Con razón se ha llamado el gobierno de los mejores a aquel de que hemos tratado precedentemente. Este hermoso nombre de aristocracia sólo se aplica verdaderamente con toda exactitud al Estado compuesto de ciudadanos que son virtuosos en toda la extensión de la palabra, y que no se limitan a tener sólo alguna virtud particular. Este Estado es el único en que el hombre de bien y el buen ciudadano se confunden en una identidad absoluta. En todos los demás sólo se tiene la virtud que está en relación con la constitución particular bajo que se vive. También hay otras combinaciones políticas que, diferenciándose de la oligarquía y de lo que se llama república, reciben el nombre de aristocracias; estos son los sistemas en que los magistrados son escogidos tomando en cuenta el mérito, por lo menos tanto como la riqueza. Este gobierno entonces se aleja de la oligarquía y de la república, y toma el nombre de aristocracia; y es que, en efecto, no hay necesidad de que la virtud sea el objeto especial del Estado mismo, para que encierre en su seno ciudadanos tan distinguidos por sus virtudes como pueden serlo los de la aristocracia. Así pues, cuando la riqueza, la virtud y la multitud tienen derechos políticos, la constitución puede ser todavía aristocrática, como en Cartago; y cuando la ley se limita, como en Esparta, a los dos últimos elementos, la virtud y la multitud, la constitución es una mezcla de democracia y de aristocracia. Y así, la aristocracia, además de su primera y más perfecta especie, tiene también las dos formas que acabamos de decir, y hasta una tercera que presentan todos los Estados que se inclinan más que la república propiamente dicha hacia el principio oligárquico.

IDEA GENERAL DE LA REPÚBLICA

No nos quedan ya más que dos gobiernos de que ocuparnos: del que se llama vulgarmente república y de la tiranía. Si coloco aquí la república, aunque no sea un gobierno degradado, como no lo son tampoco las aristocracias de que acabamos de hablar, lo hago porque, a decir verdad, todos los gobiernos sin excepción no son más que corrupciones de la constitución perfecta. Pero se clasifica ordinariamente la república entre estas aristocracias; ella da, como éstas, origen a otras formas menos puras aún, como dije al principio. La tiranía debe, necesariamente, ocupar el último puesto, porque no es un verdadero gobierno; lo es menos aún que cualquiera otra forma política; y nuestras indagaciones sólo tienen por fin el estudio de los gobiernos. Después de haber indicado los motivos de nuestra clasificación, pasemos al examen de la república. Ahora conoceremos mejor su verdadero carácter, después del examen que hemos hecho de la democracia y de la oligarquía; porque la república no es más que una combinación de estas dos formas.

Es costumbre dar el nombre de república a los gobiernos que se inclinan a la democracia, y el de aristocracia a los que se inclinan a la oligarquía; y esto consiste en que la ilustración y la nobleza son ordinariamente patrimonio de los ricos; los cuales, además, se ven colmados ampliamente con aquellos dones que muchas veces compran otros por medio del crimen, y que aseguran a sus poseedores un renombre de virtud y una alta consideración. Como el sistema aristocrático tiene por fin dar la supremacía política a estos ciudadanos eminentes, se ha pretendido deducir de aquí que las oligarquías se componen, en general, de hombres virtuosos y apreciables. Parece imposible que un gobierno dirigido por los mejores ciudadanos no sea excelente, no debiendo darse un mal gobierno sino en Estados regidos por hombres corruptos. Y, recíprocamente, parece imposible que donde la administración no es buena el Estado sea gobernado por los mejores ciudadanos. Pero es preciso observar que las buenas leyes no constituyen por sí solas un buen gobierno, y que lo que importa, sobre todo, es que estas leyes buenas sean observadas. No hay, pues, buen gobierno sino donde en primer lugar se obedece la ley, y después, la ley a que se obedece, está fundada en la razón; porque podría también prestarse obediencia a leyes irracionales. La excelencia de la ley puede, por lo demás, entenderse de dos maneras: la ley es la mejor posible, relativamente a las circunstancias; o la mejor posible de una manera general y en absoluto.

El principio esencial de la aristocracia consiste, al parecer, en atribuir el predominio político a la virtud; porque el carácter especial de la aristocracia es la virtud, como la riqueza es el de la oligarquía, y la libertad el de la democracia. Todas tres admiten, por otra parte, la supremacía de la mayoría, puesto que, en unas como en otras, la decisión acordada por el mayor número de miembros del cuerpo político tiene siempre fuerza de ley. Si los más de los gobiernos toman el nombre de república, es porque casi todos aspiran únicamente a combinar los derechos de los ricos y de los pobres, de la fortuna y de la libertad; pues la riqueza, al parecer, ocupa casi en todas partes el lugar del mérito y de la virtud.

Tres elementos se disputan en el Estado la igualdad: la libertad, la riqueza y el mérito. No hablo de otro que se llama nobleza, porque no es más que la consecuencia de otros dos, puesto que la nobleza es una antigüedad en riqueza y en talento. Pues bien, la combinación de los dos primeros elementos produce evidentemente la república, y la combinación de todos tres produce la aristocracia más bien que ninguna otra forma. Téngase en cuenta que yo siempre clasifico y pongo aparte la verdadera aristocracia de que he hablado al principio.

Hemos demostrado, pues, que al lado de la monarquía, de la democracia y de la oligarquía, existen otros sistemas políticos. Hemos explicado la naturaleza de estos sistemas, las distintas aristocracias y las diferencias que hay entre las repúblicas y las aristocracias; pudiendo verse claramente que todas estas formas están menos distantes las unas de las otras de lo que podría creerse.

CAPÍTULO VII

MÁS SOBRE LA REPÚBLICA

En vista de estas primeras consideraciones, examinaremos ahora cómo la república propiamente dicha se establece al lado de la oligarquía y de la democracia, y cómo debe constituirse. Esta indagación tendrá, además, la ventaja de que mediante ella podremos fijar claramente los límites de la oligarquía y de la democracia; porque, tomando algunos principios de estas dos constituciones tan opuestas, hemos de formar la república como se forma un símbolo amistoso, uniendo las partes separadas.

Hay tres modos posibles de combinación y de mezcla. En primer lugar, puede reunirse la legislación de la oligarquía y la de la democracia relativa a una materia dada, por ejemplo, al poder judicial. Así en la oligarquía se condena al rico a una multa si no concurre al tribunal, y no se da nada al pobre cuando concurre; en las democracias, por el contrario, hay indemnización para los pobres y no hay multa para los ricos. La reunión de ambas es un término medio y común de estas instituciones diversas: multa para los ricos, indemnización para los pobres; y esta institución nueva es republicana, porque no es más que la mezcla de las otras dos. Este es el primer modo de combinación. El segundo consiste en tomar un término medio entre las disposiciones adoptadas por la oligarquía y las de la democracia. En un lado, por ejemplo, el derecho de entrar en la asamblea política se adquiere sin ninguna condición de riqueza, o, por lo menos, con arreglo a un censo moderado; en otro, por el contrario, se exige una renta extremadamente elevada; el término medio consiste en no adoptar ninguna de estas dos tasas y tomar el medio proporcional entre las dos.

En tercer lugar, se puede tomar, a la vez, de la ley oligárquica y de la democrática. Y así el uso de la suerte para la designación de los magistrados es una institución democrática. El principio de la elección, por el contrario, es oligárquico; así como no exigir renta para el desempeño de las magistraturas es democrático, y el exigirlo es oligárquico. La aristocracia y la república aceptarán estas dos disposiciones, tomando de la oligarquía la elección y de la democracia la suspensión del censo. He aquí cómo pueden combinarse la oligarquía y la democracia.

Mas para que el resultado de estas combinaciones sea una mezcla perfecta de oligarquía y de democracia, es preciso que al Estado, producto de la misma, se le pueda llamar indiferentemente oligárquico o democrático, porque esto es evidentemente lo que se entiende por una mezcla perfecta. Ahora bien, el término medio tiene esta cualidad, porque en él se encuentran los dos extremos. Se puede citar como ejemplo la constitución de Lacedemonia. Por una parte, muchos afirman que es una democracia, porque, efectivamente, se descubren en ella muchos elementos democráticos; por ejemplo, la educación común de los hijos, que es exactamente la misma para los de los ricos que para los de los pobres, educándose aquéllos precisamente como podrían serlo éstos; la igualdad, que continúa hasta en la edad siguiente y cuando son ya hombres, sin distinción alguna entre el rico y el pobre; después, la igualdad perfecta en las comidas en común; la identidad de trajes, que hace que el rico ande vestido como un pobre cualquiera; en fin, la intervención del pueblo en las dos grandes magistraturas, la de los senadores, que son por él elegidos, y la de los éforos, que salen de su seno. Por otra parte, se sostiene que la constitución de Esparta es una oligarquía, porque realmente encierra muchos elementos oligárquicos; así los cargos públicos son todos electivos y no se confiere ni uno sólo a la suerte; y algunos magistrados, pocos en número, acuerdan soberanamente el destierro o la muerte, aparte de otras instituciones no menos oligárquicas.

Una república en la que se combinan perfectamente la oligarquía y la democracia debe parecer, a la vez, una y otra cosa, sin ser precisamente ninguna de las dos. Debe poder sostenerse por sus propios principios, y no mediante auxilios extraños; y cuando digo que ha de sostenerse por sí misma, no entiendo que deba hacerlo rechazando de su seno la mayor parte de los que quieren participar del poder, cosa que puede alcanzar lo mismo un gobierno bueno que uno malo, sino consiguiendo el acuerdo unánime de todos los ciudadanos, ninguno de los cuales querrá mudar de gobierno.

No hay para qué llevar más adelante estas observaciones sobre los medios de constituir la república y todas las demás formas políticas llamadas aristocráticas.

Capítulo VIII

Breves consideraciones sobre la tiranía

Nos falta hablar de la tiranía, de que debemos ocuparnos, no porque merezca que nos detengamos en ella mucho tiempo, sino tan sólo para completar nuestras indagaciones, en las cuales debe ser comprendida, puesto que la hemos incluido entre las formas posibles de gobierno. Hemos tratado antes del reinado, fijándonos sobre todo en el reinado propiamente dicho, es decir, en el reinado absoluto; y hemos hecho ver sus ventajas y sus peligros, su naturaleza, su origen y sus aplicaciones diversas. En el curso de estas consideraciones sobre el reinado hemos indicado dos formas de tiranía, porque estas dos formas se aproximan bastante al reinado, y tienen, como ésta, en la ley su fundamento. Hemos dicho que algunas naciones bárbaras escogen jefes absolutos, y que en tiempos muy remotos los griegos se sometieron a monarcas de este género, llamados esimenetas. Entre estos poderes había, por otra parte, algunas diferencias: eran reales, en cuanto debían a la ley y a la voluntad de los súbditos su existencia; pero eran tiránicos en cuanto su ejercicio era despótico y completamente arbitrario. Queda una tercera especie de tiranía, que, al parecer, merece más particularmente este nombre, y que corresponde al reinado absoluto. Esta tiranía no es otra que la monarquía absoluta, la cual, sin responsabilidad alguna y sólo en interés del señor, gobierna a súbditos que valen tanto o más que él sin consultar para nada los intereses particulares de los mismos. Este es un gobierno de violencia, porque no hay corazón libre que sufra con paciencia una autoridad semejante. Creemos haber dicho bastante sobre la tiranía, el número de sus formas y las causas que las producen.

CapÍtulo IX

Continuación de la teoría de la república propiamente dicha

¿Cuál es la mejor constitución? ¿Cuál es la mejor organización para la vida de los Estados en general y de la mayoría de los hombres, dejando a un lado aquella virtud que es superior a las fuerzas ordinarias de la humanidad, y aquella instrucción que exige disposiciones naturales y circunstancias muy felices, y sin pensar tampoco en una constitución ideal, sino limitándonos, respecto de los individuos, a la vida que los más de ellos pueden hacer, y respecto de los Estados, a aquel género de constitución que casi todos ellos pueden darse? Las aristocracias vulgares, de que deseamos hablar aquí, o están fuera de las condiciones de la mayor parte de los Estados existentes, o se aproximan a eso que se llama república. Examinaremos, pues, estas aristocracias y la república como si formasen un solo y mismo género; los elementos del juicio que hemos de formar sobre ambas son perfectamente idénticos.

Si hemos tenido razón para decir en la Moral que la felicidad consiste en el ejercicio fácil y permanente de la virtud, y que la virtud no es más que un medio entre dos extremos, se sigue de aquí, necesariamente, que la vida más sabia es la que se mantiene en este justo medio, contentándose siempre con esta posición intermedia que cada cual puede conseguir.

Conforme a los mismos principios, se podrá juzgar evidentemente la excelencia o los vicios del Estado o de la constitución, porque la constitución es la vida misma del Estado. Todo Estado encierra tres clases distintas: los ciudadanos muy ricos, los ciudadanos muy pobres y los ciudadanos acomodados, cuya posición ocupa un término medio entre aquellos dos extremos. Puesto que se admite que la moderación y el medio es en todas las cosas lo mejor, se sigue evidentemente que en materia de fortuna una propiedad mediana será también la más conveniente de todas. Ésta, en efecto, sabe mejor que ninguna otra someterse a los preceptos de la razón, a los cuales se da oídos con gran dificultad cuando se goza de alguna ventaja extraordinaria en belleza, en fuerza, en nacimiento o en riqueza; o cuando es uno extremadamente débil, oscuro o pobre. En el primer caso, el orgullo que da una posición tan brillante arrastra a los hombres a cometer los mayores atentados; en el segundo, la perversidad se inclina del lado de los delitos particulares; los crímenes no se cometen jamás sino por orgullo o por perversidad. Las dos clases extremas, negligentes en el cumplimiento de sus deberes políticos en el seno de la sociedad o en el senado, son igualmente peligrosas para la ciudad.

También es preciso decir que el hombre que tiene la excesiva superioridad que proporcionan el influjo de la riqueza, lo numeroso de los partidarios o cualquiera otra circunstancia, ni quiere ni sabe obedecer. Desde niño contrae estos hábitos de indisciplina en la casa paterna; el lujo en medio del cual ha vivido constantemente no le permite obedecer ni aun en la escuela. Por otra parte, una extrema indigencia no degrada menos. Y así, la pobreza impide saber mandar y sólo enseña a obedecer a modo de esclavo; la extrema opulencia impide al hombre someterse a una autoridad cualquiera, y sólo le enseña a mandar con todo el despotismo de un señor. Entonces es cuando no se ven en el Estado otra cosa que señores y esclavos, ningún hombre libre. De un lado, celos y envidia; de otro, vanidad y altanería; cosas todas tan distantes de esta benevolencia recíproca y de esta fraternidad social que es consecuencia de la benevolencia.

¡Y quién gustaría de caminar con un enemigo al lado ni por un instante! Lo que principalmente necesita la ciudad son seres iguales y semejantes, cualidades que se encuentran, ante todo, en las situaciones medias; y el Estado está necesariamente mejor gobernado cuando se compone de estos elementos, que, según nosotros, forman su base natural. Estas posiciones medias son también las más seguras para los individuos: no codician, como los pobres, la fortuna de otro, y su fortuna no es envidiada por nadie, como la de los ricos lo es ordinariamente por la indigencia. De esta manera se vive lejos de todo peligro y en una seguridad completa, sin fraguar ni temer conspiraciones. Y así, Focílides decía muy sabiamente:

«Un puesto modesto es el objeto de mis aspiraciones.»

Es evidente que la asociación política es sobre todo la mejor cuando la forman ciudadanos de regular fortuna. Los Estados bien administrados son aquellos en que la clase media es más numerosa y más poderosa que las otras dos reunidas o, por lo menos, que cada una de ellas separadamente. Inclinándose de uno a otro lado, restablece el equilibrio e impide que se forme ninguna preponderancia excesiva. Es, por tanto, una gran ventaja que los ciudadanos tengan una fortuna modesta, pero suficiente para atender a todas sus necesidades. Dondequiera que se encuentren grandes fortunas al lado de la extrema indigencia, estos dos excesos Jan lugar a la demagogia absoluta, a la oligarquía pura o a la tiranía; pues la tiranía nace del seno de una demagogia desenfrenada o de una oligarquía extrema con más frecuencia que del seno de las clases medias y de las clases inmediatas a éstas. Más tarde diremos el porqué, cuando hablemos de las revoluciones.

Otra ventaja no menos evidente de la propiedad mediana es que sus poseedores son los únicos que no se insurreccionan nunca. Donde las fortunas regulares son numerosas, hay muchos menos disturbios y disensiones revolucionarias. Las grandes ciudades deben su tranquilidad a la existencia de las fortunas medias, que son en ellas tan numerosas. En las pequeñas, por el contrario, la masa entera se divide muy fácilmente en dos campos sin otro alguno intermedio, porque todos, puede decirse, son pobres o ricos. Por esto también la propiedad mediana hace que las democracias sean más tranquilas y más durables que las oligarquías, en las que aquélla está menos extendida y tiene menos poder político, porque aumentando el número de pobres, sin que el de las fortunas medias se aumente proporcionalmente, el Estado se corrompe y llega rápidamente a su ruina.

Debe añadirse también, como una especie de comprobación de estos principios, que los buenos legisladores han salido de la clase media. Solón se encontraba en este caso, como lo atestiguan sus versos; Licurgo pertenecían a esta clase, puesto que no era rey; con Carondas y con otros muchos sucede lo mismo.

Esto debe, igualmente, hacernos comprender la razón de que la mayor parte de los gobiernos son o demagógicos u oligárquicos, y es porque, siendo en ellos las más de las veces rara la propiedad mediana, todos los que dominan, sean los ricos o los pobres, estando igualmente distantes del término medio, se apoderan del mando para sí solos y constituyen la oligarquía o la demagogia. Además, siendo frecuentes entre los pobres y los ricos las sediciones y las luchas, nunca descansa el poder, cualquiera que sea el partido que triunfe de sus enemigos, sobre la igualdad y sobre los derechos comunes. Como el poder es el premio del combate, el vencedor que se apodera de él crea necesariamente uno de los dos gobiernos extremos, la democracia o la oligarquía. Así, los mismos pueblos que han tenido alternativamente la suprema dirección de los negocios de la Grecia sólo han consultado a su propia constitución para hacer predominar en los Estados a ellos sometidos, ya la oligarquía, ya la democracia, celosos siempre de sus intereses particulares y nada de los intereses de sus tributarios. Tampoco se ha visto nunca entre estos dos extremos una verdadera república, o, por lo menos, se ha visto raras veces y siempre por muy poco tiempo. Sólo ha habido un hombre entre los que en otro tiempo alcanzaron el poder, que haya establecido una constitución de este género. Desde muy atrás los hombres políticos han renunciado a buscar la igualdad en los Estados; o tratan de apoderarse del poder, o se resignan a la obediencia cuando no son los más fuertes.

Estas consideraciones bastan para mostrar cuál es el mejor gobierno y lo que constituye su excelencia.

En cuanto a las demás constituciones, que son las diversas formas de las democracias y de las oligarquías admitidas por nosotros, es fácil ver en qué orden deben ser clasificadas, una primero, otra después, y así sucesivamente, según que son mejores o menos buenas y en comparación con el tipo perfecto que hemos expuesto. Necesariamente, serán tanto mejores cuanto más se aproximan al término medio, y tanto peores, cuanto más se alejen de él. Exceptúo siempre los casos especiales; quiero decir, aquellos en que tal constitución, aunque preferible en sí, sin embargo, es menos buena que otra para un pueblo dado.

CAPÍTULO X

PRINCIPIOS GENERALES APLICABLES
A ESTAS DIVERSAS ESPECIES DE GOBIERNO

Pasemos a tratar una cuestión que tiene íntima conexión con las anteriores, y que se refiere a la especie y naturaleza de los gobiernos en relación a los pueblos que hayan de gobernarse. Hay un primer principio general que se aplica a todos los gobiernos: la porción de la ciudad que quiere el mantenimiento de las instituciones debe ser siempre más fuerte que la que quiere el trastorno de las mismas. En todo Estado es preciso distinguir dos cosas: la cantidad y la calidad de los ciudadanos. Por calidad entiendo la libertad, la riqueza, las luces, el nacimiento; por cantidad entiendo la preponderancia numérica. La calidad puede estar en una parte de los elementos políticos, y la cantidad encontrarse en otra; y así las gentes de nacimiento oscuro pueden ser más numerosas que las de nacimiento ilustre; los pobres más numerosos que los ricos, sin que la superioridad del número pueda compensar la diferencia en calidad. Conviene mucho tener en cuenta todas estas relaciones proporcionadas. En dondequiera que, aun teniendo en cuenta esta relación, la multitud de los pobres tiene la superioridad, la democracia se establece naturalmente con todas sus combinaciones diversas, según la importancia relativa de cada parte del pueblo. Por ejemplo, si los labradores son los más numerosos, tendremos la primera de las democracias, si lo son los artesanos y los mercaderes, tendremos la última; las demás especies se clasifican igualmente entre estos dos extremos. Dondequiera que la clase rica y distinguida supera en calidad más que en número, la oligarquía se constituye de la misma manera con todos sus matices según la tendencia particular de la masa oligárquica que predomina. Pero el legislador no debe tener en cuenta más que la propiedad mediana. Si hace leyes oligárquicas, esta propiedad es la que ha de tener presente, si hace leyes democráticas, también en ellas debe tener cabida esta propiedad. Una constitución no se consolida sino donde la clase media es más numerosa que las otras dos clases extremas, o, por lo menos, que cada una de ellas. Los ricos nunca urdirán tramas temibles de concierto con los pobres; porque ricos y pobres temen igualmente el yugo a que se someterían mutuamente. Si quieren que haya un poder que represente el interés general, sólo podrán encontrarlo en la clase media. La desconfianza recíproca que se tienen mutuamente les impedirá siempre aceptar un poder alternativo; sólo se tiene confianza en un árbitro; y el árbitro en este caso es la clase media. Cuanto más perfecta sea la combinación política según la que se constituya el Estado, tanto más serán las probabilidades de permanencia que ofrezca la constitución. Casi todos los legisladores, hasta los que han querido fundar gobiernos aristocráticos, han cometido dos errores casi iguales: primero, al conceder demasiado a los ricos, y después al engañar a las clases inferiores. Con el tiempo, resulta necesariamente de un bien falso un mal verdadero; porque la ambición de los ricos ha arruinado más Estados que la ambición de los pobres. Los especiosos artificios con que se pretende engañar al pueblo en política hacen referencia a cinco cosas: a la asamblea general, a las magistraturas, a los tribunales, a la posición de las armas y a los ejercicios de gimnasia. Respecto a la asamblea general, se da a todos los ciudadanos el derecho de asistir a ella; pero se tiene cuidado de imponer una multa a los ricos, si no concurren, o por lo menos es mucho más fuerte la que se exige a ellos que la que pagan los pobres; respecto a las magistraturas, se prohíbe a los ricos, que tienen la renta legal, la facultad de no aceptarlas, y se deja libre esta facultad a los pobres; respecto a los tribunales, se impone una multa a los ricos que se abstienen de juzgar y se concede la impunidad a los pobres, o si no la multa es enorme para aquéllos y casi nula para éstos, como sucede en las leyes de Carondas. A veces basta estar inscrito en los registros civiles para tener entrada en la asamblea general y en el tribunal; pero, una vez inscrito, si uno falta a estos dos deberes, está expuesto a que le impongan una multa terrible, que tiene por objeto hacer que los ciudadanos se abstengan de inscribirse; no estando inscrito, no se forma parte entonces ni de la asamblea ni del tribunal. El mismo sistema de leyes rige respecto del uso de armas y de los ejercicios gimnásticos; se permite a los pobres estar sin armas; se castiga con multa a los ricos que no las tienen; y en cuanto a los gimnasios, nada de multa a los pobres, y multa a los ricos que no asisten a ellos; éstos concurren por temor a la multa; aquéllos jamás se presentan, porque no tienen este temor. Tales son los ardides puestos en práctica por las leyes en las condiciones oligárquicas.

En las democracias el sistema de intriga y artificio es todo lo contrario; indemnización para los pobres que asisten al tribunal y a la asamblea general; impunidad para los ricos que no concurren.

Para que la combinación política sea equitativa, es preciso tomar algo de estos dos sistemas: salario para los pobres y multa para los ricos. Entonces todos sin excepción toman parte en los negocios del Estado; de otra manera, el gobierno sólo pertenecerá a los unos con exclusión de los otros. El cuerpo político sólo debe componerse de ciudadanos armados. En cuanto al censo, no es posible fijar la cantidad de una manera absoluta e invariable; pero debe dársele la base más ancha posible, para que el número de los que tengan parte en el gobierno sobrepuje al de los que queden excluidos de él. Los pobres, aun cuando se les excluya de las funciones públicas, no reclaman y permanecen tranquilos con tal que no se les ultraje ni se les despoje de lo poco que poseen. Esta equidad para los pobres no es, por lo demás, cosa tan fácil; porque los jefes de gobierno no siempre son los más considerados de los hombres. En tiempo de guerra, los pobres permanecerán en la inacción a consecuencia de su indigencia, a no ser que el Estado los alimente; pero si lo hace, marcharán con gusto al combate.

En algunos Estados, para disfrutar los derechos de ciudadanía, basta no sólo llevar las armas, sino también el haberlas llevado. En Malia, el cuerpo político se compone de todos los guerreros; y sólo se eligen los magistrados de entre los que pertenecen al ejército. Las primeras repúblicas que sucedieron en Grecia a los reinados se formaron sólo de los guerreros que llevaban las armas. En su origen, todos los miembros del gobierno eran caballeros; porque la caballería constituía entonces toda la fuerza de los ejércitos y aseguraba la vitoria en los combates. Verdaderamente, la infantería, cuando carece de disciplina, presta escaso auxilio. En aquellos tiempos remotos no se conocía aún por experiencia todo el poder de la táctica respecto de la infantería, y todas las esperanzas se cifraban en la caballería. Pero, a medida que los Estados se extendieron y que la infantería tuvo más importancia, el número de los hombres que gozaban de los derechos políticos se aumentó en igual proporción. Nuestros mayores llamaban democracia a lo que hoy llamamos nosotros república. Estos antiguos gobiernos, a decir verdad, eran oligarquías o reinados; entonces escaseaban demasiado en ellos los hombres para que la clase media pudiese ser numerosa. Como eran poco numerosos y estaban sometidos además a un orden severo, sabían soportar mejor el yugo de la obediencia.

En resumen, hemos visto por qué las constituciones son tan múltiples; por qué existen otras distintas que las que hemos nombrado, puesto que lo mismo la democracia que las otras especies de gobierno pueden ofrecer diversos matices; en seguida hemos estudiado las diferencias que hay entre estas constituciones y las causas que las han producido; y, en fin, hemos visto cuál era, en general, la forma política más perfecta y cuál era la mejor relativamente a los pueblos de cuya constitución se trate.

CAPÍTULO XI

TEORÍA DE LOS TRES PODERES EN CADA ESPECIE DE GOBIERNO: PODER LEGISLATIVO

Volvamos ahora al estudio de todos estos gobiernos en globo y uno por uno, remontándonos a los principios mismos en que descansan todos.

En todo Estado hay tres partes de cuyos intereses debe el legislador, si es entendido, ocuparse ante todo, arreglándolos debidamente. Una vez bien organizadas estas tres partes, el Estado todo resultará bien organizado; y los Estados no pueden realmente diferenciarse sino en razón de la organización diferente de estos tres elementos. El primero de estos tres elementos es la asamblea general, que delibera sobre los negocios públicos; el segundo, el cuerpo de magistrados, cuya naturaleza, atribuciones y modo de nombramiento es preciso fijar; y el tercero, el cuerpo judicial.

La asamblea general decide soberanamente en cuanto a la paz y a la guerra, y a la celebración y ruptura de tratados; hace las leyes, impone la pena de muerte, la de destierro y la confiscación, y toma cuentas a los magistrados. Aquí es preciso seguir necesariamente uno de estos dos caminos: o dejar las decisiones todas a todo el cuerpo político, o encomendarlas todas a una minoría, por ejemplo, a una o más magistraturas especiales; o distribuirlas, atribuyendo unas a todos los ciudadanos y otras a algunos solamente.

El encomendarlas a la generalidad es propio del principio democrático, porque la democracia busca sobre todo este género de igualdad. Pero hay muchas maneras de admitir la universalidad de los ciudadanos al goce de los derechos que se refieren a la asamblea pública. Pueden, en primer lugar, deliberar por secciones, como en la república de Telecles de Mileto, y no en masa. Muchas veces todos los magistrados se reúnen para deliberar; pero como son temporales sus cargos, todos los ciudadanos llegan a serlo cuando les llega su turno, hasta que todas las tribus y las fracciones más pequeñas de la ciudad los han desempeñado sucesivamente. El cuerpo todo de los ciudadanos se reúne entonces sólo para sancionar las leyes, arreglar los negocios relativos al gobierno mismo y oír la promulgación de los decretos de los magistrados. En segundo lugar, aun admitiendo la reunión en masa, se la puede convocar sólo cuando se trata de alguno de estos asuntos: de la elección de magistrados, de la sanción legislativa, de la paz o de la guerra, y de las cuentas públicas. Se deja entonces el resto de los negocios a las magistraturas especiales, cuyos miembros son, por otra parte, elegidos o designados por la suerte de entre la masa de los ciudadanos. Se puede, también, reservando a la asamblea general la elección de los magistrados ordinarios, las cuentas públicas, la paz y las alianzas, dejar los demás negocios, para cuya resolución son indispensables luces y experiencia, a magistrados especialmente escogidos para conocer de ellos. Resta, por último, un cuarto modo, según el cual la asamblea general tiene todas las atribuciones sin excepción, y los magistrados, no pudiendo decidir nada soberanamente, sólo tienen la iniciativa de las leyes. Este es el último grado de la demagogia, tal como existe en nuestros días, correspondiendo, como ya hemos dicho, a la oligarquía violenta y a la monarquía tiránica.

Estos cuatro modos posibles de asamblea general son todos democráticos.

En la oligarquía, la decisión de todos los negocios está confiada a una minoría, y este sistema admite igualmente muchos grados. Si el censo es muy moderado, y por lo mismo son muchos los ciudadanos que pueden inscribirse en él; si se respetan religiosamente las leyes sin violarlas jamás; y si todo individuo incluido en el censo tiene parte en el poder, la institución oligárquica en su principio, se convierte en republicana por la suavidad de sus formas. Si, por el contrario, no todos los ciudadanos pueden tomar parte en las deliberaciones, pero todos los magistrados son elegidos y observan las leyes, el gobierno es oligárquico como el primero. Pero si la minoría, dueña soberana de los negocios generales, se constituye por sí misma, haciéndose hereditaria y sobreponiéndose a las leyes, tendremos necesariamente el último grado de la oligarquía.

Cuando la decisión de ciertos asuntos, como la paz y la guerra, se pone en manos de algunos magistrados, quedando encomendado a la masa de los ciudadanos el derecho de intervenir en las cuentas generales del Estado, y estos magistrados tienen la decisión de los demás negocios, siendo, por otra parte, electivos o designados por la suerte, el gobierno es aristocrático o republicano. Si se acude a la elección para ciertos negocios y para otros a la suerte, ya entre todos, ya entre los candidatos incluidos en una lista, o si la elección y la suerte recaen sobre la universalidad de los ciudadanos, entonces el sistema es, en parte, republicano y aristocrático, y en parte, puramente republicano.

Tales son todas las modificaciones de que es susceptible la organización del cuerpo deliberante, y cada gobierno lo organiza según las relaciones que acabamos de indicar.

En la democracia, sobre todo en este género de democracia que se cree hoy más digno de este nombre que todos los demás, en otros términos, en la democracia en que la voluntad del pueblo está por encima de todo, hasta de las leyes, sería bueno, en interés de las deliberaciones, adoptar para los tribunales el sistema de las oligarquías. La oligarquía se sirve de la multa para obligar a concurrir al tribunal a aquellos cuya presencia estima necesaria. La democracia, que da una indemnización a los pobres que desempeñan funciones judiciales, debería seguir el mismo método respecto de las asambleas generales. Conviene a la deliberación que tomen parte en ella todos los ciudadanos en masa, para que se ilustre la multitud con las luces de los hombres distinguidos y éstos aprovechen lo que por instinto sabe la multitud. También podría tomarse un número igual de votantes por una y por otra parte, procediéndose después a su designación por elección o por suerte. En fin, en el caso en que el pueblo supere excesivamente en número a los hombres políticamente capaces, podría concederse la indemnización, no a todos, sino sólo a tantos pobres como sean los ricos, y eliminar a todos los demás.

En el sistema oligárquico es preciso, o escoger desde luego algunos individuos de entre la generalidad, o constituir una magistratura, que por cierto existe ya en algunos Estados, y cuyos miembros se llaman comisarios o guardadores de las leyes. La asamblea pública en este caso sólo se ocupa de los asuntos preparados por estos magistrados. Este es un medio de dar a las masas voz deliberativa en los negocios, sin que puedan atentar en lo más mínimo a la constitución. También es posible conceder al pueblo únicamente el derecho de sancionar las disposiciones que se le presenten, sin que pueda decidir nunca en sentido contrario. Por último, se puede conceder a las masas voz consultiva, dejando la decisión suprema a los magistrados.

En cuanto a las condenaciones, es preciso tomar un camino opuesto al adoptado al presente en las repúblicas. La decisión del pueblo debe ser soberana cuando absuelve y no cuando condena, debiendo recurrirse en este último caso a los magistrados. El sistema actual es detestable; la minoría puede soberanamente absolver; pero cuando condena, abdica de su soberanía y tiene siempre cuidado de someter el fallo al juicio del pueblo entero.

No diré más respecto del cuerpo deliberante, es decir, del verdadero soberano del Estado.

Capítulo XII

Del poder ejecutivo

A la cuestión de la organización de la asamblea general debe seguir la relativa a las magistraturas. Este segundo elemento de gobierno no presenta menos variedad que el primero desde el punto de vista del número de sus miembros, de su extensión y de su duración. Esta duración es tan pronto de seis meses o menos, como de un año o mayor. ¿Los poderes deben conferirse con carácter vitalicio, por largos plazos, o según otro sistema? ¿Es preciso que un mismo individuo pueda ser reelegido muchas veces, o podrá serlo sólo una vez, quedando para siempre incapacitado para optar a él? Y en cuanto a la composición de las magistraturas, ¿de qué miembros se han de componer?, ¿quién los nombrará?, ¿en qué forma se han de designar? Es preciso conocer todas las soluciones posibles de estas diversas cuestiones, y aplicarlas en seguida según el principio y la utilidad de los diferentes gobiernos. Por lo pronto, es difícil precisar lo que debe entenderse por magistraturas. La asociación política exige muchas clases de funcionarios, y sería un error considerar como verdaderos magistrados a todos aquellos que obtienen este o aquel poder, ya sea por elección, ya por la suerte. Los pontífices, por ejemplo, ¿no son una cosa distinta de los magistrados políticos? Los directores de orquestas, los heraldos, los embajadores, ¿no son también funcionarios electivos? Pero ciertos cargos son eminentemente políticos y obran en una esfera dada de hechos, o sobre el cuerpo entero de los ciudadanos, como, por ejemplo, el general que manda a todos los miembros del ejército, o sobre una porción solamente de la ciudad, como sucede con los inspectores de mujeres o de los niños. Otras funciones pertenecen, por decirlo así, a la economía pública; por ejemplo, la que desempeña el intendente de víveres, que es un funcionario también electivo. Otras, en fin, son serviles, y se confían a esclavos cuando el Estado es bastante rico para pagarles.

Por regla general, las funciones que dan derecho a deliberar, decidir y ordenar ciertas cosas, son las que constituyen las únicas y verdaderas magistraturas. Yo me fijo principalmente en la última condición, porque el derecho de ordenar es el carácter realmente distintivo de la autoridad. Esto, por otra parte, importa poco, por decirlo así, para la vida ordinaria; porque nunca se ha disputado sobre la denominación de los magistrados, quedando así reducida la cuestión a un punto de controversia puramente teórico.

¿Cuáles son las magistraturas esenciales a la existencia de la ciudad? ¿Cuál es su número? ¿Cuáles aquellas que, sin ser indispensables, contribuyen, sin embargo, a que tenga una buena organización el Estado? He aquí una serie de preguntas que pueden hacerse con motivo de cualquier Estado, por pequeño que se le suponga. En los grandes, cada magistratura puede y debe tener atribuciones que son propias y peculiares de ella. Lo numeroso de los ciudadanos permite multiplicar los funcionarios.

Entonces, ciertos empleos no son obtenidos por un mismo individuo sino mediando largos intervalos, y a veces sólo se alcanzan una vez. No puede negarse que un empleo está mejor desempeñado cuando la atención del magistrado se limita a un solo objeto, en vez de extenderse a una multitud de asuntos diversos. En los pequeños Estados, por el contrario, es preciso centralizar las diversas atribuciones en algunas manos; siendo los ciudadanos muy pocos, el cuerpo de los magistrados no puede ser numeroso. ¿Cómo sería posible encontrar sustitutos? Los pequeños Estados necesitan muchas veces las mismas magistraturas y las mismas leyes que los grandes; sólo que en los unos los cargos recaen frecuentemente en unas mismas manos, y en los otros esta necesidad sólo se reproduce de largo en largo tiempo. Pero no hay inconveniente en confiar a una misma persona muchas funciones a la vez, con tal que estas funciones no sean por su naturaleza contrarias. La escasez de ciudadanos obliga necesariamente a multiplicar las atribuciones conferidas a cada empleo, pudiendo entonces compararse los empleos públicos a esos instrumentos que prestan usos distintos y que sirven al mismo tiempo de lanza y de antorcha.

Podríamos determinar, ante todo, el número de los empleos indispensables en todo Estado y el de los que, sin ser absolutamente necesarios, son, sin embargo, convenientes. Partiendo de este dato será fácil descubrir cuáles son los que se pueden reunir sin peligro en una sola mano. También deberán distinguirse con cuidado aquellos de que puede encargarse un mismo magistrado según las localidades, y aquellos que en todas partes podrían reunirse sin inconvenientes. Y así, en cuanto a policía urbana, ¿debe establecerse un magistrado especial para la vigilancia del mercado público y otro magistrado para otro lugar, o basta un solo magistrado para toda la ciudad? La división de las atribuciones ¿debe hacerse teniendo en cuenta las cosas o las personas? Me explicaré: ¿es preciso que un funcionario, por ejemplo, se encargue de toda la policía urbana, y otros de la inspección de las mujeres y de los niños?

Examinando el punto con relación a la constitución, puede preguntarse si la clase de funciones es en cada sistema político diferente, o si es en todas partes idéntica. Así, ¿en la democracia, en la oligarquía, en la aristocracia, en la monarquía, las magistraturas elevadas son las mismas aunque no estén confiadas a individuos iguales y ni siquiera semejantes? ¿No varían según los diversos gobiernos? ¿En la aristocracia, por ejemplo, no están en manos de las personas ilustradas; en la oligarquía, en las de los hombres ricos; y en la democracia, en las de los hombres libres? ¿No deben algunas magistraturas organizarse sobre estas diversas bases? ¿No hay casos en que es bueno que sean las mismas, y casos en que es bueno que sean diferentes? ¿No conviene que, teniendo las mismas atribuciones, sea su poder unas veces restringido y otras muy amplio?

Es cierto que algunas magistraturas son exclusivamente peculiares de un sistema: tal es la de las comisiones preparatorias tan contrarias a la democracia que reclama un senado. Ni tampoco es menos cierto que se necesitan funcionarios análogos encargados de preparar las deliberaciones del pueblo, a fin de economizar tiempo. Pero si estos funcionarios son pocos, la institución es oligárquica; y como los comisarios no pueden ser nunca muchos, la institución pertenece esencialmente a la oligarquía. Pero dondequiera que existen simultáneamente una comisión y un senado, el poder de los comisarios está siempre por encima del de los senadores. El senado procede de un principio democrático; la comisión, de un principio oligárquico. El poder del senado queda también reducido a la nulidad en aquellas democracias en que el pueblo se reúne en masa para decidir por sí mismo todos los negocios. El pueblo toma ordinariamente este cuidado cuando es rico, o cuando con una indemnización se retribuye su presencia en la asamblea general; entonces, gracias al tiempo desocupado de que dispone, se reúne frecuentemente y juzga de todo por sí mismo. La pedonomía, la gineconomía y cualquiera otra magistratura especialmente encargada de vigilar la conducta de los jóvenes y de las mujeres son instituciones aristocráticas y no tienen nada de populares; pues ¿cómo se va a prohibir a las mujeres pobres salir de sus casas? Tampoco tiene nada de oligárquica; porque ¿cómo se puede impedir el lujo a las mujeres en la oligarquía?

Pongamos aquí fin a estas consideraciones, y veamos ahora de tratar de la institución de las magistraturas de una manera fundamental.

Las diferencias sólo pueden recaer sobre tres términos diversos, cuyas combinaciones deben dar todos los modos posibles de organización. Estos tres términos son: primero, los electores; segundo, los elegibles; por último, la manera de hacer los nombramientos. Estos términos pueden presentarse bajo tres aspectos diferentes. El derecho de nombrar a los magistrados puede pertenecer, o a la universalidad de los ciudadanos, o sólo a una clase especial. La elegibilidad puede ser el derecho de todos, o un privilegio unido a la riqueza, al nacimiento, al mérito o a cualquier otra condición; en Megara, por ejemplo, estaba reservado este derecho a los que habían conspirado y combatido para destruir la democracia. En fin, la forma del nombramiento puede variar desde la suerte hasta la elección. Además, pueden combinarse estos modos de dos en dos; con lo cual quiero decir que para sus magistraturas puede hacerse el nombramiento por una clase especial, al mismo tiempo que para otras por la universalidad de los ciudadanos; o bien que la elegibilidad será, respecto de unas un derecho general, al mismo tiempo que será, respecto de otras, un privilegio; o, en fin, que para éstas serán nombrados a la suerte los que las han de desempeñar, y para aquéllas, por elección. Cada una de estas tres combinaciones puede ofrecer cuatro modos: primero, todos los magistrados son tomados de la universalidad de los ciudadanos por medio de la elección; segundo, todos los magistrados son tomados de la universalidad de los ciudadanos por medio de la suerte; tercero y cuarto, aplicándose la elegibilidad a todos los ciudadanos a la vez, puede verificarse esto sucesivamente por tribus, por cantones, por fratrias, de manera que todas las clases vayan pasando por turno; quinto y sexto, o bien la elegibilidad puede aplicarse a todos los ciudadanos en masa, adoptando uno de estos modos para unas funciones y otro modo para otras. Por otra parte, siendo el derecho de nombrar privilegio de ciertos ciudadanos, los magistrados pueden tomarse, y es el séptimo modo, del cuerpo entero de ciudadanos por medio de la elección; octavo, del cuerpo entero de ciudadanos, por medio de la suerte; noveno, de entre cierta parte de ciudadanos, por medio de elección; décimo, de cierta porción de ciudadanos, por medio de la suerte; undécimo, se puede nombrar para ciertas funciones, según la primera forma; y duodécimo, para otras según la segunda, es decir, aplicar al cuerpo entero de los ciudadanos la elección para unas funciones, la suerte para otras. He aquí, pues, doce modos de instituir las magistraturas, sin contar las combinaciones compuestas.

De todos estos modos de organización sólo dos son democráticos: la elegibilidad para todas las magistraturas concedida a todos los ciudadanos, sea por suerte, sea por elección; o, simultáneamente, designando para una función por suerte y para otra por elección. Si son llamados a nombrar todos los ciudadanos, no en masa, sino sucesivamente, y el nombramiento ha de recaer ya en uno de la generalidad de los ciudadanos, ya en algunos privilegiados, por suerte o por elección, o por los dos medios al mismo tiempo; o también si para unas magistraturas se nombra de entre la masa de ciudadanos, y otras están reservadas a ciertas clases privilegiadas, con tal que esto se haga por los dos modos a la vez, es decir, unas por suerte y por elección otras, la institución en todos estos casos es republicana. Si el derecho de nombrar de entre todos los ciudadanos pertenece solamente a algunos, y las magistraturas se proveen unas por suerte, otras por elección, o de ambos modos a la par, en este caso la institución es oligárquica, siéndolo el segundo modo más que el primero. Si la elegibilidad pertenece a todos para ciertas funciones, y sólo a algunos para otras, sea por suerte, sea por elección, el sistema en este caso es republicano y aristocrático. Cuando la designación y la elegibilidad están reservadas a una minoría, es un sistema oligárquico, si no hay reciprocidad entre todos los ciudadanos, ya se emplee la suerte o los dos modos simultáneamente; pero si los privilegiados se nombran de entre la universalidad de ciudadanos, el sistema no es ya oligárquico. El derecho de elección concedido a todos y la elegibilidad sólo a algunos constituyen un sistema aristocrático.

Tal es el número de combinaciones posibles, según las especies diversas de constitución. Podrá verse fácilmente qué sistema conviene aplicar a los diferentes Estados, qué modo de instituciones debe adoptarse para las magistraturas y qué atribuciones se les debe asignar. Entiendo por atribuciones de una magistratura el que corra una, por ejemplo, con las rentas del Estado, y otra con su defensa. Las atribuciones pueden ser muy variadas, desde el mando de los ejércitos hasta la jurisdicción para entender en los contratos que se celebren en el mercado público.

CAPÍTULO XIII
DEL PODER JUDICIAL

De los tres elementos políticos antes enumerados, sólo nos resta hablar de los tribunales. Seguiremos los mismos principios al hacer el estudio de sus diversas modificaciones.

Las diferencias entre los tribunales sólo pueden recaer sobre tres puntos: su personal, sus atribuciones, su modo de formación. En cuanto al personal, los jueces pueden tomarse de la universalidad o sólo de una parte de los ciudadanos; en cuanto a las atribuciones, los tribunales pueden ser de muchos géneros; y, en fin, respecto al modo de formación, pueden ser creados por elección o a la suerte.

Determinemos, ante todo, cuáles son las diversas especies de tribunales. Son ocho: primera, tribunal para entender en las cuentas y gastos públicos; segunda, tribunal para conocer de los daños causados al Estado; tercera, tribunal para juzgar en los atentados contra la constitución; cuarta, tribunal para entender en las demandas de indemnización, tanto de los particulares como de los magistrados; quinta, tribunal que ha de conocer en las causas civiles más importantes; sexta, tribunal para las causas de homicidio; séptima, tribunal para los extranjeros. El tribunal que entiende en las causas de homicidio puede subdividirse, según que unos mismos jueces o jueces diferentes conozcan del homicidio premeditado o involuntario, según que el hecho es o no confesado, aunque haya duda sobre el derecho del acusado. En el tribunal criminal puede admitirse una cuarta subdivisión para los homicidas que vengan a purgar su contumacia; tal es, por ejemplo, en Atenas el tribunal de los Pozos. Por lo demás, estos casos judiciales se presentan muy raras veces, hasta en los Estados muy grandes. El tribunal de los extranjeros puede dividirse según que conoce de las causas entre extranjeros y nacionales. En fin, la octava y última especie de tribunal entenderá en todas las causas de menor cuantía, cuyo valor sea de una a cinco dracmas o poco más. Estas causas, por ligeras que sean, deben ser sustanciadas como las demás, y no pueden someterse a la decisión de los jueces ordinarios.

No creemos necesario extendernos más sobre la organización de estos tribunales y de los encargados de las causas de homicidio y de las de los extranjeros; pero hablaremos algo de los tribunales políticos, cuya viciosa organización puede producir tantos disturbios y revoluciones en el Estado.

Si la universalidad de los ciudadanos es apta para el desempeño de todas las funciones judiciales, los jueces pueden ser nombrados todos por suerte o todos por medio de la elección. Si está limitada su aptitud a algunas jurisdicciones especiales, los jueces pueden ser nombrados unos por suerte y otros por elección. Además de estos cuatro modos de formación, en los que figura todo el cuerpo de ciudadanos, hay igualmente otros cuatro para el caso en que la entrada en el tribunal sea el privilegio de una minoría. La minoría, que conoce de todas las causas, puede ser igualmente nombrada por elección o por suerte, o también puede, a la vez, proceder de la suerte respecto de unos asuntos y de la elección respecto de otros. En fin, algunos tribunales, aun teniendo atribuciones en todo semejantes, pueden formarse unos por suerte y otros por elección. Tales son los cuatro nuevos modos que corresponden a los que acabamos de indicar.

Aún pueden combinarse de dos en dos estas diversas hipótesis. Por ejemplo, los jueces para ciertas causas pueden tomarse de la masa de los ciudadanos, y los jueces para otras pueden tomarse de determinadas clases, o bien pueden tomarse de ambos modos a la vez, componiéndose los miembros de un mismo tribunal, de modo que salgan unos de la masa, otros de las clases privilegiadas, ya por suerte, ya por elección, o ya por ambos modos simultáneamente.

He aquí todas las modificaciones de que es susceptible la organización judicial. Las primeras son democráticas, porque todas ellas conceden la jurisdicción general a la universalidad de los ciudadanos; las segundas son oligárquicas, porque limitan la jurisdicción general a ciertas clases de ciudadanos; y las terceras, por último, son aristocráticas y republicanas, porque admiten a la vez a la generalidad y a una minoría privilegiada.

Libro séptimo

De la organización del poder en la democracia y en la oligarquía

Capítulo I

De la organización del poder en la democracia

Hemos enumerado los diversos aspectos bajo los cuales se presentan en el Estado la asamblea deliberante, o sea el soberano, las magistraturas y los tribunales; hemos demostrado cómo la organización de estos elementos se modifica según los principios mismos de la constitución; además hemos tratado anteriormente de la caída y estabilidad de los gobiernos, y hemos dicho cuáles son las causas que producen la una y aseguran la otra. Pero como hemos reconocido muchos matices en la democracia y en los demás gobiernos, creemos conveniente volver sobre todo aquello que hayamos dejado a un lado, y determinar el modo de organización más ventajoso y especial de cada uno de ellos. Examinaremos, además, todas las combinaciones a que pueden dar lugar los diversos sistemas de que hemos hablado, mezclándose entre sí. Unidos unos con otros, pueden alterar el principio fundamental del gobierno, y hacer, por ejemplo, a la aristocracia oligárquica, o lanzar las repúblicas a la demagogia. Ved lo que yo entiendo que son estas combinaciones compuestas que me propongo examinar aquí, y que no han sido aún estudiadas: constituidas la asamblea general y la elección de los magistrados según el sistema oligárquico, la organización judicial puede ser aristocrática; o, también, organizados oligárquicamente los tribunales y la asamblea general, la elección de los magistrados puede serlo deuna manera completamente aristocrática. Podría suponerse todavía algún otro modo de combinación, con tal que las partes esenciales del gobierno no estén constituidas según un sistema único.

Hemos dicho también a qué Estados conviene la democracia, qué pueblo puede consentir las instituciones oligárquicas, y cuáles son, según los casos, las ventajas de los demás sistemas. Pero no basta saber cuál es el sistema que debe, según las circunstancias, preferirse para los Estados; lo que es preciso conocer, sobre todo, es el medio de establecer tal o cuál gobierno. Examinemos rápidamente esta cuestión. Hablemos, en primer lugar, de la democracia, y nuestras explicaciones bastarán para hacer comprender bien la forma política diametralmente opuesta a ésta y que comúnmente se llama oligarquía.

No olvidaremos en esta indagación ninguno de los principios democráticos, ni tampoco ninguna de las consecuencias que de ellos se desprenden; porque de su combinación nacen los matices de la democracia, que son tan numerosas y tan diversos. En mi opinión son dos las causas de estas variedades de democracia. La primera, como ya he dicho, es la variedad misma de las clases que la componen: por un lado, los labradores; por otro, los artesanos; por aquel los mercaderes. La combinación del primero de estos elementos con el segundo, o del tercero con los otros dos, forma no sólo una democracia mejor o peor, sino esencialmente diferente. En cuanto a la segunda causa, hela aquí: las instituciones que se derivan... que se derivan del principio democrático y que parecen una consecuencia peculiar de los mismos, cambian completamente mediante sus diversas combinaciones la naturaleza de las democracias. Estas instituciones pueden ser menos numerosas en este Estado, más en aquel, o, en fin, encontrarse reunidas en otro. Importa conocerlas todas sin excepción, ya se trate de establecer una constitución nueva, ya de reformar una antigua. Los fundadores de Estados aspiran siempre a agrupar en torno de su principio general todos los especiales que de él dependen; pero se engañan en la aplicación, como ya he hecho observar al tratar de la destrucción y prosperidad de los Estados. Expongamos ahora las bases en que se apoyan los diversos sistemas, los caracteres que presentan ordinariamente, y el fin a cuya realización aspiran.

El principio del gobierno democrático es la libertad. Al oír repetir este axioma, podría creerse que sólo en ella puede encontrarse la libertad; porque ésta, según se dice, es el fin constante de toda democracia. El primer carácter de la libertad es la alternativa en el mando y en la obediencia. En la democracia el derecho político es la igualdad, no con relación al mérito, sino según el número. Una vez sentada esta base de derecho, se sigue como consecuencia que la multitud debe ser necesariamente soberana, y que las decisiones de la mayoría deben ser la ley definitiva, la justicia absoluta; porque se parte del principio de que todos los ciudadanos deben ser iguales. deben ser iguales. Y así, en la democracia, los pobres son soberanos, con exclusión de los ricos, porque son los más, y el dictamen de la mayoría es ley. Este es uno de los caracteres distintivos de la libertad, la cual es para los partidarios de la democracia una condición indispensable del Estado. Su segundo carácter es la facultad que tiene cada uno de vivir como le agrade, porque, como suele decirse, esto es lo propio de la libertad, como lo es de la esclavitud el no tener libre albedrío. Tal es el segundo carácter de la libertad democrática. Resulta de esto que en la democracia el ciudadano no está obligado a obedecer a cualquiera; o si obedece es a condición de mandar él a su vez; y he aquí cómo en este sistema se concilia la libertad con la igualdad.

Estando el poder en la democracia sometido a estas necesidades, las únicas combinaciones de que es susceptible son las siguientes. Todos los ciudadanos deben ser electores y elegibles. Todos deben mandar a cada uno y cada uno a todos, alternativamente. Todos los cargos deben proveerse por suerte, por lo menos todos aquellos que no exigen experiencia o talentos especiales. No debe exigirse ninguna condición de riqueza, y si la hay ha de ser muy moderada. Nadie debe ejercer dos veces el mismo cargo, o por lo menos muy rara vez, y sólo los menos importantes, exceptuando, sin embargo, las funciones militares. Los... funciones militares. Los empleos deben ser de corta duración, si no todos, por lo menos todos aquellos a que se puede imponer esta condición. Todos los ciudadanos deben ser jueces en todos, o por lo menos en casi todos los asuntos, en los más interesantes y más graves, como las cuentas del Estado y los negocios puramente políticos; y también en los convenios particulares. La asamblea general debe ser soberana en todas las materias, o por lo menos en las principales, y se debe quitar todo poder a las magistraturas secundarias, dejándoselo sólo en cosas insignificantes. El senado es una institución muy democrática allí donde la universalidad de los ciudadanos no puede recibir del tesoro público una indemnización por su asistencia a las asambleas; pero donde se da este salario el poder del senado queda reducido a la nulidad. El pueblo, una vez rico, merced al salario que le da la ley, todo lo quiere avocar a sí, como queda dicho en la parte de este tratado que precede inmediatamente a ésta. Pero, previamente, es preciso hacer, ante todo, que todos los empleos sean retribuidos; asamblea general, tribunales, magistraturas inferiores; o, por lo menos, es preciso retribuir a los magistrados, jueces, senadores, miembros de la asamblea y funcionarios que están obligados a comer en común. Si los caracteres de la oligarquía son el nacimiento ilustre, la riqueza y la instrucción, los de la democracia serán el nacimiento humilde, la pobreza, el ejercicio de... el ejercicio de un oficio. Es preciso cuidarse mucho de no crear ningún cargo vitalicio; y si alguna magistratura antigua ha conservado este privilegio en medio de la revolución democrática, es preciso limitar sus poderes y conferirla por suerte en lugar de hacerlo por elección.

Tales son las instituciones comunes a todas las democracias. Se desprenden directamente del principio que se considera como democrático, es decir, de la igualdad perfecta de todos los ciudadanos, sin que haya entre ellos otra diferencia que la del número, condición que parece esencial a la democracia y querida a la multitud. La igualdad pide que los pobres no tengan más poder que los ricos, que no sean ellos los únicos soberanos, sino que lo sean todos en la proporción misma de su número; no encontrándose otro medio más eficaz de garantizar al Estado la igualdad y la libertad.

Aquí puede preguntarse aún cuál será esta igualdad. ¿Es preciso distribuir los ciudadanos de manera que la renta que posean mil de entre ellos sea igual a la que tengan otros quinientos distintos, y conceder entonces a la suma de los primeros tantos derechos como a los segundos? o, en otro caso, si se desecha esta especie de igualdad, ¿se debe tomar de entre los quinientos de una parte y los mil de la otra un número igual de ciudadanos, los cuales tendrán el derecho de elegir los magistrados y de asistir a los tribunales? ¿Es este el sistema... este el sistema más equitativo, conforme al derecho democrático, o es preciso dar la preferencia al que no tiene absolutamente en cuenta otra cosa que el número? Al decir de los partidarios de la democracia, la justicia está únicamente en la decisión de la mayoría; y si nos atenemos a lo que dicen los partidarios de la oligarquía, la justicia está en la decisión de los ricos, porque a sus ojos la riqueza es la única base racional en política. De una y otra parte veo siempre la desigualdad y la injusticia. Los principios oligárquicos conducen derechamente a la tiranía; porque si un individuo es más rico por sí solo que todos los demás ricos juntos, es preciso, conforme a las máximas del derecho oligárquico, que este individuo sea soberano, porque solamente él tiene el derecho de serlo. Los principios democráticos conducen derechamente a la injusticia; porque la mayoría, soberana a causa del número, se repartirá bien pronto los bienes de los ricos, como he dicho en otro lugar. Para encontrar una igualdad que uno y otro partido puedan admitir, es preciso buscarla en el principio mismo en que ambos fundan su derecho político, pues que por una y otra parte se sostiene que la voluntad de la mayoría debe ser soberana. Admito este principio, pero le pongo una limitación. El Estado se compone de dos partes, los ricos y los pobres; pues que la decisión de unos y de otros, es decir, ... otros, es decir, de las dos mayorías sea ley. Si hay disentimiento, que prevalezca el dictamen de los que sean más numerosos o de aquellos que tengan más renta. Supongamos que son diez los ricos y veinte los pobres; que seis ricos piensan de una manera y quince pobres de otra, y que se unen los cuatro ricos, que disienten, a los quince pobres, y los cinco pobres que quedan a los seis ricos. Pues bien, digo yo que debe prevalecer el dictamen de aquellos cuya renta acumulada, la de los pobres y la de los ricos, sea mayor. Si la renta es igual por ambos lados, el caso no es más embarazoso que el que ocurre hoy cuando se dividen por igual los votos en la asamblea pública o en el tribunal. Entonces se deja que decida la suerte, o se apela a cualquier otro expediente del mismo género. Cualquiera que sea, por otra parte, la dificultad de alcanzar la verdad en punto a igualdad y justicia, siempre será este recurso mucho menos trabajoso que el convencer a gentes que son bastante fuertes para poder satisfacer sus ardientes deseos. La debilidad reclama siempre igualdad y justicia; la fuerza no se cuida para nada de esto.

Capítulo II

Organización del poder en la democracia (continuación)

De las cuatro formas de democracia que hemos reconocido, la mejor es la que he puesto en primer lugar en las consideraciones que acabo de presentar; y es... presentar; y es también la más antigua de todas. Digo que es la primera, atendiendo a la división que he indicado en las clases del pueblo. La clase más propia para el sistema democrático es la de los labradores; y así la democracia se establece sin dificultad dondequiera que la mayoría vive de la agricultura y de la cría de ganados. Como no es muy rica, trabaja incesantemente y no puede reunirse sino raras veces; y como además no posee lo necesario, se dedica a los trabajos que le proporcionan el alimento, y no envidia otros bienes que éstos. Trabajar vale más que gobernar y mandar allí donde el gobierno y el mando no proporcionan grandes provechos; porque los hombres, en general, prefieren el dinero a los honores. Prueba de ello es que antiguamente nuestros mayores soportaron la tiranía que sobre ellos pesaba, y hoy mismo se sufren sin murmurar las oligarquías existentes, con tal que cada cual pueda entregarse libremente al cuidado de sus intereses sin temor a las expoliaciones. Entonces se hace rápidamente fortuna, o por lo menos se evita la miseria. Muchas veces se ve que el simple derecho de elegir los magistrados y de intervenir en las cuentas basta para satisfacer la ambición de los que pueden tenerla, puesto que en más de una democracia, la mayoría, sin tomar parte en la elección de los jefes y dejando el ejercicio de este derecho a algunos electores tomados sucesivamente en... tomados sucesivamente en la masa de ciudadanos, como se hace en Mantinea, la mayoría, digo, se muestra satisfecha porque es soberana respecto de las deliberaciones. Preciso es reconocer que esta es una especie de democracia y Mantinea era en otro tiempo un Estado realmente democrático. En esta especie de democracia, de que ya he hablado anteriormente, es un principio excelente y una aplicación bastante general el incluir entre los derechos concedidos a todos los ciudadanos la elección de los magistrados, el examen de cuentas y la entrada en los tribunales, y exigir para las funciones elevadas condiciones de elección y de riqueza, acomodando este último requisito a la importancia misma de los empleos, o también prescindiendo de esta condición de la renta respecto de todas las magistraturas, escoger a los que pueden, merced a su fortuna, llenar cumplidamente el puesto a que son llamados.

Un gobierno es fuerte cuando se constituye conforme a estos principios. De esta manera, el poder pasa siempre a las manos de los más dignos, y el pueblo no recela de los hombres merecedores de estimación, a quienes voluntariamente ha colocado al frente de los negocios. Esta combinación basta también para satisfacer a los hombres distinguidos. No tienen nada que temer para sí mismos de la autoridad de gentes que serían inferiores a ellos; y personalmente gobernarán con equidad, porque son responsables de su gestión ante ciudadanos de otra clase distinta de la suya. Siempre es bueno para el... bueno para el hombre que haya alguno que le tenga a raya y que no le permita dejarse llevar de todos sus caprichos, porque la independencia ilimitada de la voluntad individual no puede ser una barrera contra los vicios que cada uno de nosotros lleva en su seno. De aquí resulta necesariamente para los Estados la inmensa ventaja de que el poder es ejercido por personas ilustradas, que no cometen faltas graves, y que el pueblo no está degradado y envilecido. Esta es sin duda alguna la mejor de las democracias. ¿Y de dónde nace su perfección? De las costumbres mismas del pueblo por ella regido. Casi todos los antiguos gobiernos tenían leyes excelentes para hacer que el pueblo fuera agricultor, o limitaban de una manera absoluta la posesión individual de las tierras, fijando cierta cantidad, de la que no se podía pasar; o fijaban el emplazamiento de las propiedades, tanto en los alrededores de la ciudad, como en los puntos más distantes del territorio. A veces hasta se añade a estas primeras precauciones la absoluta prohibición de vender los lotes primitivos. Se cita también como cosa parecida aquella ley que se atribuye a Oxilo y que prohibía prestar con la garantía de hipoteca constituida sobre bienes raíces. Si hoy se intentara reformar muchos abusos, se podría recurrir a la ley de los afiteos, que tendría excelente aplicación al caso que nos ocupa. Aunque la población de este Estado es muy numerosa y... muy numerosa y su territorio poco extenso, sin embargo, todos los ciudadanos sin excepción cultivan en ella un rincón de tierra. Se tiene cuidado de no someter al impuesto más que una parte de las propiedades; y las heredades son siempre bastante grandes para que la renta de los más pobres exceda de la cuota legal.

Después del pueblo agricultor, el pueblo más propio para la democracia es el pueblo pastor que vive del producto de sus ganados. Este género de vida se aproxima mucho a la agrícola; y los pueblos pastores son maravillosamente aptos para las penalidades de la guerra, están dotados de un temperamento robusto, y son capaces de soportar las fatigas de campaña. En cuanto a las clases diferentes de éstas, y de que se componen casi todas las demás especies de democracias, son muy inferiores a las dos primeras; su existencia aparece degradada, y la virtud no juega papel alguno en las ocupaciones habituales de los artesanos, de los mercaderes y de los mercenarios. Sin embargo, es preciso observar que, bullendo esta masa sin cesar en los mercados y calles de la ciudad, se reúne sin dificultad, si puede decirse así, en asamblea pública. Los labradores, por el contrario, diseminados como están por los campos, se encuentran raras veces y no sienten tanto la necesidad de reunirse. Pero si el territorio está distribuido de tal manera que los campos destinados al cultivo estén muy distantes de la ciudad, en... muy numerosa y su territorio poco extenso, sin embargo, todos los ciudadanos sin excepción cultivan en ella un rincón de tierra. Se tiene cuidado de no someter al impuesto más que una parte de las propiedades; y las heredades son siempre bastante grandes para que la renta de los más pobres exceda de la cuota legal.

Después del pueblo agricultor, el pueblo más propio para la democracia es el pueblo pastor que vive del producto de sus ganados. Este género de vida se aproxima mucho a la agrícola; y los pueblos pastores son maravillosamente aptos para las penalidades de la guerra, están dotados de un temperamento robusto, y son capaces de soportar las fatigas de campaña. En cuanto a las clases diferentes de éstas, y de que se componen casi todas las demás especies de democracias, son muy inferiores a las dos primeras; su existencia aparece degradada, y la virtud no juega papel alguno en las ocupaciones habituales de los artesanos, de los mercaderes y de los mercenarios. Sin embargo, es preciso observar que, bullendo esta masa sin cesar en los mercados y calles de la ciudad, se reúne sin dificultad, si puede decirse así, en asamblea pública. Los labradores, por el contrario, diseminados como están por los campos, se encuentran raras veces y no sienten tanto la necesidad de reunirse. Pero si el territorio está distribuido de tal manera que los campos destinados al cultivo estén muy distantes de la ciudad, en... la ciudad, en este caso se puede establecer fácilmente una excelente democracia y hasta una república. La mayoría de los ciudadanos se vería entonces precisada a emigrar de la ciudad e iría a vivir al campo, y podría estatuirse que la turba de mercaderes no pudiera reunirse nunca en asamblea general sin que estuviera presente la población agrícola.

Tales son los principios en que debe descansar la institución de la primera y mejor de las democracias. Se puede, sin dificultad, deducir de aquí la organización de todas las demás, cuyas degeneraciones tienen lugar según las diversas clases de pueblo hasta llegar a aquella que es preciso excluir siempre.

En cuanto a esta última forma de la demagogia, en la que la universalidad de los ciudadanos toma parte en el gobierno, no es dado a todos los Estados sostenerla; y su existencia es muy precaria, como no vengan las costumbres y las leyes a la par a mantenerla. Hemos indicado más arriba la mayor parte de las causas que destruyen esta forma política y los demás Estados republicanos. Para establecer esta especie de democracia y transferir todo el poder al pueblo, los que lo intentan en secreto procuran generalmente inscribir en la lista civil el mayor número de personas que les es posible; comprendiendo sin vacilar en el número de ciudadanos, no sólo a los que son dignos de este título, sino también a todos los ciudadanos bastardos y a todos los que lo... los que lo son sólo por un lado, quiero decir, por la línea paterna o por la materna. Todos estos elementos son buenos para formar un gobierno bajo la dirección de tales hombres. Estos son los medios que están por completo al alcance de los demagogos. Sin embargo, tengan cuidado de no hacer uso de ellos sino hasta conseguir que las clases inferiores superen en número a las clases elevadas y a las clases medias; que se guarden bien de pasar de aquí, porque traspasando este límite se crea una multitud indisciplinada y se exaspera a las clases elevadas, que sufren muy difícilmente el imperio de la democracia. La revolución de Cirene no reconoció otras causas. No se nota el mal mientras es ligero; cuando se aumenta, entonces llama la atención de todos.

Consultando el interés de esta democracia, se pueden emplear los medios de que se valió Clístenes en Atenas para fundar el poder popular, y que aplicaron igualmente los demócratas de Cirene. Es preciso crear gran número de nuevas tribus, de nuevas fratrias; es preciso sustituir los sacrificios particulares con fiestas religiosas poco frecuentes, pero públicas; es preciso, en fin, amalgamar cuanto sea posible las relaciones de unos ciudadanos con otros, teniendo cuidado de deshacer todas las asociaciones anteriores. Todas las arterias de los tiranos pueden tener cabida en esta democracia; por ejemplo, la desobediencia permitida a los esclavos, cosa útil hasta cierto punto, y la licencia de las mujeres y... las mujeres y de los jóvenes. Además, se concederá a cada cual la facultad de vivir como le acomode. Con esta condición, serán muchos los que quieran sostener un gobierno semejante, porque los hombres, en general, prefieren una vida sin orden ni disciplina a una vida ordenada y regular.

CAPÍTULO III

CONTINUACIÓN DE LO RELATIVO A LA
ORGANIZACIÓN DEL PODER EN LA DEMOCRACIA

No es para el legislador y para los que quieren fundar un gobierno democrático la única ni la mayor dificultad la de instituir o crear el gobierno; lo es mucho mayor el saber hacerlo duradero. Un gobierno, cualquiera que él sea, puede muy bien durar dos o tres días. Pero estudiando, como lo hicimos antes, las causas de la prosperidad y de la ruina de los Estados se pueden deducir de este examen garantías de estabilidad política, descartando con cuidado todos los elementos de disolución, y dictando leyes formales o tácitas que encierren todos los principios en que descansa la duración de los Estados. Es preciso, además, guardarse bien de tomar por democrático u oligárquico todo lo que fortifique en el gobierno el principio de la democracia o el de la oligarquía, debiendo fijarse más en lo que contribuya a que el Estado tenga la mayor duración posible. Hoy los demagogos, para complacer al pueblo, hacen que los tribunales acuerden confiscaciones enormes. Cuando se tiene amor al Estado que uno rige, se adopta un sistema completamente opuesto, haciendo que la... haciendo que la ley disponga que los bienes de los condenados por crímenes de alta traición no pasen al tesoro público, sino que se consagren a los dioses. Este es el medio de corregir a los culpables, que no resultan de este modo menos castigados, y de impedir al mismo tiempo que la multitud, que nada debe ganar en estos casos, condene tan frecuentemente a los acusados sometidos a su jurisdicción. Es necesario, además, evitar la multiplicidad de estos juicios públicos imponiendo fuertes multas a los autores de falsas acusaciones, porque ordinariamente los acusadores atacan más bien a la clase distinguida, que a la gente del pueblo. Es preciso que todos los ciudadanos sean tan adictos como sea posible a la constitución, o, por lo menos, que no miren como enemigos a los mismos soberanos del Estado.

Las especies más viciosas de la democracia existen, en general, en los Estados muy populosos, en los cuales es difícil reunir asambleas públicas sin pagar a los que a ellas concurren. Además, las clases altas temen esta necesidad cuando el Estado no tiene rentas propias; porque en tal caso es preciso procurarse recursos, sea por medio de contribuciones especiales, sea por confiscaciones que acuerdan tribunales corruptos. Pues bien, todas estas son causas de perdición en muchas democracias. Allí donde el Estado no tiene rentas es preciso que las asambleas públicas se reúnan raras veces, y los miembros de los tribunales sean muy numerosos, pero congregándose para... pero congregándose para administrar justicia muy pocos días. Este sistema tiene dos ventajas: primera, que los ricos no tendrán que temer grandes gastos, aun cuando no sea a ellos y sí sólo a los pobres a quienes haya de darse el salario judicial; y segunda, que así la justicia será mejor administrada, porque los ricos nunca gustan de abandonar sus negocios por muchos días, y sólo se avienen a dejarlos por algunos instantes. Si el Estado es opulento, es preciso guardarse de imitar a los demagogos de nuestro tiempo. Reparten al pueblo todo el sobrante de los ingresos y toman parte como los demás en la repartición; pero las necesidades continúan siendo siempre las mismas, porque socorrer de este modo a la pobreza es querer llenar un tonel sin fondo. El amigo sincero del pueblo tratará de evitar que éste caiga en la extrema miseria, que pervierte siempre a la democracia, y pondrá el mayor cuidado en hacer que el bienestar sea permanente. Es bueno, hasta en interés de los ricos, acumular los sobrantes de las rentas públicas para repartirlos de una sola vez entre los pobres, sobre todo si las porciones individuales que se habrán de distribuir bastan para la compra de una pequeña finca o, por lo menos, para el establecimiento de un comercio o de una explotación agrícola. Si no pueden alcanzar a la vez a todas estas distribuciones, se procederá por tribus o conforme a cualquier otra división. Los... otra división. Los ricos deben necesariamente en este caso contribuir al sostenimiento de las cargas precisas del Estado; pero que se renuncie a exigir de ellos gastos que no reportan utilidad. El gobierno de Cartago ha sabido siempre, empleando medios análogos, ganarse el afecto del pueblo; así envía constantemente a algunos a las colonias a que se enriquezcan. Las clases elevadas, si son hábiles e inteligentes, procurarán ayudar a los pobres y facilitarles siempre el trabajo, procurándoles recursos. Harán bien, asimismo, estas clases en imitar al gobierno de Tarento. Al conceder a los pobres el uso común de las propiedades, se ha granjeado este gobierno el cariño de la multitud. Por otra parte, ha hecho que fueran dobles todos los empleos, dejando uno a la elección y otro a la suerte, valiéndose de la suerte para que el pueblo pueda obtener los cargos públicos, y de la elec- ción para que éstos sean bien desempeñados. También se puede obtener el mismo resultado haciendo que los miembros de una misma magistratura sean designados los unos por la suerte y los otros por la elección.

Tales son los principios que es preciso tener en cuenta en el planteamiento de la democracia.

Capítulo IV

DE LA ORGANIZACIÓN DEL PODER EN LAS OLIGARQUÍAS

Puede fácilmente verse, una vez conocidos los principios que preceden, cuáles son los de la institución oligárquica. Para cada especie de oligarquía será preciso tomar lo opuesto a lo concerniente a la especie de democracia... especie de democracia que corresponde a aquélla. Esto es, sobre todo, aplicable a la primera y mejor combinada de las oligarquías, la cual se aproxima mucho a la república propiamente dicha. El censo debe ser vario, más alto para unos, más bajo para otros; más moderado para las magistraturas vulgares y de utilidad indispensable, más elevado para las magistraturas de primer orden. Desde el momento en que se posee la renta legal se deben obtener los empleos; y el número de individuos del pueblo que en virtud del censo hayan de entrar en el poder debe estar combinado de manera que la porción de la ciudad que tenga los derechos políticos sea más fuerte que la que no los tenga. Por lo demás, deberá cuidarse de que lo más distinguido del pueblo sea admitido a participar del poder.

Es preciso restringir un poco estas bases para obtener la oligarquía que sucede a esta primera especie. En cuanto al matiz oligárquico que corresponde al último matiz de la democracia y que, como ella, es el más violento y tiránico, este gobierno exige tanta más prudencia cuanto que es más malo. Los cuerpos sanamente constituidos, las naves bien construidas y perfectamente tripuladas con marinos hábiles pueden cometer, sin riesgo de perecer, la más graves faltas; pero los cuerpos enfermizos, las naves ya deterioradas y puestas en manos de marinos ignorantes, no pueden, por el contrario, soportar los menores errores. Lo mismo sucede con las constituciones... con las constituciones políticas: cuanto más malas son, tantas más preocupaciones exigen.

En general, las democracias encuentran su salvación en lo numeroso de su población. El derecho del número reemplaza entonces al derecho del mérito. La oligarquía, por el contrario, no puede vivir y prosperar sino mediante el buen orden. Componiéndose casi toda la masa del pueblo de cuatro clases principales: labradores, artesanos, mercenarios y comerciantes, y siendo necesarias para la guerra cuatro clases de gente armada: caballería, infantería pesada, infantería ligera y gente de mar, en un país acomodado para la cría de caballos, la oligarquía puede sin dificultad constituirse muy poderosamente: porque la caballería, que es la base de la defensa nacional, exige siempre para su sostenimiento muchos recursos. Donde la infantería pesada es muy numerosa puede muy bien establecerse la segunda especie de oligarquía, porque esta infantería pesada se compone generalmente de ricos más bien que de pobres. Por el contrario, la infantería ligera y la gente de mar son elementos completamente democráticos. En los Estados en que estos dos elementos se encuentran en masa, los ricos, como puede verse en nuestros días, están en baja cuando se enciende la guerra civil. Para poner remedio a este mal, puede imitarse la conducta de los generales que en el combate procuran mezclar con la caballería y la infantería pesada una sección proporcionada de tropas menos pesadas. En las sediciones, los pobres muchas veces superan a los ricos, porque, armados más a... armados más a la ligera, pueden combatir con ventaja contra la caballería y la infantería pesada. Por tanto, la oligarquía, que toma su infantería ligera de las últimas clases del pueblo, se crea ella misma un elemento adverso. Es preciso, por el contrario, aprovechándose de la diversidad de edades y sacando partido así de los de más edad como de los más jóvenes, hacer que los hijos de los oligarcas se ejerciten desde los primeros años en todas las maniobras de la infantería ligera, y dedicarlos desde que salen de la infancia a los más rudos trabajos, como si fueran verdaderos atletas.

La oligarquía, por otra parte, procurará conceder derechos políticos al pueblo, sea mediante el establecimiento del censo legal, como ya he dicho, sea como hace la constitución de Tebas, exigiendo que se haya cesado desde cierto tiempo en el ejercicio de toda ocupación liberal; sea como en Marsella, donde se designa a aquellos que por su mérito pueden obtener los empleos, ya formen parte del gobierno, ya estén fuera de él. En cuanto a las principales magistraturas, reservadas necesariamente a los que gozan de los derechos políticos, será preciso prescribir los gastos públicos que para obtenerlas deberán hacerse. El pueblo, entonces, no se quejará de no poder alcanzar los empleos, y en medio de sus recelos perdonará sin dificultad a los que deben comprar tan caro el honor de desempeñarlos. Al tomar posesión, los magistrados deberán hacer sacrificios magníficos y construir... magníficos y construir algunos monumentos públicos; entonces el pueblo, que tomará parte en los banquetes y las fiestas, y verá la ciudad espléndidamente dotada de templos y edificios, deseará el sostenimiento de la constitución; y esto será para los ricos un soberbio testimonio de los gastos que hubieren hecho. En la actualidad, los jefes de las oligarquías, lejos de obrar así, hacen precisamente todo lo contrario: buscan el provecho con el mismo ardor que los honores; y puede decirse con verdad que estas oligarquías no son más que democracias reducidas a algunos gobernantes.

Tales son las bases sobre las que conviene instituir las democracias y las oligarquías.

Capítulo V

DE LAS DIVERSAS MAGISTRATURAS
INDISPENSABLES O ÚTILES A LA CIUDAD

Después de lo que precede, debemos determinar con exactitud el número de las diversas magistraturas, sus atribuciones y las condiciones necesarias para su desempeño. Anteriormente hemos dicho algo sobre este asunto. Ante todo, un Estado no puede existir sin ciertas magistraturas, que le son indispensables, puesto que no podría ser bien gobernado sin magistraturas que garanticen el buen orden y la tranquilidad. También es necesario, como ya he dicho, que los cargos sean pocos en los pequeños Estados y numerosos en los grandes, siendo muy importante saber cuáles son los que pueden acumularse y cuáles los que son incompatibles.

Con respecto a las necesidades indispensables de la ciudad, el primer objeto de vigilancia es el mercado público, que debe estar bajo la dirección de... la dirección de una autoridad que inspeccione los contratos que se celebren y su exacta observancia. En casi todas las ciudades sus miembros tienen la precisión de comprar y vender para satisfacer sus mutuas necesidades, siendo esta, quizá, la más importante garantía de bienestar que al parecer han deseado obtener los miembros de la ciudad al reunirse en sociedad. Otra cosa que viene después de ésta, y que tiene con ella estrecha relación, es la conservación de las propiedades públicas y particulares. Este cargo comprende el régimen interior de la ciudad, el sostenimiento y la reparación de los edificios deteriorados y de los caminos públicos, el reglamento relativo a los deslindes de cada propiedad, para prevenir las disputas, y además todas las materias análogas a éstas. Todas estas son funciones, como se dice ordinariamente, de policía urbana. Ahora bien, siendo muy variadas en los Estados muy poblados se pueden distribuir entre muchas manos. Así, hay arquitectos especiales para las murallas, inspectores de aguas y fuentes, y otros del puerto. Hay otra magistratura análoga a aquélla y de igual modo necesaria, que tiene a su cargo las mismas obligaciones, pero con relación a los campos y al exterior de la ciudad. Los funcionarios que la desempeñan se llaman inspectores de los campos o conservadores de los bosques. Ya tenemos aquí tres órdenes de funciones indispensables. Una cuarta magistratura, que no lo es menos, es la que debe percibir las rentas públicas, custodiar el tesoro... custodiar el tesoro del Estado y repartir los caudales entre los diversos ramos de la administración pública. Estos funcionarios se llaman receptores o tesoreros. Otra clase de funcionarios está encargada del registro de los actos que tienen lugar entre los particulares, y de las sentencias dictadas por los tribunales, siendo estos mismos los que deben actuar en los procedimientos y negocios judiciales. A veces esta última magistratura se divide en otras muchas, pero sus atribuciones son siempre estas mismas que acabo de enumerar. Los que desempeñan estos cargos se llaman archiveros, escribanos, conservadores, o se designan con otro nombre semejante.

La magistratura que viene después de ésta y que es la más necesaria y también la más delicada de todas, está encargada de la ejecución de las condenas judiciales, de la prosecución de los procesos y de la guarda de los presos. Lo que la hace sobre todo penosa es la animadversión que lleva consigo. Y así, cuando no promete gran utilidad, no se encuentra quien la quiera servir o, por lo menos, quien quiera desempeñarla con toda la severidad que exigen las leyes. Esta magistratura es, sin embargo, indispensable, porque sería inútil administrar justicia si las sentencias no se cumpliesen, y la sociedad civil sería tan imposible sin la ejecución de los fallos como lo sería sin la justicia que los dicta. Pero es bueno que estas difíciles funciones no recaigan en una magistratura única. Es preciso repartirlas entre los miembros de... los miembros de los diversos tribunales y según la naturaleza de las acciones y de las reclamaciones judiciales. Además, las magistraturas que son extrañas al procedimiento podrán encargarse de la ejecución; y en las causas en que figuran jóvenes, las ejecuciones deberán confiarse con preferencia a los magistrados jóvenes. En cuanto a los procedimientos que afectan a los magistrados públicos, debe procurarse que la magistratura que ejecuta sea distinta de la que ha condenado; que, por ejemplo, los inspectores de la ciudad ejecuten las providencias de los inspectores de los mercados, así como las providencias de los primeros deberán ejecutarse por otros magistrados. La ejecución será tanto más completa cuanto más débil sea la animadversión que excite contra los agentes encargados de la misma. Se duplica el aborrecimiento cuando se pone en unas mismas manos la condenación y la ejecución; y cuando se extiende a todas las cosas las funciones de juez y de ejecutor, dejándolas siempre en unas mismas manos, se provoca la execración general. Muchas veces se distinguen las funciones del carcelero de las del ejecutor, como sucede en Atenas con el tribunal de los Once. Esta separación de funciones es oportuna, y deben discurrirse medios a propósito para hacer menos odioso el destino de carcelero, el cual es tan necesario como todos los demás de que hemos hablado. Los hombres de bien se resisten con todas sus fuerzas a aceptar este cargo, y es peligroso confiarle a hombres corruptos, porque... hombres corruptos, porque se debería más bien guardarlos a ellos que no encomendarles la guarda de los demás. Importa, por tanto, que la magistratura encargada de estas funciones no sea la única ni perpetua. Se encomendarán a jóvenes allí donde la juventud y los guardas de la ciudad estén organizados militarmente; y las diversas magistraturas deberán encargarse sucesivamente de estos penosos cuidados.

Tales son las magistraturas que parecen ser más necesarias en la ciudad.

En seguida vienen otras funciones que no son menos indispensables, pero que son de un orden más superior, porque exigen un mérito reconocido, y sólo la confianza es la que motiva su obtención. De esta clase son las concernientes a la defensa de la ciudad y a todos los asuntos militares. Lo mismo en tiempo de paz que en tiempo de guerra, es preciso velar igualmente por la guarda de las puertas y de las murallas, y por su sostenimiento. También es preciso formar los registros de ciudadanos y distribuirlos entre los diversos cuerpos de ejército. Las magistraturas a que corresponden todas estas atribuciones son más o menos numerosas según las localidades; así en las pequeñas ciudades un solo funcionario puede cuidar de todas estas cosas. Los magistrados que desempeñan estos empleos se llaman generales, ministros de la guerra. Además, si el Estado tiene caballería, infantería pesada, infantería ligera, arqueros, gente de mar, cada grupo de éstos tiene precisamente funcionarios especiales, llamados jefes de la marinería, de la caballería, ... de la caballería, de las falanges; o también, siguiendo la subdivisión de estos primeros cargos, se les llama jefes de galera, jefes de batallón, jefes de tribu, jefes de cualquier otro cuerpo que sea sólo una parte de los primeros. Todas estas funciones son ramas de la administración militar, que encierra todos los matices que acabamos de indicar. Manejando de continuo algunas magistraturas, y podría decirse quizá todas, los fondos públicos, es absolutamente preciso que el que recibe y depura las cuentas de los demás esté totalmente separado de éstos, y no tenga exclusivamente otro cuidado que aquél. Los funcionarios que desempeñan este cargo se llaman ya interventores, ya examinadores, identificadores o agentes del tesoro.

Sobre todas estas magistraturas, y siendo la más poderosa de todas, porque de ella dependen las más de las veces la fijación y la recaudación de los impuestos, está la magistratura que preside la asamblea general en los Estados en que el pueblo es soberano. Para convocar al soberano en asamblea se necesitan funcionarios especiales. Se les llama ya comisarios preparadores, porque preparan las deliberaciones, ya senadores, sobre todo en los Estados en que el pueblo decide en última instancia.

Tales son, poco más o menos, todas las magistraturas políticas.

Falta aún que hablemos de un servicio muy diferente de todos los precedentes, que es el relativo al culto de los dioses, el cual está a cargo de los pontífices e inspectores de las cosas sagradas, que cuidan... sagradas, que cuidan del sostenimiento y reparación de los templos y de otros objetos consagrados a los dioses. Unas veces esta magistratura es única, y esto es lo más común en los Estados pequeños; otras se divide en muchos cargos, completamente distintos del sacerdocio, que están confiados a los ordenadores de las fiestas religiosas, a los inspectores de templos y a los tesoreros de las rentas sagradas. Después viene otra magistratura totalmente distinta, a la cual está confiado el cuidado de todos los sacrificios públicos que la ley no encomienda a los pontífices, y cuya importancia sólo nace de su carácter nacional. Los magistrados de esta clase toman aquí el nombre de arcontes, allá el de reyes, en otra parte el de pritaneos.

En resumen, puede decirse que las magistraturas indispensables al Estado tienen por objeto el culto, la guerra, las contribuciones y gastos públicos, los mercados, la policía de la ciudad, los puertos y los campos, así como también los tribunales, las convenciones entre particulares, los procedimientos judiciales, la ejecución de los juicios, la custodia de los penados, el examen, comprobación y liquidación de las cuentas públicas; y por último, las deliberaciones sobre los negocios generales del Estado.

En las ciudades pacíficas en que, por otra parte, la opulencia general no impide el buen orden, es donde principalmente se establecen magistraturas encargadas de velar por las mujeres y los jóvenes, por el mantenimiento de los gimnasios y por el cumplimiento de las... cumplimiento de las leyes. También pueden citarse los magistrados encargados de la vigilancia en los juegos solemnes, en las fiestas de Baco y en todos los de la misma naturaleza. Algunas de estas magistraturas son evidentemente contrarias a los principios de la democracia; por ejemplo, la vigilancia de las mujeres y de los jóvenes, pues, en la imposibilidad de tener esclavos, los pobres se ven precisados a asociar a sus trabajos a sus mujeres e hijos; y de los tres sistemas de magistraturas, entre las que se distribuyen mediante la elección las funciones supremas del Estado: guardadores de las leyes, comisarios, senadores, el primero es aristocrático; el segundo, oligárquico, y el tercero, democrático.

En esta rápida indagación hemos examinado todas o casi todas las funciones públicas.

Libro octavo

Teoría general de las revoluciones

PROCEDIMIENTOS DE LAS REVOLUCIONES

Todas las partes del asunto de que nos proponemos tratar aquí están, si puede decirse así, casi agotadas. Como continuación de todo lo que precede, vamos a estudiar, de una parte, el número y la naturaleza de las causas que producen las revoluciones en los Estados, los caracteres que revisten según las constituciones y las relaciones que más generalmente tienen los principios que se abandonan con los principios que se adoptan; de otra, indagaremos cuáles son, para los Estados en general y para cada uno en particular, los medios de conservación; y, por último, veremos cuáles son los recursos especiales de cada uno de ellos. Hemos enunciado ya la causa primera a que debe atribuirse la diversidad de todas las constituciones, que es la siguiente: todos los sistemas políticos, por diversos que sean, reconocen ciertos derechos y una igualdad proporcional entre los ciudadanos, pero todos en la práctica se separan de esta doctrina. La demagogia ha nacido casi siempre del empeño de hacer absoluta y general una igualdad que sólo era real y positiva en ciertos conceptos; porque todos son igualmente libres se ha creído que debían serlo de una manera absoluta. La oligarquía ha nacido del empeño de hacer absoluta y general una desigualdad que sólo es real y positiva en ciertos conceptos, porque siendo los hombres desiguales en fortuna han supuesto que deben serlo en todas las demás cosas y sin limitación alguna. Los unos, firmes en esta igualdad, han querido que el poder político con todas sus atribuciones fuera repartido por igual; los otros, apoyados en esta desigualdad, sólo han pensado en aumentar sus privilegios, porque esto equivalía a aumentar la desigualdad. Todos los sistemas, bien que justos en el fondo, son, sin embargo radicalmente falsos en la práctica. Y así los unos como los ogros, tan pronto como no han obtenido, en punto a poder político, todo lo que tan falsamente creen merecer, apelan a la revolución. Ciertamente, el derecho de insurrección a nadie debería pertenecer con más legitimidad que a los ciudadanos de mérito superior, aunque jamás usen de este derecho; realmente, la desigualdad absoluta sólo es racional respecto a ellos. Lo cual no impide que muchos, sólo porque su nacimiento es ilustre, es decir, porque tienen a su favor la virtud y la riqueza de sus antepasados a que deben su nobleza, se crean en virtud de esta sola desigualdad muy por encima de la igualdad común.

Tal es la causa general, y también puede decirse el origen de las revoluciones y de las turbulencias que ellas ocasionan. En los cambios que producen proceden de dos maneras. Unas veces atacan el principio mismo del gobierno, para reemplazar la constitución existente con otra, sustituyendo, por ejemplo, la oligarquía a la democracia, o al contrario; o la república y la aristocracia a una u otra de aquéllas; o las dos primeras a las dos segundas. Otras, la revolución, en vez de dirigirse a la constitución que está en vigor, la conserva tal como la encuentra; y a lo que aspiran los revolucionarios vencedores es a gobernar personalmente, observando la constitución. Las revoluciones de este género son muy frecuentes en los Estados oligárquicos y monárquicos. A veces la revolución fortifica o relaja un principio; y así, si rige la oligarquía, la revolución la aumenta o la restringe; si la democracia, la fortifica o la debilita; y lo mismo sucede en cualquier otro sistema. A veces, por último, la revolución sólo quiere quitar una parte de la constitución, por ejemplo, fundando o suprimiendo una magistratura dada; como cuando, en Lacedemonia, Lisandro quiso, según se asegura, destruir el reinado, y Pausanias, la institución de los éforos. De igual modo, en Epidamno sólo se alteró un punto de la constitución, sustituyendo el senado a los jefes de las tribus. Hoy mismo basta el decreto de un solo magistrado para que todos los miembros del gobierno estén obligados a reunirse en asamblea general; y en esta constitución el arconte único es un resto de oligarquía. La desigualdad es siempre, lo repito, la causa de las revoluciones, cuando no tienen ninguna compensación los que son víctimas de ella. Un reinado perpetuo entre iguales es una desigualdad insoportable; y en general puede decirse que las revoluciones se hacen para conquistar la igualdad. Esta igualdad tan ansiada es doble. Puede entenderse respecto del número y del mérito. Por la del número entiendo la igualdad o identidad en masa, en extensión; por la del mérito entiendo la igualdad proporcional. Y así, en materia de números, tres es más que dos, como dos es más que uno; pero proporcionalmente cuatro es a dos como dos es a uno. Dos, efectivamente, está con cuatro en la misma relación que uno con dos; es la mitad en ambos casos. Puede estarse de acuerdo sobre el fondo mismo del derecho y diferir sobre la proporción en que debe concederse. Ya lo dije antes: los unos, porque son iguales en un punto, se creen iguales de una manera absoluta; los otros, porque son desiguales bajo un solo concepto, quieren ser desiguales en todos sin excepción.

De aquí procede que la mayor parte de los gobiernos son oligárquicos o democráticos. La nobleza y la virtud son el patrimonio de pocos; y las cualidades contrarias, el de la mayoría. En ninguna ciudad pueden citarse cien personas de nacimiento ilustre, de virtud intachable; pero casi en todas partes se encontrarán masas de pobres. Es peligroso pretender constituir la igualdad real o proporcional con todas sus consecuencias; los hechos están ahí para probarlo. Los gobiernos cimentados en esta base jamás son sólidos, porque es imposible que el error que se cometió en un principio no produzca a la larga un resultado funesto. Lo más prudente es combinar la igualdad relativa al número con la igualdad relativa al mérito. Sea lo que fuere, la democracia es más estable y está menos sujeta a trastornos que la oligarquía. En los gobiernos oligárquicos la insurrección puede nacer de dos puntos, según que la minoría oligárquica se insurreccione contra sí misma o contra el pueblo; en las democracias sólo tiene que combatir a la minoría oligárquica. El pueblo no se insurrecciona jamás contra sí propio, o, por lo menos, los movimientos de este género no tienen importancia. La república en que domina la clase media, y que se acerca más a la democracia que a la oligarquía, es también el más estable de todos estos gobiernos.

Capítulo II

Causas diversas de las revoluciones

Puesto que queremos estudiar de dónde nacen las discordias y trastornos políticos, examinemos, ante todo, en general, su origen y sus causas. Todas estas pueden reducirse, por decirlo así, a tres principales, que nosotros indicaremos en pocas palabras y que son: la disposición moral de los que se rebelan, el fin de la insurrección y las circunstancias determinantes que producen la turbación y la discordia entre los ciudadanos. Ya hemos dicho lo que predispone en general los espíritus a una revolución; y esta causa es la principal de todas. Los ciudadanos se sublevan, ya en defensa de la igualdad, cuando considerándose iguales se ven sacrificados por los privilegiados; ya por el deseo de la desigualdad y predominio político, cuando, no obstante la desigualdad en que se suponen, no tienen más derechos que los demás, o sólo los tienen iguales, o acaso menos extensos. Estas pretensiones pueden ser racionales, así como pueden también ser injustas. Por ejemplo, uno que es inferior se subleva para obtener la igualdad; y una vez obtenida la igualdad, se subleva para dominar. Tal es, en general, la disposición del espíritu de los ciudadanos que inician las revoluciones. Su propósito, cuando se insurreccionan, es alcanzar fortuna y honores, o también evitar la oscuridad y la miseria; porque con frecuencia la revolución no ha tenido otro objeto que el librar a algunos ciudadanos o a sus amigos de alguna mancha infamante o del pago de una multa.

En fin, en cuanto a las causas e influencias particulares que determinan la disposición moral y los deseos que hemos indicado, son hasta siete, y, si se quiere, más aún. Por lo pronto, dos son idénticas a las causas antes indicadas, por más que no obren aquí de la misma manera. El ansia de riquezas y de honores, de que acabamos de hablar, puede encender la discordia, aunque no se pretenda adquirir para sí semejantes riquezas ni honores y se haga tan sólo por la indignación que causa ver estas cosas justa o injustamente en manos de otro. A estas dos primeras causas puede unirse el insulto, el miedo, la superioridad, el desprecio, el acrecentamiento desproporcionado de algunas parcialidades de la ciudad. También se puede, desde otro punto de vista, contar como causas de revoluciones las cábalas, la negligencia, las causas imperceptibles y, en fin, la diversidad de origen.

Se ve sin la menor dificultad y con plena evidencia toda la importancia política que pueden tener el impulso y el interés, y cómo estas dos causas producen revoluciones. Cuando los que gobiernan son insolentes y codiciosos, se sublevan las gentes contra ellos y contra la constitución que les proporciona tan injustos privilegios, ya amontonen sus riquezas a costa de los particulares, ya a expensas del público. No es más difícil comprender la influencia que pueden ejercer los honores y cómo pueden ser causa de revueltas. Se hace uno revolucionario cuando se ve privado personalmente de todas aquellas distinciones de que se colma a los demás. Igual injusticia tiene lugar cuando, sin guardar la debida proporción, unos son honrados y otros envilecidos, porque, a decir verdad, sólo hay justicia cuando la repartición del poder está en relación con el mérito particular de cada uno.

La superioridad es igualmente un origen de discordias civiles en el seno del Estado o del gobierno mismo, cuando hay una influencia preponderante, sea de un solo individuo, sea de muchos, porque, ordinariamente, da origen a una monarquía o a una dinastía oligárquica. Y así, en algunos Estados se ha inventado contra estas grandes fortunas políticas el medio del ostracismo, de que se ha hecho uso en Argos y en Atenas. Pero vale más prevenir desde su origen las superioridades de este género que curarlas con semejantes remedios, después de haberlas dejado producirse.

El miedo causa sediciones cuando los culpables se rebelan por temor al castigo, o cuando, previendo un atentado, los ciudadanos se sublevan antes de ser ellos víctimas de él. De esta manera, en Rodas los principales ciudadanos se insurreccionaron contra el pueblo para sustraerse a los fallos que se habían dictado contra ellos.

El desprecio también da origen a sediciones y a empresas revolucionarias; en la oligarquía, cuando la mayoría excluida de todos los cargos públicos reconoce la superioridad de sus propias fuerzas; y en la democracia, cuando los ricos se sublevan a causa del desdén que les inspiran los tumultos populares y la anarquía. En Tebas, después del combate de los enófitos, fue derrocado el gobierno democrático porque su administración era detestable; en Megara la demagogia fue vencida por su misma anarquía y sus desórdenes. Lo mismo sucedió en Siracusa antes de la tiranía de Gelón, y en Rodas antes de la defección.

El aumento desproporcionado de algunas clases de la ciudad causa, igualmente, trastornos políticos. Sucede en esto como en el cuerpo humano, cuyas partes deben desenvolverse proporcionalmente, para que la simetría del conjunto se mantenga firme, porque correría gran riesgo de perecer si el pie aumentase cuatro codos y el resto del cuerpo tan sólo dos palmos. Hasta podría mudar el ser completamente de especie si se desenvolviese sin la debida proporción, no sólo respecto a sus dimensiones sino también a sus elementos constitutivos. El cuerpo político se compone también de diversas partes, algunas de las cuales alcanzan en secreto un desarrollo peligroso; como, por ejemplo, la clase de los pobres en las democracias y en la repúblicas. Sucede a veces que este resultado es producto de circunstancias enteramente eventuales. En Tarento, habiendo perecido la mayoría de los ciudadanos distinguidos en un combate contra los japiges, la demagogia reemplazó a la república, suceso que tuvo lugar poco después de la guerra Médica. Argos, después de la batalla de Eudómada o de los Siete, en la que fue destruido su ejército por Cleomenes el espartano, se vio precisada a conceder el derecho de ciudadanía a los siervos. En Atenas, las clases distinguidas perdieron parte de su poder porque tuvieron que servir en la infantería, después de las pérdidas que experimentó esta arma en las guerras contra Lacedemonia. Las revoluciones de este género son más raras en las democracias que en los demás gobiernos; sin embargo, cuando el número de los ricos crece y las fortunas aumentan, la democracia puede degenerar en oligarquía violenta o templada.

En las repúblicas, la cábala basta para producir, hasta sin movimientos tumultuosos, el cambio de la constitución. En Herea, por ejemplo, se abandonó el procedimiento de la elección por el de la suerte, porque la primera sólo había servido para elevar al poder a intrigantes.

La negligencia también puede causar revoluciones cuando llega hasta tal punto que se deja ir el poder a manos de los enemigos del Estado. En Orea fue derrocada la oligarquía sólo porque Heracleodoro había sido elevado a la categoría de magistrado, lo cual dio origen a que éste sustituyera la república y la democracia al sistema oligárquico.

A veces tiene lugar una revolución como resultado de pequeños cambios; con lo cual quiero decir que las leyes pueden sufrir una alteración capital mediante un hecho que se considera como de poca importancia, y que apenas se percibe. En Ambracia, por ejemplo, el censo, al principio, era muy moderado, y al fin se le abolió por entero, tomando como pretexto el que un censo tan bajo valía tanto o casi tanto como no tener ninguno.

La diversidad de origen puede producir también revoluciones hasta tanto que la mezcla de las razas sea completa; porque el Estado no puede formarse con cualquier gente, como no puede formarse en una circunstancia cualquiera. Las más veces estos cambios políticos han sido consecuencia de haber dado el derecho de ciudadanía a los extranjeros domiciliados desde mucho tiempo atrás o a los recién llegados. Los aqueos se unieron a los trezenos para fundar Síbaris; pero habiéndose hecho éstos más numerosos, arrojaron a los otros, crimen que más tarde los sibaritas debieron expiar.

Y éstos no fueron, por lo demás, mejor tratados por sus compañeros de colonia en Turio, puesto que se les arrojó porque pretendieron apoderarse de la mejor parte del territorio, como si les hubiese pertenecido en propiedad. En Bizancio, los colonos recién llegados se conjuraron secretamente para oprimir a los ciudadanos, pero fueron descubiertos y batidos y se les obligó a retirarse. Los antiseos, después de haber recibido en su seno a los desterrados de Quíos, tuvieron que libertarse de ellos dándoles una batalla. Los zancleos fueron expulsados de su propia ciudad por los samios, que ellos habían acogido. Apolonia del Ponto Euxino tuvo que sufrir las consecuencias de una sedición, por haber concedido a colonos extranjeros el derecho de ciudad. En Siracusa, la discordia civil no paró hasta el combate, porque después de derrocar la tiranía, se habían convertido en ciudadanos los extranjeros y los soldados mercenarios. En Amfípolis, la hospitalidad dada a los colonos de Calcis fue fatal para la mayoría de los ciudadanos, que fueron expulsados de su territorio.

En las oligarquías la multitud es la que se insurrecciona; porque, como ya he dicho, se supone herida por la desigualdad política y se cree con derecho a la igualdad. En las democracias, son las clases altas las que se sublevan, porque no tienen derechos iguales, no obstante su desigualdad.

La posición topográfica basta a veces por sí sola para provocar una revolución: por ejemplo, cuando la misma distribución del suelo impide que la ciudad tenga una verdadera unidad. Y así, ved en Clazomenes la causa de la enemistad entre los habitantes de Chitre y los de la isla; y lo mismo sucede con los colofonios y los nocios. En Atenas hay desemejanza entre las opiniones políticas de las diversas partes de la ciudad; y así los habitantes del Pireo son más demócratas que los de la ciudad. En un combate basta que haya algunos pequeños fosos que salvar u otros obstáculos menores aún, para desordenar las falanges; así en el Estado una demarcación cualquiera basta para producir la discordia. Pero el más poderoso motivo de desacuerdo nace cuando están la virtud de una parte y el vicio de otra; la riqueza y la pobreza vienen después; y, por último, vienen todas las demás causas, más o menos influyentes, y entre ellas la causa puramente física de que acabo de hablar.

CAPÍTULO III

CONTINUACIÓN DE LA TEORÍA PRECEDENTE

El verdadero objeto de las revoluciones es siempre muy importante, por más que el hecho que la ocasione pueda ser fútil; nunca se apela a la revolución, sino por motivos muy serios. Las cosas más pequeñas, cuando afectan a los jefes del Estado, son quizá de la mayor gravedad. Puede verse lo que sucedió hace tiempo en Siracusa. Una cuestión de amor, que arrastró a dos jóvenes a la insurrección, produjo un cambio en la constitución. Uno de ellos emprendió un viaje, y el otro, aprovechando su ausencia, supo ganar el cariño de la joven a quien aquél amaba. Éste, a su vuelta, queriendo vengarse, consiguió seducir a la mujer de su rival, y ambos, comprometiendo en la querella a los miembros del gobierno, dieron lugar a una revolución. Es preciso, por tanto, vigilar desde el origen con el mayor cuidado esta clase de querellas particulares, y apaciguar los ánimos tan pronto como surgen entre las personas principales y más poderosas del Estado. Todo el mal está en el principio, porque como dice aquel sabio proverbio: «Una cosa comenzada, está medio hecha.» En todas las cosas, la más ligera falta, cuando radica en la base, reaparece proporcionalmente en todas las demás partes de la misma. En general, las divisiones que se suscitan entre los principales ciudadanos, se extienden al Estado entero, que concluye bien pronto por tomar parte en ellas. Hestiea nos ofrece un ejemplo de ello poco después de la guerra Médica. Dos hermanos se disputaban la herencia paterna, y el más pobre pretendía que su hermano había ocultado el dinero y el tesoro que había descubierto su padre, y comprometieron en esta querella, el pobre a todo el pueblo, y el rico, que lo era mucho, a todos los ricos de la ciudad. En Delfos, una querella que tuvo lugar con ocasión de un matrimonio causó las turbulencias que duraron tan largo tiempo. Un ciudadano, al ir al lado de la que había de ser su esposa, tuvo un presagio siniestro, y con este motivo se negó a tomarla por mujer. Los parientes, heridos por este desaire, ocultaron en su equipaje algunos objetos sagrados mientras él hacía un sacrificio, y, descubierto que fue, le condenaron a muerte como sacrílego. En Mitilene, la sedición verificada con ocasión de algunas jóvenes herederas fue el origen de todas las desgracias que después ocasionaron y de la guerra contra los atenienses, en la que Paqués se apoderó de Mitilene. Un ciudadano rico, llamado Timófanes, había dejado dos hijas; y Doxandro, que no había podido conseguirlas para sus hijos, inició la sedición, excitando la cólera de los atenienses, de cuyos negocios estaba encargado en aquel punto. En Focea, el matrimonio de una rica heredera fue también lo que produjo la querella entre Mnaseo, padre de Mnesón, y Eutícrates, padre de Onomarco, y como consecuencia la guerra sagrada tan funesta a los focenses. En Epidauro, un asunto matrimonial produjo asimismo un cambio en la constitución. Un ciudadano había prometido su hija a un joven, cuyo padre, siendo magistrado, condenó al padre de la prometida al pago de una multa; y para vengarse éste de lo que consideraba como un insulto, hizo que se sublevaran todas las clases de la ciudad que no tenían derechos políticos.

Para ocasionar una revolución que convierta el gobierno en una oligarquía, en una democracia o en una república, basta que se concedan honores o atribuciones exageradas a cualquier magistratura o a cualquier clase de Estado. La consideración excesiva que obtuvo el Areópago en la época de la guerra Médica pareció dar demasiada fuerza al gobierno. Y en otro sentido, cuando la flota, cuya tripulación estaba compuesta de gente del pueblo, consiguió la victoria de Salamina y conquistó para Atenas, a la vez que la preponderancia marítima, el mando de la Grecia, la democracia no dejó de sacar provecho de esto. En Argos, los principales ciudadanos, orgullosos con el triunfo que alcanzaron en Mantinea contra los lacedemonios, quisieron aprovecharse de esta circunstancia para echar abajo la democracia. En Siracusa, el pueblo, que consiguió por sí solo la victoria sobre los atenienses, sustituyó la democracia a la república. En Calcis, el pueblo se hizo dueño el poder desde el momento en que quitó la vida al tirano Foxos al mismo tiempo que a los nobles. En Ambracia, el pueblo arrojó igualmente al tirano Periandro y a los conjurados que conspiraban contra él, atribuyéndose a sí mismo todo el poder. Es preciso tener en cuenta que, en general, todos los que han adquirido para su patria algún nuevo poder, sean particulares o magistrados, tribus u otra parte de la ciudad, cualquiera que ella sea, son para el Estado un foco perenne de sedición. O se rebelan los demás contra ellos por la envidia que tienen a su gloria; o ellos, enorgullecidos con sus triunfos, intentan destruir la igualdad que ya no quieren.

Es también origen de revoluciones la misma igualdad de fuerzas entre las partes del Estado, que parecen entre sí enemigas; por ejemplo, entre los ricos y los pobres, cuando no hay entre ellos una clase media, o es poco numerosa la que hay. Pero tan pronto como una de las dos partes adquiere una superioridad incontestable y perfectamente evidente, la otra se libra muy bien de arrostrar inútilmente el peligro de una lucha. Por esto, los ciudadanos que se distinguen por su mérito nunca provocan, por decirlo así, las sediciones, porque están siempre en una excesiva minoría relativamente a la generalidad.

Tales son, sobre poco más o menos, todas las causas y todas las circunstancias de los desórdenes y de las revoluciones en los diversos sistemas de gobierno.

Las revoluciones proceden empleando ya la violencia, ya la astucia. La violencia puede obrar desde luego y de improviso, o bien la opresión puede venir paulatinamente; y la astucia puede obrar también de dos maneras, pues primero, valiéndose de falsas promesas, obliga al pueblo a consentir en la revolución, y no recurre sino más tarde a la fuerza para sostenerla contra su resistencia. En Atenas, los Cuatrocientos engañaron al pueblo, persuadiéndole de que el Gran Rey suministraría al Estado medios para continuar la guerra contra Esparta, y como les saliera bien este fraude, procuraron retener el poder en sus manos. En segundo lugar, la simple persuasión basta a veces para que la astucia conserve el poder con el consentimiento de los que obedecen, así como fue bastante para que lo adquiriesen.

Podemos decir que, en general, las causas que hemos indicado producen revoluciones en los gobiernos de todos los géneros.

Capítulo IV

DE LAS CAUSAS DE LAS REVOLUCIONES EN LAS DEMOCRACIAS

Veamos ahora a qué especies de gobiernos se aplica especialmente cada una de estas causas, teniendo en cuenta la división que acabamos de hacer.

En la democracia las revoluciones nacen principalmente del carácter turbulento de los demagogos. Con relación a los particulares, los demagogos con sus perpetuas denuncias obligan a los mismos ricos a reunirse para conspirar, porque el común peligro aproxima a los que son más enemigos; y cuando se trata de asuntos públicos, procuran arrastrar a la multitud a la sublevación. Fácil es convencerse de que esto ha tenido lugar mil veces.

En Cos, los excesos de los demagogos produjeron la caída de la democracia, poniendo a los principales ciudadanos en la necesidad de coligarse contra ella. En Rodas, los demagogos, que administraban los fondos destinados al pago de los sueldos, impidieron satisfacer el préstamo que se debía a los comandantes de las galeras, los cuales, para evitar las vejaciones de los tribunales, no tuvieron otro recurso que conspirar y derrocar al gobierno popular. En Heraclea, poco tiempo después de la colonización, los demagogos también ocasionaron la destrucción de la democracia. Con sus injusticias precisaron a los ciudadanos ricos a abandonar la ciudad; pero se reunieron todos los expatriados, volvieron a la ciudad y arrancaron al pueblo todo su poder. En Megara desapareció poco más o menos la democracia de la misma manera. Los demagogos, para multiplicar las confiscaciones, condenaron a destierro a muchos de los principales ciudadanos, con lo cual en poco tiempo llegó a ser crecido el número de los desterrados; pero éstos volvieron de nuevo a la ciudad, y, después de derrotar al pueblo en batalla campal, establecieron un gobierno oligárquico. La misma fue en Cumas la suerte de la democracia, que destruyó Trasímaco. Estos hechos y otros muchos demuestran que el camino que habitualmente siguen las revoluciones en la democracia es el siguiente: o los demagogos, queriendo congraciarse con la multitud, llegan a irritar a las clases superiores del Estado a causa de las injusticias que con ellas cometen, pidiendo el repartimiento de tierras y haciéndoles que corran a su cargo todos los gastos públicos, o se contentan con calumniarlos, para obtener la confiscación de las grandes fortunas. Antiguamente, cuando un mismo personaje era demagogo y general, el gobierno degeneraba fácilmente en tiranía, y casi todos los antiguos tiranos comenzaron por ser demagogos. Estas usurpaciones eran en aquel tiempo mucho más frecuentes que lo son hoy, por una razón muy sencilla: en aquella época, para ser demagogo, era indispensable proceder de las filas del ejército, porque entonces no se sabía todavía utilizar hábilmente la palabra. En la actualidad, gracias a los progresos de la retórica, basta saber hablar bien para llegar a ser jefe del pueblo; pero los oradores no se convierten nunca o raras veces en usurpadores, a causa de su ignorancia militar.

Lo que hacía también que fueran las tiranías en aquel tiempo más frecuentes que en el nuestro, era que se concentraban poderes enormes en una sola magistratura, como sucedía con el pritaneo de Mileto, donde el magistrado que estaba revestido de tal autoridad reunía numerosas y poderosas atribuciones. También debe añadirse que en aquella época los Estados eran muy pequeños. Ocupado el pueblo en las labores del campo, que le proporcionaban la subsistencia, dejaba que los jefes nombrados por él alcanzaran la tiranía a poco que fueran hábiles militares. Para realizar su propósito, les bastaba ganarse la confianza del pueblo; y para ganarla, les bastaba declararse enemigos de los ricos. Véase lo que hizo Pisístrato en Atenas cuando excitó a la rebelión contra los habitantes de la llanura; véase lo que hizo Teágenes en Megara, después que hubo degollado los rebaños de los ricos, que sorprendió a orillas del río. Acusando a Dafneo y a los ricos, Dionisio consiguió que se decretara a su favor la tiranía. El odio que profesó a los ciudadanos opulentos le sirvió para ganar la confianza del pueblo, que le consideraba como su amigo más sincero.

A veces una forma más nueva de democracia sustituye a la antigua. Cuando los empleos son de elección popular y no es necesario para obtenerlos condición alguna de riqueza, los que aspiran al poder se hacen demagogos, y todo su empeño se cifra en hacer al pueblo soberano absoluto, hasta por cima de las leyes. Para prevenir este mal, o por lo menos hacerle menos frecuente, deberá procurarse que el nombramiento de los magistrados se haga separadamente por tribus, en vez de reunir al pueblo en asamblea general.

Tales son, sobre poco más o menos, las causas que producen las revoluciones en los Estados democráticos.

Capítulo V

De las causas de las revoluciones en las oligarquías

En la oligarquías, las causas más ostensibles de trastorno son dos: una es la opresión de las clases inferiores, que aceptan entonces al primer defensor, cualquiera que él sea, que se presente en su auxilio; la otra, más frecuente, tiene lugar cuando el jefe del movimiento sale de las filas mismas de la oligarquía. Esto sucedió en Naxos con Lígdamis, que supo convertirse bien pronto en tirano de sus conciudadanos.

En cuanto a las causas exteriores que derrocan la oligarquía, pueden ser muy diversas. A veces los oligarcas mismos, aunque no los que ocupan el poder, producen el cambio, cuando la dirección de los negocios está concentrada en pocas manos, como en Marsella, en Istros, en Heraclea y en otros muchos Estados. Los que estaban excluidos del gobierno se agitaban hasta conseguir el goce simultáneo del poder, primero, para el padre y el primogénito de los hermanos y, después, hasta para los hermanos más jóvenes. En algunos Estados la ley prohíbe al padre y a los hijos ser al mismo tiempo magistrados; en otros se prohíbe también serlo a dos hermanos, uno más joven y otro de más edad. En Marsella la oligarquía se hizo más republicana; en Istros, concluyó por convertirse en democracia; en Heraclea, el cuerpo de los oligarcas se extendió hasta tal punto, que se componía de seiscientos miembros. En Cnido la revolución nació de una sedición provocada por los mismos ricos en su propio seno, porque el poder no salía de algunos ciudadanos, y porque el padre, como acabo de decir, no podía ser juez al mismo tiempo que su hijo, y de los hermanos sólo el mayor podía ocupar los puestos públicos. El pueblo, aprovechándose de la discordia de los ricos y escogiendo un jefe entre ellos, supo apoderarse bien pronto del poder, quedando victorioso, porque la discordia hace siempre débil al partido en que se introduce. En Eritrea, bajo la antigua oligarquía de los Basílides, a pesar de la exquisita solicitud de los jefes del gobierno, cuya falta única consistía en ser pocos, el pueblo, indignado con la servidumbre, echó abajo la oligarquía.

Entre las causas de revolución que las oligarquías abrigan en su seno debe contarse el carácter turbulento de los oligarcas, que se hacen demagogos, porque la oligarquía tiene también sus demagogos, que pueden serlo de dos maneras. En primer lugar, el demagogo puede encontrarse entre los oligarcas mismos, por poco numerosos que sean; y así, en Atenas, Caricles fue un verdadero demagogo entre los Treinta, y Frínico hizo el mismo papel entre los Cuatrocientos. O también pueden los miembros de la oligarquía hacerse jefes de las clases inferiores, como en Larisa, donde los guardadores de la ciudad se hicieron los aduladores del pueblo, que tenía el derecho de nombrarles. Esta es la suerte de todas las oligarquías en que los individuos del gobierno no tienen el poder exclusivo de nombrar para todos los cargos públicos, y donde estos cargos, sin dejar de ser privilegio de las grandes fortunas y de algunas clases, están, sin embargo, sometidos a la elección de los guerreros o del pueblo. Puede servir de ejemplo la revolución de Abidós. También es este el peligro que amenaza a las oligarquías cuando los mismos miembros del gobierno no constituyen los tribunales, porque entonces la importancia de las providencias judiciales da lugar a que se halague al pueblo y a que se eche por tierra la constitución, como en Heraclea del Ponto. En fin, esto sucede también cuando la oligarquía intenta concentrarse demasiado, porque los oligarcas, que reclaman para sí la igualdad, no tienen más remedio que llamar al pueblo en su auxilio.

Otra causa de revolución en las oligarquías puede nacer de la mala conducta de los oligarcas, que han dilapidado su propia fortuna en medio de sus excesos. Una vez arruinados, sólo piensan en la revolución, y entonces, o se apoderan por sí mismos de la tiranía, o la preparan para otros, como Hiparino la preparó para Dionisio en Siracusa. En Amfípolis, el falso Cleotino supo introducir en la ciudad colonos de Calcis, y una vez establecidos en ella, los lanzó contra los ricos. En Egina, el deseo de reparar las pérdidas de fortuna del individuo que dirigió la conspiración contra Cares, fue la causa de haber querido cambiar la forma de gobierno. A veces, en lugar de derrocar la constitución, los oligarcas arruinados roban el tesoro público, y entonces, o la discordia se introduce en sus filas, o la revolución sale de las de los ciudadanos, que repelen a los ladrones por la fuerza. De esta clase fue la revolución de Apolonia del Ponto.

Cuando hay unión en la oligarquía, corre ésta poco riesgo de destruirse a sí propia, y la prueba la tenemos en el gobierno de Farsalia. Los miembros de aquella oligarquía, aunque en excesiva minoría, saben, gracias a su sabia moderación, mandar sobre grandes masas.

Pero la oligarquía está perdida cuando dentro de su seno nace otra oligarquía. Esto tiene lugar cuando, estando el gobierno todo compuesto sólo de una débil minoría, los miembros de ésta no tienen todos parte en las magistraturas soberanas, de lo cual es testimonio la revolución de Elis, cuya constitución, muy oligárquica, no permitía la entrada en el senado más que a un escasísimo número de oligarcas, porque noventa de estos puestos eran vitalicios, y las elecciones, limitadas y entregadas a las familias poderosas, no eran mejores que en Lacedemonia.

La revolución lo mismo tiene lugar en las oligarquías en tiempo de guerra que en tiempo de paz. Durante la guerra, el gobierno se arruina a causa de su desconfianza respecto del pueblo del cual se ve precisado a valerse para rechazar al enemigo. Entonces, o el jefe único, en cuyas manos se pone el poder militar, se apodera de la tiranía, como Timófanes en Corinto; o si los jefes del ejército son muchos, crean para sí una oligarquía por medio de la violencia. A veces, por temor a estos dos escollos, las oligarquías han concedido derechos políticos al pueblo, cuyas fuerzas estaban precisadas a emplear.

En tiempo de paz, los oligarcas, a consecuencia de la desconfianza que recíprocamente se inspiran, encomiendan la guarda de la ciudad a soldados que ponen a las órdenes de un jefe que no pertenece a ningún partido político, pero que con frecuencia sabe hacerse dueño de todos. Esto es lo que en Larisa hizo Simo, bajo el reinado de los Aleuadas, que le habían encomendado el mando; y lo que sucedió en Abidós, bajo el reinado de las asociaciones, una de las cuales era la de Ifíades.

Muchas veces la sedición reconoce como causa las violencias que los mismos oligarcas ejercen unos sobre otros. Los enlaces y los procesos les dan ocasión bastante para trastornar el Estado. Ya hemos citado algunos hechos del primer género. En Eretria, Diágoras acabó con la oligarquía de los caballeros, por creerse desairado con motivo de sus legítimas pretensiones de matrimonio. La providencia de un tribunal causó la revolución de Heraclea; y una causa de adulterio, la de Tebas. El castigo era merecido, pero el medio fue sedicioso, lo mismo el seguido en Heraclea contra Euetion, que el empleado en Tebas contra Arquias. El encarnizamiento de los enemigos fue tan violento, que ambos fueron expuestos al público en la picota.

Muchas oligarquías se han perdido a causa del exceso de su propio despotismo, y han sido derrocadas por miembros del gobierno mismo, quejosos por haber sido objeto de alguna injusticia. Esta es la historia de las oligarquías de Cnido y de Quíos. A veces un hecho puramente accidental produce una revolución en la república y en las oligarquías. En estos sistemas se exigen condiciones de riqueza para entrar en el senado y formar parte de los tribunales y para el ejercicio de las demás funciones. Ahora bien, el primer censo se ha fijado con frecuencia atendiendo a la situación del momento, de lo cual ha resultado que correspondía el poder sólo a algunos ciudadanos en la oligarquía, y a las clases medias en la república. Pero cuando el bienestar se hace más general, como resultado de la paz o de cualquiera otra circunstancia favorable, entonces las propiedades, si bien son las mismas, aumentan mucho en valor, y pasan con exceso la renta legal o el censo, de tal manera que todos los ciudadanos concluyen por poder aspirar a todos los destinos. Esta revolución se verifica, ya por grados y poco a poco, sin apercibirse de ello, ya más rápidamente.

Tales son las causas de las revoluciones y de las sediciones en las oligarquías, debiendo añadirse que en general las oligarquías y las democracias pasan a los sistemas políticos de la misma especie con más frecuencia que no a los sistemas opuestos. Y así, las democracias y las oligarquías legales se hacen oligarquías y democracias violentas, y viceversa.

Capítulo VI

De las causas de las revoluciones en las aristocracias

En las aristocracias la revolución puede proceder, en primer lugar, de que las funciones públicas son patrimonio de una minoría demasiado reducida. Ya hemos visto que esto mismo era un motivo de trastorno en las oligarquías; porque la aristocracia es una especie de oligarquía; pues en una como en otra el poder pertenece a las minorías, si bien éstas tienen en uno y otro caso caracteres diferentes. Por esta razón, a veces se considera la aristocracia como una oligarquía. El género de revolución de que hablamos se produce necesariamente sobre todo en tres casos. El primero, cuando está excluida del gobierno una masa de ciudadanos, los cuales, en su altivez, se consideran iguales en mérito a todos los que le rodean; como, por ejemplo, los que en Esparta se llamaban partenios, y cuyos padres no valían menos que los demás espartanos. Como se descubriera una conspiración entre ellos, el gobierno les envió a fundar una colonia en Tarento. En segundo lugar, ocurre la revolución cuando hombres eminentes y que a nadie ceden en mérito se ven ultrajados por gentes colocadas por cima de ellos: esto sucedió con Lisandro, a quien ofendieron los reyes de Lacedemonia. Por último, cuando se excluye de todos los cargos a un hombre de corazón como Cinadón, que intentó tan atrevida empresa contra los espartanos bajo el reinado de Agesilao.

La revolución, en las aristocracias, nace igualmente de la miseria extrema de los unos y de la opulencia excesiva de los otros; y estas son consecuencias bastante frecuentes de la guerra. Tal fue la situación de Esparta durante las guerras de Mesenia, como lo atestigua el poema de Tirteo, llamado la Eunomía; algunos ciudadanos, arruinados por la guerra, habían pedido el repartimiento de tierras. En ocasiones la revolución tiene lugar en la aristocracia porque hay algún ciudadano que es poderoso, y que pretende hacerse más con el fin de apoderarse del gobierno para sí solo. Es lo que se dice que intentaron, en Esparta, Pausanias, general en jefe de la Grecia durante la guerra Médica, y Hannon en Cartago.

Lo más funesto para las repúblicas y las aristocracias es la infracción del derecho político, consagrado en la misma constitución. Lo que causa la revolución entonces es que, en la república, el elemento democrático y el oligárquico no se encuentran en la debida proporción; y, en la aristocracia, estos dos elementos y el mérito están mal combinados. Pero la desunión se muestra sobre todo entre los dos primeros elementos, quiero decir, la democracia y la oligarquía, que intentan reunir las repúblicas y la mayor parte de las aristocracias. La fusión absoluta de estos tres elementos es precisamente lo que hace a las aristocracias diferentes de las llamadas repúblicas, y que les da más o menos estabilidad; porque se incluyen entre las aristocracias todos los gobiernos que se inclinan a la oligarquía, y entre las repúblicas todos los que se inclinan a la democracia. Las formas democráticas son las más sólidas de todas, porque en ellas es la mayoría la que domina, y esta igualdad de que se goza hace cobrar cariño a la constitución que la da. Los ricos, por el contrario, cuando la constitución les garantiza la superioridad política, sólo quieren satisfacer su orgullo y su ambición. Por lo demás, de cualquier lado que se incline el principio del gobierno, degeneran siempre la república en demagogia y la aristocracia en oligarquía, merced a la influencia de los dos partidos contrarios, que sólo piensan en el acrecentamiento de su poder. O también sucede todo lo contrario, y la aristocracia degenera en demagogia cuando los más pobres, víctimas de la opresión, hacen que predomine el principio opuesto; y la república en oligarquía, porque la única constitución estable es la que concede la igualdad en proporción del mérito y sabe garantizar los derechos de todos los ciudadanos.

El cambio político de que acabo de hablar se verificó en Turio; en primer lugar, porque, teniendo en cuenta que las condiciones de riqueza exigidas para obtener los cargos públicos eran demasiado elevadas, fueron disminuidas éstas y aumentado el número de las magistraturas; y en el segundo, porque los principales ciudadanos, a pesar del deseo del legislador, habían acaparado todos los bienes raíces, porque la constitución, que era completamente oligárquica, les permitía enriquecerse cuanto quisieran. Pero el pueblo, aguerrido en los combates, se hizo bien pronto más fuerte que los soldados que le oprimían y redujo las propiedades de todos los que las tenían excesivas.

Esta mezcla de oligarquía, que encierran todas las aristocracias, es precisamente lo que facilita a los ciudadanos el hacer fortunas inmensas. En Lacedemonia todos los bienes raíces están acumulados en unas cuantas manos, y los ciudadanos poderosos pueden conducirse allí absolutamente como quieran y contraer vínculos de familia según convenga a su interés personal. Lo que perdió a la república de Locres fue el haber permitido que Dionisio se casara allí. Semejante catástrofe nunca hubiera tenido lugar en una democracia, ni en una aristocracia prudente y templada.

Las más veces las revoluciones se realizan en las aristocracias sin que nadie se aperciba de ello y mediante una destrucción lenta e insensible. Recuérdese que, al tratar del principio general de las revoluciones, dijimos que era preciso contar entre las causas que las producen, las desviaciones, hasta las más ligeras, de los principios. Se comienza por despreciar un punto de la constitución, que al parecer no tiene importancia; después se llega con menos dificultad a mudar otro, que es un poco más grave; hasta que por último se llega a mudar su mismo principio y por entero. Citaré de nuevo el ejemplo de Turio. Una ley limitaba a cinco años las funciones de general; algunos jóvenes belicosos, que gozaban de un gran influjo entre los soldados y que, mirando con desprecio a los gobernantes, creían poder suplantarlos fácilmente, intentaban ante todo reformar esta ley y obtener del sufragio del pueblo, demasiado dispuesto a dárselo, que declarara la perpetuidad de los empleos militares. Al principio, los magistrados, a quienes tocaba de cerca la cuestión, y que se llamaban cosenadores, quisieron resistirlo; mas, imaginando que esta concesión garantizaría la estabilidad de las demás leyes, cedieron, como todos; y cuando más tarde quisieron impedir nuevos cambios, fueron impotentes, y la república se convirtió bien pronto en una oligarquía violenta en manos de los que habían intentado la primera innovación.

Puede decirse en general de todos los gobiernos que sucumben, ya por causas internas de destrucción, ya por causas exteriores; como, por ejemplo, cuando tienen a sus puertas un Estado constituido conforme a un principio opuesto al suyo, o bien cuando este enemigo, por distante que esté, es muy poderoso. Véase la lucha entre Esparta y Atenas; los atenienses destruían por todas partes las oligarquías, mientras que hacían lo mismo los lacedemonios con todas las constituciones democráticas.

Tales son, sobre poco más o menos, las causas de los trastornos y de las revoluciones en las diversas especies de gobiernos republicanos.

Medios generales de conservación y de prosperidad en los Estados democráticos, oligárquicos y aristocráticos

Veamos ahora cuáles son, para los Estados en general y para cada uno de ellos en particular, los medios de conservación. Es cosa evidente que si conocemos las causas que arruinan los Estados, debemos conocer igualmente las causas que los conservan. Lo contrario produce siempre lo contrario, y la destrucción es lo opuesto a la conservación.

En todos los Estados bien constituidos, lo primero de que debe cuidarse es de no derogar ni en lo más mínimo la ley, y evitar con el más escrupuloso esmero el atentar contra ella ni en poco ni en mucho. La ilegalidad mina sordamente al Estado, al modo que los pequeños gastos muchas veces repetidos concluyen por minar las fortunas. No se hace alto en las pérdidas que se experimentan, porque no se hacen los gastos en grande; escapan a la observación y engañan al pensamiento, como lo hace esta paradoja de los sofistas: «si cada parte es pequeña, el todo debe ser también pequeño», idea que es a la vez en parte verdadera y en parte falsa, porque el conjunto, el todo mismo, no es pequeño; pero se compone de partes que son pequeñas. En este caso es preciso prevenir el mal desde el origen. En segundo lugar, es necesario no fiarse de estos ardides y sofismas que se urden contra el pueblo; pues ahí están los hechos para condenarlos altamente. Ya hemos dicho antes lo que entendíamos por sofismas políticos, por estos manejos que pasan por ingeniosos. Pero es preciso convencerse de que muchas aristocracias y también muchas oligarquías deben su duración, no tanto a la bondad de la constitución, como a la prudente conducta que observan los gobernantes, así con los simples ciudadanos como con sus colegas, los cuales procuran cuidadosamente evitar toda injusticia respecto a los que están excluidos de los empleos, pero sin dejar nunca de contar con los jefes para la dirección de los negocios; se guardan de herir las preocupaciones relativas a la consideración social de los ciudadanos que aspiren a obtenerla, y de lastimar a las masas en sus intereses materiales; y sobre todo conservan en las relaciones que mantienen entre sí y con los que toman parte en la administración formas completamente democráticas; porque, entre iguales, este principio de igualdad, que los demócratas creen encontrar en la soberanía del mayor número, es no sólo justo, sino también útil. Así pues, si los miembros de la oligarquía son numerosos, será bueno que muchas de las instituciones que la constituyen sean puramente populares; que, por ejemplo, las magistraturas sólo duren seis meses, para que todos los oligarcas, que son iguales entre sí, puedan desempeñarlas por turno. Por lo mismo que son iguales, forman una especie de pueblo; y esto es tan cierto, que, como ya he dicho, pueden salir de su propio seno los demagogos. Esta breve duración de las funciones es además un medio de prevenir en las aristocracias y en las oligarquías la dominación de las minorías violentas. Cuando se desempeñan por poco tiempo las funciones públicas, no es tan fácil causar el mal como cuando se permanece en ellas mucho tiempo. La duración demasiado prolongada del poder es únicamente la que causa la tiranía en los Estados oligárquicos y democráticos. O son ciudadanos poderosos los que aspiran a la tiranía, aquí los demagogos, allí los miembros de la minoría hereditaria; o son magistrados investidos de un gran poder después de haberlo disfrutado por mucho tiempo.

Los Estados se conservan no sólo porque las causas de destrucción están distantes, sino también a veces porque son inminentes; pues entonces el miedo obliga a ocuparse con doble solicitud del despacho de los negocios públicos. Así, los magistrados que se interesan por el sostenimiento de la constitución deben a veces, suponiendo próximos peligros que son lejanos, producir pánicos de este género, para que los ciudadanos velen y estén alerta por la noche, y no descuiden la vigilancia de la ciudad. Además es preciso prevenir siempre las luchas y disensiones de los ciudadanos poderosos por medios legales, y estar a la mira de los que son extraños a las mismas, antes que tomen parte en ellas personalmente. Pero el reconocer de este modo los síntomas del mal no es propio de espíritus vulgares; tal perspicacia sólo es propia del hombre de Estado.

Para impedir en la oligarquía y en la república las revoluciones que la cuantía del censo puede producir, cuando permanece fija en medio del aumento general del numerario, conviene revisar las cuotas comparándolas con las del pasado todos los años en los Estados en que el censo es anual, y cada tres o cinco en los grandes Estados. Si las rentas se han aumentado o disminuido comparativamente a las que han servido primero de base a la concesión de derechos políticos, es preciso poder en virtud de una ley elevar o rebajar el censo: elevarlo proporcionadamente al nivel que tenga la riqueza pública, si ésta ha aumentado; y reducirlo de igual modo, si ha disminuido. Si no se toma esta precaución en los Estados oligárquicos y republicanos, bien pronto se establecerá aquí la oligarquía, allí el gobierno hereditario y violento de una minoría; o la demagogia sucederá a la república, y la república o la demagogia a la oligarquía.

Un punto igualmente importante en la democracia y en la oligarquía, en una palabra, en todo gobierno, es cuidar de que no surja en el Estado alguna superioridad desproporcionada; así como dar a los cargos públicos poca importancia y mucha duración más bien que conferirles de golpe una autoridad muy extensa; porque el poder es corruptor, y no todos los hombres son capaces de mantenerse puros en medio de la prosperidad. Si no ha podido organizarse el poder sobre estas bases, debe por lo menos guardarse bien de retirarle toda la autoridad de una vez y tan imprudentemente como se le había dado; es preciso, por el contrario, ir restringiéndolo poco a poco. Pero es sobre todo por medio de las leyes como conviene evitar la formación de estas superioridades temibles, que se apoyan ya en la gran riqueza, ya en las fuerzas de un partido numeroso. Cuando no se ha podido impedir su formación, es preciso trabajar para que vayan a probar sus fuerzas al extranjero. Por otra parte, como las innovaciones pueden introducirse, en primer término, en las costumbres de los particulares, debe crearse una magistratura encargada de vigilar a todos aquellos cuya vida no guarde conformidad con la constitución: en la democracia, con el principio democrático; en la oligarquía, con el oligárquico. Esta institución es aplicable a todos los demás gobiernos. Por la misma razón es preciso no perder de vista el acrecentamiento de prosperidad y de fortuna que pueden adquirir las diversas clases de la sociedad; mal que se puede prevenir poniendo el poder y la gestión de los negocios en manos de los elementos opuestos del Estado, y al hablar de elementos opuestos me refiero de un lado a los hombres distinguidos y al vulgo, y de otro a los pobres y a los ricos. Debe procurarse: o confundir en una unión perfecta a pobres y a ricos, o aumentar la clase media, que sólo así se impiden las revoluciones que nacen de la desigualdad.

Veamos otro punto capital en todo Estado. Es preciso que, valiéndose de la legislación o empleando cualquier otro medio poderoso, se impida que los cargos públicos enriquezcan a los que los ocupan. En las oligarquías, sobre todo, esta medida es de la más alta importancia. A la masa de los ciudadanos no irrita tanto el verse excluida de los empleos, exclusión que quizá está compensada con la ventaja de poderse dedicar a sus propios negocios, como le indigna el pensar que los magistrados puedan robar los caudales públicos, porque entonces tienen un doble motivo de queja, puesto que se ven privados a la vez del poder y de las utilidades que él proporciona. Una administración pura, si es posible establecerla, es el único medio para hacer que coexistan en el Estado la democracia y la aristocracia, es decir, para poner en acuerdo las respectivas pretensiones de los ciudadanos distinguidos y de la multitud. En efecto, el principio popular es la facultad de poder obtener los empleos concedida a todos: el principio aristocrático consiste en confiarlos sólo a los ciudadanos eminentes. Esta combinación podrá ser realizada si los empleos no pueden ser lucrativos. Entonces los pobres, como nada podrían ganar, no querrán el poder, y se ocuparán con preferencia de sus intereses personales; los ricos podrán aceptar el poder, porque ninguna necesidad tienen de aumentar con la riqueza pública la propia. De esta manera, además, los pobres se enriquecerán dedicándose a sus propios negocios, y las clases altas no se verán obligadas a obedecer a gente sin fundamento.

Por lo demás, para evitar la dilapidación de las rentas públicas, que se obligue a cada cual a rendir cuentas en presencia de todos los ciudadanos reunidos, y que se fijen copias de aquéllas en las fratrias, en los cantones y en las tribus; y para que los magistrados sean íntegros, que la ley procure recompensar con honores a los que se distingan como buenos administradores.

En las democracias es preciso impedir, no sólo el repartimiento de los bienes de los ricos, sino hasta que se haga esto con los productos de aquéllos; lo cual se hace en algunos Estados por medios indirectos. También es conveniente no conceder a los ricos, aun cuando lo pidan, el derecho de subvenir a aquellos gastos públicos que son muy costosos, pero que no tienen ninguna utilidad real, tales como las representaciones teatrales, las fiestas de las antorchas y otros gastos del mismo género. En las oligarquías, por el contrario, debe ser muy eficaz la solicitud del gobierno por los pobres, a los cuales es preciso conceder aquellos empleos que son retribuidos. También debe castigarse toda ofensa hecha por los ricos a los pobres con más severidad que las que se hagan los ricos entre sí. El sistema oligárquico tiene también gran interés en que las herencias se adquieran sólo por derecho de nacimiento y no a título de donación, y que no puedan nunca acumularse muchas. Por este medio, en efecto, las fortunas tienden a nivelarse y son más los pobres que llegan a adquirir medios de vivir.

Es igualmente ventajoso en la oligarquía y en la democracia el reconocer un derecho igual, y hasta superior, a todos aquellos empleos que no son de suma importancia en el Estado, a los ciudadanos que sólo tienen una pequeña parte en el poder político; en la democracia, a los ricos; en la oligarquía, a los pobres. En cuanto a las funciones elevadas, deben ser todas, o, por lo menos, la mayor parte, puestas exclusivamente en manos de los ciudadanos que tienen derechos políticos. El ejercicio de las funciones supremas exige en los que las obtienen tres cualidades: amor sincero a la constitución, gran capacidad para los negocios y una virtud y una justicia de un carácter análogo al principio especial sobre que cada gobierno se funda, porque, variando el derecho según las diversas constituciones, es de toda necesidad que la justicia se modifique en la misma forma. Pero aquí ocurre una cuestión. ¿Cómo se ha de elegir y escoger cuando no se encuentran todas las cualidades requeridas reunidas en el mismo individuo? Por ejemplo, si un ciudadano dotado de gran talento militar no es probo y es poco afecto a la constitución, y otro es muy hombre de bien y partidario sincero de la constitución, pero sin capacidad militar, ¿cuál de los dos se escogerá? En este caso, es preciso fijarse bien en dos cosas: cuál es la cualidad vulgar y cuál es la cualidad rara. Y así, para nombrar un general es preciso mirar a la experiencia más bien que a la probidad, porque la probidad se encuentra mucho más fácilmente que el talento militar. Para elegir el guardador del tesoro público es preciso seguir otro camino. Las funciones del tesorero exigen mucha más probidad que la que se halla en la mayor parte de los hombres, mientras que el grado de inteligencia necesario para su desempeño es muy común. Pero podrá decirse: si un ciudadano es a la vez capaz y adicto a la constitución, ¿para qué exigirle, además, la virtud? ¿Las dos cualidades que posee no le bastarán para cumplir bien? No, sin duda, porque al lado de estas dos cualidades eminentes puede tener pasiones desenfrenadas. Si los hombres, hasta cuando se trata de sus propios intereses, que estiman y conocen, no se sirven muy bien a sí propios, ¿quién responde de que, cuando se trata de intereses públicos, no harán lo mismo?

En general, conforme a nuestras teorías, todo lo que contribuye mediante la ley al sostenimiento del principio mismo de la constitución es esencial a la conservación del Estado. Pero lo que más importa, como repetidas veces hemos dicho, es hacer que sea más fuerte la parte de los ciudadanos que apoya al gobierno que el partido de los que quieren su caída. Es preciso, sobre todo, guardarse mucho de despreciar lo que en la actualidad todos los gobiernos corruptos desprecian, que es la moderación y la mesura en todas las cosas. Muchas instituciones que en apariencia son democráticas son precisamente las que arruinan la democracia; y muchas instituciones que parecen oligárquicas destruyen la oligarquía. Cuando se cree haber encontrado el principio único verdadero en política, se le lleva ciegamente hasta el exceso, en lo cual se comete un grosero error. En el rostro humano, la nariz, aunque se separe de la línea recta, que es la forma más bella, y se aproxime un tanto a la aguileña o a la roma, puede, sin embargo, tener un aspecto bastante bello y agradable; pero si se lleva al exceso esta desviación, por lo pronto se quitaría a esta facción las proporciones que debe tener y perdería, al cabo, toda apariencia de nariz, a causa de sus propias dimensiones, que serían monstruosas, y de las dimensiones excesivamente pequeñas de las facciones que la rodean; observación que lo mismo podría aplicarse a cualquier otra parte de la cara. Lo mismo sucede absolutamente con toda clase de gobiernos. La democracia y la oligarquía, al alejarse de la constitución perfecta, pueden constituirse de manera que puedan sostenerse; pero si se exagera el principio de la una o de la otra, al pronto se convertirán en malos gobiernos y concluirán por no ser siquiera gobiernos. Es preciso que el legislador y el hombre de Estado sepan distinguir, entre las medidas democráticas u oligárquicas, las que conservan y las que destruyen la democracia o la oligarquía. Ninguno de estos dos gobiernos puede existir ni subsistir sin encerrar en su seno ricos y pobres. Pero cuando llega a establecerse la igualdad en las fortunas, la constitución tiene que cambiar; y al querer destruir las leyes hechas teniendo en cuenta ciertas superioridades políticas, se destruye con ellas la constitución misma. Las democracias y las oligarquías cometen en esto una falta igualmente grave. En las democracias, en que la multitud puede hacer soberanamente las leyes, los demagogos, con sus continuos ataques contra los ricos, dividen siempre la ciudad en dos campos, mientras que deberían en sus arengas sólo ocuparse del interés de los ricos; lo mismo que en las oligarquías el gobierno sólo debía tener en cuenta el interés del pueblo. Los oligarcas deberían, sobre todo, renunciar a prestar juramento del género de los que prestan actualmente; porque he aquí los que en nuestros días hacen en algunos Estados: Yo seré enemigo constante del pueblo, le haré todo el mal que pueda.

Sería preciso hacer lo contrario, y, cambiando de disfraz, decir resueltamente en los juramentos de esta especie: No haré nunca daño al pueblo.

El punto más importante entre todos aquellos de que hemos hablado respecto de la estabilidad de los Estados, si bien hoy no se hace aprecio de él, es el de acomodar la educación al principio mismo de la constitución. Las leyes más útiles, las leyes sancionadas con aprobación unánime de todos los ciudadanos, se hacen ilusorias si la educación y las costumbres no corresponden a los principios políticos, siendo democráticas en la democracia y oligárquicas en la oligarquía; porque es preciso tener entendido que si un solo ciudadano vive en la indisciplina, el Estado mismo participa de este desorden. Una educación conforme a la constitución no es la que enseña a hacer todo lo que parezca bien a los miembros de la oligarquía o a los partidarios de la democracia; sino que es la que enseña a poder vivir bajo un gobierno oligárquico o bajo un gobierno democrático. En las oligarquías actuales los hijos de los que ocupan el poder viven en la molicie, mientras que los hijos de los pobres, endurecidos con el trabajo y la fatiga, adquieren el deseo y la fuerza para hacer una revolución. En las democracias, sobre todo en las que están constituidas más democráticamente, el interés del Estado está muy mal comprendido, porque se forman en ellas una idea muy falsa de la libertad. Según la opinión común, los dos caracteres distintivos de la democracia son la soberanía del mayor número y la libertad. La igualdad es el derecho común; y esta igualdad consiste en que la voluntad de la mayoría sea soberana. Desde entonces libertad e igualdad se confunden en la facultad que tiene cada cual de hacer lo que quiera: «todo a su gusto», como dice Eurípides. Este es un sistema muy peligroso, porque no deben creer los ciudadanos que vivir conforme a la constitución es una esclavitud; antes, por el contrario, deben encontrar en ella protección y una garantía de felicidad.

Hemos enumerado casi todas las causas de revolución y de destrucción, de prosperidad y de estabilidad en los gobiernos republicanos.

DE LAS CAUSAS DE REVOLUCIÓN
Y DE CONSERVACIÓN EN LAS MONARQUÍAS

Queda que veamos cuáles son las causas más frecuentes de trastorno y de conservación en la monarquía. Las consideraciones que habremos de hacer respecto del destino de los reinados y tiranías se aproximan mucho a las que hemos indicado con relación a los Estados republicanos. El reinado se aproxima a la aristocracia, y la tiranía se compone de los elementos de la oligarquía extrema y de la demagogia, así que para los súbditos es el más funesto de los sistemas, porque está formado de dos malos gobiernos y reúne las faltas y los vicios de ambos.

Por lo demás, estas dos especies de monarquía son completamente opuestas hasta en su mismo punto de partida. El reinado se establece por las clases altas, a las cuales está obligado a defender contra el pueblo, y el rey sale del seno mismo de estas clases elevadas, entre las que se distingue aquél por su virtud superior, por las acciones brillantes que ésta le inspira o por la fama no menos merecida de su raza. El tirano, por el contrario, sale del pueblo y de las masas para ponerse enfrente de los ciudadanos poderosos, de cuya opresión está obligado a defender al pueblo. Todo esto se justifica con hechos. Puede decirse que casi todos los tiranos han sido primero demagogos que han ganado la confianza del pueblo calumniando a los principales ciudadanos. Algunas tiranías se han formado de esta manera cuando los Estados eran ya poderosos. Otras más antiguas no han sido sino reinados que violaban todas las leyes del país, aspirando a una autoridad despótica. Otras han sido fundadas por hombres que en virtud de una elección han llegado a las primeras magistraturas, porque, en otro tiempo, el pueblo confería por largo tiempo todos los grandes empleos, todas las funciones públicas. Otras, en fin, han salido de los gobiernos oligárquicos, que fueron bastante imprudentes para investir a un solo individuo con atribuciones políticas de la más alta importancia. Gracias a estas circunstancias, la usurpación ha sido cosa fácil para todos los tiranos, pues les ha bastado querer para serlo, a causa de poseer con antelación el poder real o el que proporciona una alta consideración. De ello son ejemplo Fidón de Argos y todos los demás tiranos que comenzaron por ser reyes; todos los tiranos de Jonia y Falaris, que habían obtenido ambos elevadas magistraturas; Panecio en Leoncium, Cipseles en Corinto,

Pisístrato en Atenas, Dionisio en Siracusa, y tantos otros que, como ellos, han salido de la demagogia.

El reinado, repito, se clasifica al lado de la aristocracia, en cuanto es, como ésta, el premio de la consideración personal, de una virtud eminente, del nacimiento, de grandes servicios hechos o de todas estas circunstancias unidas a la capacidad. Todos los que han hecho grandes servicios a las ciudades y a los pueblos, o que eran bastante poderosos para poder hacerlos, han obtenido esta alta distinción: los unos por haber evitado con sus victorias que el pueblo cayera en esclavitud, como Codro; otros por haberles devuelto su libertad, como Ciro; y otros por haber fundado el Estado mismo y ser poseedores del territorio; como los reyes de los espartanos, de los macedonios y de los molosos. El rey tiene la misión especial de velar por que los que poseen no experimenten daño alguno en su fortuna, ni el pueblo ningún ultraje en su honor. El tirano, por el contrario, como he dicho ya más de una vez, no tiene en cuenta los intereses comunes y sí sólo el suyo personal. La aspiración del tirano es el goce; la del rey, la virtud. Así también en punto a ambición, el tirano piensa principalmente en el dinero; el rey, antes que nada en el honor. La guardia de un rey se compone de ciudadanos, la de un tirano, de extranjeros.

Por lo demás, es muy fácil ver que la tiranía tiene todos los inconvenientes de la democracia y de la oligarquía. Como ésta, sólo piensa en la riqueza, que es la única que verdaderamente puede garantirle la felicidad de su guardia y los placeres del lujo. La tiranía también desconfía de las masas y les arranca el derecho de llevar armas. Hacer daño al pueblo, alejar a los ciudadanos de la población, dispersarlos, son procedimientos comunes a la oligarquía y a la tiranía. De la democracia adopta la tiranía el sistema de guerra continua contra los ciudadanos poderosos, la lucha secreta y pública para destruirlos, los destierros a que se les condena, pretextando que son facciosos y enemigos del poder; porque sabe bien la tiranía que de las filas de las clases altas han de salir las conspiraciones contra ella, urdidas por unos con el fin de hacerse dueños del poder en provecho propio, y por otros para sustraerse a la esclavitud que los oprime. Esto era lo que significaba el consejo de Periandro a Trasíbulo; aquella nivelación de las espigas desiguales quería decir que era preciso deshacerse de los ciudadanos eminentes.

Todo lo que acabo de decir prueba claramente que las causas de las revoluciones deben ser, sobre poco más o menos, las mismas en las monarquías que en las repúblicas. La injusticia, el miedo, el desprecio han sido casi siempre causa de las conspiraciones de los súbditos contra los monarcas. Sin embargo, la injusticia las ha causado con menos frecuencia que el insulto, y algunas veces menos que las expoliaciones individuales. El fin que se proponen los conspiradores en las repúblicas es el mismo que en los Estados sometidos a un tirano o a un rey, y tienen lugar las revoluciones porque el monarca está colmado de honores y de riquezas que todos los demás envidian.

Las conspiraciones se dirigen ya contra la persona que ocupa el poder, ya contra el poder mismo. El sentimiento producido por un insulto arrastra sobre todo a las primeras, y como el insulto puede ser de muchos géneros, el resentimiento a que da lugar puede tener otros tantos caracteres diferentes. En los más de los casos la cólera, cuando conspira, sólo piensa en la venganza, porque la cólera no es ambiciosa. De lo cual es un testimonio la suerte de los Pisistrátidas: habían deshonrado a la hermana de Harmodio; Harmodio conspiró para vengar a su hermana, y Aristogitón para sostener a Harmodio. La conspiración tramada contra Periandro, tirano de Ambracia, no tuvo otro origen que una chanza del tirano, que en una orgía preguntó a uno de sus queridos si le había hecho madre. Pausanias mató a Filipo porque éste había permitido que le insultaran los partidarios de Atalo. Derdas conspiró contra Amintas el Pequeño, que se había alabado de haber gozado la flor de su juventud. El Eunuco mató a Evágoras de Chipre, cuyo hijo le había hecho el ultraje de robarle la mujer. Muchas conspiraciones no han tenido otra causa que los atentados de los monarcas contra la persona de algunos de sus súbditos. De este género fue la conspiración urdida contra Arquelao por Crateo, que miraba con horror las indignas relaciones que le ligaban a aquél; así que para llevar a cabo la rebelión se aprovechó del primer pretexto, aunque era menos grave que el motivo dicho. Arquelao, después de haberle prometido una de sus hijas, faltó a su palabra, casando las dos que tenía, una con el rey Elimea, de resultas de la derrota que sufrió en la guerra contra Sirra y Arrebeus, y la otra, que era más joven, con Amintas, hijo de dicho rey, contando por este medio apaciguar todo resentimiento entre Crateo y el hijo de Cleopatra. Pero el verdadero motivo de su enemistad fue la indignación que causaban a este joven los lazos vergonzosos que le ligaban con el rey. Helanócrates de Larisa entró en la conspiración a consecuencia de un ultraje semejante. Al ver Helanócrates que el tirano, que había abusado de su juventud, no le permitía volver a su patria, aunque se lo había prometido, se convenció de que esta intimidad del rey no procedía de una verdadera pasión, y que sólo había tenido el propósito de deshonrarle. Parrón y Heráclides, ambos de Ænos, mataron a Cotis para vengar a su padre; y Adamas hizo traición a Cotis para vengarse de la mutilación vergonzosa que le había hecho sufrir en su infancia.

Muchas veces se conspira a impulsos de la cólera producida por los malos tratamientos de que uno ha sido personalmente objeto. Ha habido hasta magistrados y miembros de las familias reales que han quitado la vida a los tiranos, o por lo menos han conspirado, movidos por resentimientos de este género. En Mitilene, por ejemplo, los pentálides, que tenían gusto en recorrer la ciudad dando palos a los que encontraban, fueron degollados por Negacles, auxiliado por algunos amigos; y más tarde Esmerdis mató a Pentilo, que le había maltratado, a cuya venganza le impulsó su mujer. Si en la conspiración contra Arquelao, Decámnico, lleno de furor, se hizo jefe de los conjurados, siendo el primero en excitarlos, fue porque Arquelao le había entregado al poeta Eurípides, quien hizo que le azotaran cruelmente por haberse burlado de lo mal que le olía el aliento. A muchos monarcas han costado semejantes ultrajes la vida o el reposo. El miedo, que hemos indicado como una causa de trastornos en las repúblicas, no lo es menos en las monarquías. Así Artabanes mató a Jerjes sólo por el temor de que llegara a su noticia que había hecho colgar a Darío, a pesar de la orden en contrario que había recibido; pues Artabanes había alimentado al pronto la esperanza de que Jerjes habría olvidado esta prohibición, que había hecho en medio de un festín. El desprecio produce también revoluciones en los Estados monárquicos. Sardanápalo fue muerto por uno de sus súbditos, el cual, si hemos de creer la tradición, le había visto con la rueca en la mano en medio de sus mujeres. Admitiendo que este hecho sea falso respecto a Sardanápalo, puede muy bien ser verdadero con relación a otro cualquiera. Dión no conspiró contra Dionisio el Joven sino a causa del desprecio que le inspiraba al ver que todos sus súbditos hacían de él tan poco caso, y que estaba sumido en una continua embriaguez. Motivos de este género son los que principalmente mueven a veces a los amigos del tirano a obrar contra éste; la confianza que tienen con él les inspira el desdén y la esperanza de ocultar sus conspiraciones. Con frecuencia, cuando uno se cree en posición de hacer suyo el poder, cualquiera que sea la manera, el despreciar al tirano es ya conspirar contra él, porque cuando uno es poderoso y, teniendo conciencia de sus fuerzas, desprecia el peligro, fácilmente se decide a obrar. Muchas veces los generales no tienen otros motivos para conspirar contra los reyes que se sirven de ellos. Por ejemplo, Ciro destronó a Astiages, cuya conducta y cuya autoridad despreciaba, como que había renunciado a desempeñar por sí el poder, para entregarse a todos los excesos del placer. Seutes el Tracio conspiró también contra Amódoco, de quien era general. Pueden reunirse muchos motivos de ese género para determinar las conspiraciones. A veces la codicia se une al desprecio, de lo cual es un ejemplo la conspiración de Mitrídates contra Ariobarzanes. Estos sentimientos obran poderosamente en aquellos hombres de carácter atrevido que han sabido obtener al lado de los monarcas un elevado cargo militar. El valor, cuando cuenta con el auxilio de recursos poderosos, se convierte en audacia; y cuando se unen estos dos motivos de decisión se conspira porque se cree seguro el éxito.

Las conspiraciones por deseos de gloria tienen un carácter distinto de las que hasta aquí hemos examinado. No desconocen como móviles ni el afán de inmensas riquezas, ni el ansia de los honores supremos que goza el tirano, y que tantas veces son ocasión de que se conspire contra él. No son las consideraciones de este género las que toma en cuenta el hombre ambicioso al afrontar los peligros de la conspiración. Abandona a los demás los motivos viles y bajos de que acabamos de hablar; pero así como se aventuraría a intentar una empresa inútil con tal que le diera renombre y celebridad, así conspira contra el monarca, ávido, no de poder, sino de gloria. Los hombres de este temple son excesivamente raros, porque tales resoluciones suponen siempre un desprecio absoluto de la vida, si llega el caso de que la empresa se malogre. El único pensamiento de que en tales casos se debe estar animado es el que animaba a Dión; pero es difícil que pueda tener cabida en muchos corazones. Dión, cuando marchó contra Dionisio, sólo tenía consigo algunos soldados, y les arengó diciendo que cualquiera que fuera el resultado, a él le bastaba haber dado principio a esta empresa, y que aun cuando muriese en el momento de tocar el territorio de Sicilia, su muerte sería siempre honrosa.

La tiranía puede ser derrocada, como cualquier otrogobierno, porun ataque exterior que venga de un Estado más poderoso que ella y constituido bajo un principio completamente opuesto. Es claro que este gobierno vecino, a causa de la oposición misma de su principio, sólo espera el momento oportuno para atacar; y cuando se puede, se hace siempre lo que se desea. Los Estados fundados en principios diferentes son siempre enemigos: la democracia, por ejemplo, es enemiga de la tiranía, tanto como el alfarero puede serlo del alfarero, como dice Hesíodo; lo cual no impide que la demagogia, llevada al extremo, sea también una verdadera tiranía. El reinado y la aristocracia son enemigos a causa del diferente principio que les sirve de base. Los lacedemonios han seguido el sistema constante de derrocar las tiranías, como lo hicieron igualmente los siracusanos mientras fueron regidos por un buen gobierno.

La tiranía encuentra en su propio seno otra causa de ruina cuando la insurrección procede de los mismos de quienes ella se vale. De ello son ejemplos la caída de la tiranía fundada por Gelón y la de Dionisio en nuestros días. Trasíbulo, hermano de Hierón, se propuso halagar todas las insensatas pasiones del hijo que Gelón había dejado, y le tenía sumido en los placeres para reinar él con su nombre. Los familiares del joven príncipe conspiraron, no tanto para derrocar la misma tiranía, como para suplantar a Trasíbulo; pero los asociados a que se unieron aprovecharon la ocasión para arrojarlos a todos. En cuanto a la tiranía de Dionisio, su pariente Dión fue el que marchó contra él, y pudo, antes de morir, expulsar al tirano con el auxilio del pueblo sublevado.

De las dos pasiones que son con más frecuencia causa de las conspiraciones contra las tiranías, el odio y el desprecio, los tiranos son siempre, por lo menos, acreedores al uno, que es el odio. Pero el desprecio que inspiran produce con frecuencia su caída. Lo prueba el que los que han ganado personalmente el poder han sabido conservarlo, y que los que lo han recibido por herencia, casi todos lo han perdido muy pronto. Degradados por los excesos y desórdenes de su vida, caen fácilmente en el desprestigio y proporcionan numerosas y excelentes ocasiones a los conspiradores. También puede colocarse la cólera al lado del odio, puesto que éste como aquélla impulsan a cometer acciones completamente semejantes, sólo que la cólera es todavía más activa que el odio, porque conspira con tanto más ardor cuanto que la pasión no reflexiona. Sobre todo el resentimiento producido por un insulto es el que excita en los corazones los arrebatos de la cólera, como lo muestra la caída de Pisistrátidas y de otros muchos. Sin embargo, el odio es más temible. La cólera va siempre acompañada de cierto sentimiento de dolor, que no deja lugar a la prudencia; la aversión no tiene dolor que la turbe en sus empresas.

Resumiendo diremos que todas las causas de las revoluciones que hemos asignado a la oligarquía exagerada y a la demagogia extrema, se aplican igualmente a la tiranía, porque tales formas de gobierno son verdaderas tiranías repartidas entre muchas manos.

El reinado tiene que temer mucho menos los peligros de fuera, y es lo que garantiza su duración. En ella misma es donde deben buscarse las causas de su destrucción, que pueden reducirse a dos: la conjuración de los agentes de que se vale y la tendencia al despotismo, cuando los reyes pretenden aumentar su poder hasta a costa de las leyes.

En nuestros días no vemos que se formen reinados, y los que se forman son más bien monarquías absolutas y tiranías que reinados. El verdadero reinado es un poder libremente consentido con prerrogativas superiores. Pero como hoy los ciudadanos valen lo mismo en general, y ninguno tiene una superioridad tan grande que pueda aspirar exclusivamente a tan alta posición en el Estado, se sigue que no se presta asentimiento a la creación de un reinado; y si alguno intenta reinar, valiéndose de la astucia o de la violencia, se le mira al momento como un tirano. En los reinados hereditarios es preciso añadir otra causa especial de destrucción, y es que la mayor parte de estos reyes que lo son por herencia se hacen bien pronto despreciable o, y no se les consiente ningún poder excesivo, teniendo en cuenta que poseen, no una autoridad tiránica, sino una simple dignidad real. Es muy fácil derrocar un reinado, porque no hay rey desde el momento que no se lo quiere tener; mientras que el tirano, por lo contrario, se impone a pesar de la voluntad general.

Tales son las principales causas de ruina para las monarquías, dejando a un lado algunas otras parecidas a estas.

DE LOS MEDIOS DE CONSERVACIÓN EN LOS ESTADOS MONÁRQUICOS

En general, los Estados monárquicos deben evidentemente conservarse a virtud de causas opuestas a las de que acabamos de hablar, según la naturaleza especial de cada uno de ellos. El reinado, por ejemplo, se sostiene por la moderación. Cuanto menos extensas son sus atribuciones soberanas, tanta más probabilidad tiene de mantenerse en toda su integridad. Entonces el rey no piensa en hacerse déspota; respeta más en todas sus acciones la igualdad común; y los súbditos, por su parte, están menos inclinados a tenerle envidia. Esto explica la larga duración del reinado de los molosos. Entre los lacedemonios se ha sostenido tanto tiempo, porque desde un principio el poder se dividió entre dos personas, y porque más tarde Teopompo suavizó el reinado creando otras instituciones, sin contar con el contrapeso que le impuso con el establecimiento de los éforos. Debilitando el poder del reinado, le dio más duración; le agrandó de cierta manera, lejos de reducirlo, y cuando su mujer le dijo que si no le daba vergüenza transmitir a sus hijos el reinado con menos poder de aquel con que lo había recibido de sus mayores, le contestó con razón: «No, sin duda; porque se lo dejo mucho más durable».

Por lo que hace a las tiranías, se sostienen de dos maneras absolutamente opuestas; la primera es bien conocida y empleada por casi todos los tiranos. A Periandro de Corinto se atribuyen todas aquellas máximas políticas de que la monarquía de los persas nos presenta numerosos ejemplos. Ya hemos indicado algunos de los medios que la tiranía emplea para conservar su poder hasta donde es posible. Reprimir toda superioridad que en torno suyo se levante; deshacerse de los hombres de corazón; prohibir las comidas en común y las asociaciones; ahogar la instrucción y todo lo que pueda aumentar la cultura; es decir, impedir todo lo que hace que se tenga valor y confianza en sí mismo; poner obstáculos a los pasatiempos y a todas las reuniones que proporcionan distracción al público, y hacer lo posible para que los súbditos permanezcan sin conocerse los unos a los otros, porque las relaciones entre los individuos dan lugar a que nazca entre ellos una mutua confianza. Además, saber los menores movimientos de los ciudadanos, y obligarles en cierta manera a que no salgan de las puertas de la ciudad, para estar siempre al corriente de lo que hacen, y acostumbrarles, mediante esta continua esclavitud, a la bajeza y a la pusilanimidad: tales son los medios puestos en práctica entre los persas y entre los bárbaros, medios tiránicos que tienden todos al mismo fin. Pero he aquí otros: saber todo lo que dicen y todo lo que hacen los súbditos; tener espías semejantes a las mujeres que en Siracusa se llaman delatoras; enviar, como Hierón, gentes que se enteren de todo en las sociedades y en la reuniones, porque es uno menos franco cuando se teme el espionaje, y si se habla, todo se sabe; sembrar la discordia y la calumnia entre los ciudadanos; poner en pugna unos amigos con otros, e irritar al pueblo contra las clases altas, que se procura tener desunidas. A todos estos medios se une otro procedimiento de la tiranía, que es el empobrecer a los súbditos, para que por una parte no le cueste nada sostener su guardia, y por otra, ocupados aquéllos en procurarse los medios diarios de subsistencia, no tengan tiempo para conspirar. Con esta mira se han elevado las pirámides de Egipto, los monumentos sagrados de los Cipsélides, el templo de Júpiter Olímpico por los pisistrátidas y las grandes obras de Polícrates en Samos, trabajos que tienen un solo y único objeto: la ocupación constante y el empobrecimiento del pueblo. Puede considerarse como un medio análogo el sistema de impuestos que regía en Siracusa: en cinco años, Dionisio absorbía mediante el impuesto el valor de todas las propiedades. También el tirano hace la guerra para tener en actividad a sus súbditos e imponerles la necesidad perpetua de un jefe militar. Así como el reinado se conserva apoyándose en los amigos, la tiranía no se sostiene sino desconfiando perpetuamente de ellos, porque sabe muy bien que si todos los súbditos quieren derrocar al tirano, sus amigos son los que, sobre todo, están en posición de hacerlo.

Los vicios que presenta la democracia extrema se encuentran también en la tiranía: el permiso a las mujeres, en el interior de las familias, para que hagan traición a sus maridos, y la licencia a los esclavos para que denuncien a sus dueños; porque el tirano nada tiene que temer de los esclavos y de las mujeres; y los esclavos, con tal que se les deje vivir a su gusto, son muy partidarios de la tiranía y de la demagogia. El pueblo también a veces hace de monarca; y por esto el adulador merece una alta estimación, lo mismo de la multitud que del tirano. Al lado del pueblo se encuentra el demagogo, que es para él un verdadero adulador; al lado del tirano se encuentran viles cortesanos, que no hacen otra cosa que adular perpetuamente. Y así, la tiranía sólo quiere a los malvados, precisamente porque gusta de la adulación, y no hay corazón libre que se preste a esta bajeza. El hombre de bien sabe amar, pero no adula. Además, los malos son útiles para llevar a cabo proyectos perversos; pues «un clavo saca otro clavo», como dice el proverbio. Lo propio del tirano es rechazar a todo el que tenga un alma altiva y libre, porque cree que él es el único capaz de tener estas altas cualidades; y el brillo que cerca de él producirían la magnanimidad y la independencia de otro cualquiera anonadaría esta superioridad de señor que la tiranía reivindica para sí sola. El tirano aborrece estas nobles naturalezas, que considera atentatorias a su poder. También es costumbre del tirano convidar a su mesa y admitir en su intimidad a extranjeros más bien que a ciudadanos; porque éstos son a sus ojos enemigos, mientras que aquéllos no tienen ningún motivo para hacer nada contra su autoridad.

Todas estas maniobras y otras del mismo género que la tiranía emplea para sostenerse son profundamente perversas.

En resumen, se las puede clasificar desde tres puntos de vista principales, que son los fines permanentes de la tiranía: primero, el abatimiento moral de los súbditos, porque las almas envilecidas no piensan nunca en conspirar; segundo, la desconfianza de unos ciudadanos respecto de otros, porque no se puede derrocar la tiranía mientras los ciudadanos no estén bastante unidos para poder concertarse; y así es que el tirano persigue a los hombres de bien como enemigos directos de su poder, no sólo porque éstos rechazan todo despotismo como degradante, sino porque tienen fe en sí mismos y obtienen la confianza de los demás, y además son incapaces de hacer traición ni a sí mismos ni a nadie; por último, el tercer fin que se propone la tiranía es la extenuación y el empobrecimiento de los súbditos; porque no se emprende ninguna cosa imposible, y por consiguiente el derrocar a la tiranía, cuando no hay medios de hacerla. Por tanto, todas las precauciones del tirano pueden clasificarse en tres grupos, como acabamos de indicar, pudiendo decirse que todos sus medios de salvación se agrupan alrededor de estas tres bases: producir la desconfianza entre los ciudadanos, debilitarles y degradarlos moralmente.

Tal es, pues, el primer método de conservación para las tiranías.

En cuanto al segundo, los cuidados que él pide son radicalmente opuestos a todos los que acabamos de indicar. Pueden deducirse muy bien de lo que hemos dicho sobre las causas que arruinan a los reinados; porque lo mismo que el reinado compromete su autoridad queriendo hacerla más despótica, así la tiranía asegura la suya, haciéndola más real. Sólo que hay aquí un punto esencial que ésta no debe olvidar: hay que tener siempre la fuerza necesaria para gobernar, no sólo con el asentimiento público, sino también a pesar de la voluntad general. Renunciar a esto sería renunciar a la tiranía misma; pero una vez asegurada esta base el tirano puede en todo lo demás conducirse como un verdadero rey, o, por lo menos, tomar diestramente todas las apariencias de tal.

Ante todo, aparentará que se ocupa de los intereses públicos, y no disipará locamente las ricas ofrendas que el pueblo le ofrece haciendo tanto sacrificio y que el tirano saca de las fatigas y del sudor de sus súbditos, para prodigarlas a cortesanos, extranjeros y artistas codiciosos. El tirano rendirá cuenta de los ingresos y de los gastos del Estado, cosa que, por cierto, algún tirano ha hecho; porque esto tiene la ventaja de parecer más bien un administrador que un déspota; no debiendo temer, por otra parte, que falten nunca fondos al Estado mientras sea dueño absoluto del gobierno. Si tiene que viajar lejos de su residencia, vale más tener ya empleado de este modo su dinero que dejar tras de sí tesoros acumulados; porque entonces aquellos a cuya custodia él se confía no se sentirán tentados por sus riquezas. Cuando el tirano hace expediciones teme más a los que le acompañan que a los demás ciudadanos, porque aquéllos le siguen en su marcha, mientras que éstos se quedan en la ciudad. Por otra parte, al exigir los impuestos y tributos es preciso que indique que lo hace consultando el interés de la administración pública y con el solo objeto de proporcionarse recursos para el caso de una guerra; en una palabra, debe aparecer como el guardador y tesorero de la fortuna pública y no de la suya personal.

El tirano no debe ser inaccesible, y en las entrevistas con sus súbditos debe mantenerse grave, para inspirar, no temor, pero sí respeto. Esto es muy delicado porque el tirano está siempre expuesto al desprestigio, y para inspirar respeto debe procurar mucho adquirir tacto político y en este concepto crearse una inatacable reputación, aunque sea descuidando otras condiciones. Además, debe guardarse mucho de insultar a la juventud de uno y otro sexo, e impedir cuidadosamente que lo hagan los que lo rodean; y las mujeres de que disponga deben mostrar la misma reserva con las demás mujeres, porque las querellas femeninas han perdido a más de un tirano. Si gusta del placer, que no se entregue a él nunca como lo hacen ciertos tiranos de nuestra época, los cuales, no contentos con sumirse en los placeres desde que amanece y durante muchos días seguidos, quieren, además, hacer alarde de su prostitución a la vista de todos los ciudadanos, para que admiren de esta manera su fortuna y su felicidad. En esto, sobre todo, es en lo que principalmente debe mostrar moderación el tirano; y si no puede hacerlo, que por lo menos sepa ocultarse a las miradas de la multitud. No es fácil sorprender ni despreciar al hombre sobrio y templado, pero sí al que se embriaga; porque no se sorprende al que vela, sino al que duerme.

El tirano deberá adoptar máximas opuestas a las antiguas, que, según se dice, tiene en cuenta la tiranía. Es preciso que embellezca la ciudad como si fuera administrador de ella y no su dueño. Sobre todo ha de procurar con el mayor esmero dar pruebas de una piedad ejemplar. No se teme tanto la injusticia de parte de un hombre a quien se cree religiosamente cumplidor de todos los deberes para con los dioses; y es más difícil atreverse a conspirar contra él, porque se supone que el cielo es su aliado. Sin embargo, es preciso que el tirano se guarde de llevar las apariencias hasta una ridícula superstición. Cuando un ciudadano se distingue por alguna acción buena, es preciso colmarle tanto de honores, que crea que no podrá obtener más de un pueblo independiente. El tirano distribuirá él mismo las recompensas de este género y dejará a los magistrados inferiores y a los tribunales lo relativo a los castigos. Todo gobierno monárquico, cualquiera que él sea, debe guardarse de aumentar excesivamente el poder de un individuo; y si es inevitable, debe en tal caso prodigar las mismas dignidades a otros muchos, como medio de mantener entre ellos el equilibrio. Si obliga la necesidad a crear una de estas brillantes posiciones, que el tirano no se fije en un hombre atrevido, porque un corazón lleno de audacia está siempre dispuesto a todo; y si hay necesidad de derrocar alguna alta influencia, que proceda por grados y cuide de no destruir de un solo golpe los fundamentos en que la misma descanse.

El tirano no debe permitirse nunca ultraje de ningún género, y sobre todo ha de evitar dos: el poner la mano en nadie, quienquiera que sea, y el insultar a la juventud. Esta circunspección es necesaria, particularmente con los corazones nobles y altivos. Si las almas codiciosas sufren con impaciencia que se les perjudique en sus intereses pecuniarios, las almas altivas y honradas toleran menos un ataque a su honor. Una de dos cosas: o es preciso renunciar a toda venganza respecto de hombres de este carácter, o los castigos que se les imponga deben tener un carácter paternal, y sin que arguyan desprecio. Si el tirano tiene relaciones con la juventud, es preciso que parezca que cede a la pasión y que no abusa de su poder. En general, siempre que haya trazas de algo deshonroso, es preciso que la reparación supere en mucho a la ofensa.

Entre los enemigos que puedan atentar contra la vida del tirano, los más peligrosos y los que deben ser más vigilados son aquellos a quienes importa poco su propia vida, con tal que puedan disponer de la del tirano. Así, es preciso guardarse con el mayor cuidado de los hombres que creen haber sido insultados o que lo han sido las personas de su cariño. Cuando uno conspira por resentimiento, no se cuida de sí mismo, y como dice Heráclito: «el resentimiento es difícil de combatir, porque entonces se juega la cabeza». Como el Estado se compone siempre de dos partidos muy distintos, los pobres y los ricos, es preciso convencer a unos y a otros de que sólo encontrarán seguridad en el poder, y procurar prevenir entre ellos toda mutua injusticia. Pero de estos dos partidos, el que es preciso tomar como instrumento de poder es el más fuerte, a fin de que si llega un caso extremo el tirano no se vea obligado a dar la libertad a los esclavos o quitar las armas a los ciudadanos. Este partido por sí solo basta para defender la autoridad, de la que es apoyo, y para asegurar al tirano el triunfo contra los que le ataquen.

Por lo demás, nos parece inútil entrar en más pormenores.

El objeto esencial de este capítulo es bien evidente. Es preciso que el tirano aparezca ante sus súbditos no como déspota, sino como un administrador, como un rey; no como un hombre que hace su propio negocio, sino como un hombre que administra los negocios de los demás. Es preciso que en su conducta muestre moderación y no cometa excesos. Es preciso que admita a su trato a los ciudadanos distinguidos, y que con sus maneras se capte el afecto de la multitud. De este modo podrá, con infalible seguridad, no sólo hacer su autoridad más bella y más querida, porque sus súbditos serán mejores y no estarán envilecidos, y por su parte no excitará odios y temores, sino hacer también más durable su autoridad. En una palabra, es preciso que se muestre completamente virtuoso, o por lo menos virtuoso a medias, y nunca vicioso, o por lo menos nunca tanto como se puede ser. Y, sin embargo, y a pesar de todas estas precauciones, los gobiernos menos estables son la oligarquía y la tiranía.

La tiranía más larga fue la de Ortógoras y sus descendientes en Sición, que duró cien años; y duró porque supieron manejar hábilmente a sus súbditos y someterse ellos mismos en muchas cosas al yugo de la ley. Clístenes evitó el desprestigio gracias a su capacidad militar, y puso todo su empeño en granjearse el amor del pueblo; llegando, según se dice, hasta coronar con sus propias manos al juez que falló contra él y en favor de su antagonista; y si hemos de creer la tradición, la estatua que se halla en la plaza pública es la de este juez independiente. También se cuenta que Pisístrato consintió que le citaran ante el Areópago. La más larga tiranía que viene en seguida es la de los Cipsélides en Corinto, que duró setenta y tres años y seis meses. Cipsélides reinó treinta años, y Periandro cuarenta y cuatro. Psamético, hijo de Gordio, reinó tres años. Aquellas mismas causas mantuvieron también por tan largo tiempo la tiranía de Cipsélides, porque era demagogo y durante todo su reinado no quiso nunca tener satélites. Periandro era un déspota, pero era un gran general. Después de estas dos primeras tiranías, es preciso poner en tercer lugar la de los Pisistrátidas en Atenas, pero ésta tuvo ciertos intervalos. Pisístrato, mientras permaneció en el poder, se vio obligado a apelar por dos veces a la fuga, y en treinta y tres años sólo reinó realmente diecisiete, que con dieciocho que reinaron sus hijos hacen treinta y cinco. Vienen después las tiranías de Hierón y de Gelón en Siracusa. Esta última no fue larga, y entre ambas duraron dieciocho años. Gelón murió en el octavo año de su reinado; Hierón reinó diez años; Trasíbulo fue derrocado a los once meses. Tomadas en conjunto, puede decirse que las más de las tiranías han tenido una brevísima existencia.

Tales son, sobre poco más o menos, todas las causas de destrucción que amenazan a los gobiernos republicanos y a las monarquías, y tales son los medios de salvación que pueden mantenerlos.

Capítulo X

Crítica de la teoría de Platón sobre las revoluciones

Sócrates habla también en la República de las revoluciones, pero no trata bien esta materia. No fija ninguna causa especial de las mismas en la república perfecta, en el gobierno modelo. A su parecer, las revoluciones proceden de que nada en este mundo puede subsistir eternamente, y que todo debe mudar pasado cierto tiempo; y añade que «aquellas perturbaciones cuya raíz, aumentada en una tercera parte más cinco, da dos armonías, sólo comienzan cuando el número ha sido geométricamente elevado al cubo, mediante a que la naturaleza crea entonces seres viciosos y radicalmente incorregibles». Esta última parte de su razonamiento no es quizá falsa, porque hay hombres naturalmente incapaces de educación y de hacerse virtuosos. Pero ¿por qué esta revolución de que habla Sócrates se aplicaría a esa república que nos presenta como perfecta, más especialmente que a otro cualquier Estado o a cualquier otra cosa? ¿Es que en este instante que asigna a la revolución universal hasta las cosas que no han comenzando a existir a la par mudarán, sin embargo, a la vez? ¿Es que un ser nacido el primer día de la catástrofe estará comprendido en ella lo mismo que los demás? Podría también preguntarse por qué la república perfecta de Sócrates pasa, al cambiar, al sistema lacedemonio. Un sistema político, cualquiera que él sea, se transforma más ordinariamente en el que es diametralmente opuesto a él que en el que es más próximo. Otro tanto puede decirse de todas las revoluciones que admite Sócrates cuando asegura que el sistema lacedemonio se transforma en oligarquía, la oligarquía en demagogia, y ésta, por último, en tiranía. Pero lo que sucede es, precisamente, todo lo contrario. La oligarquía, por ejemplo, sucede a la demagogia con más frecuencia que la monarquía. Además, Sócrates no dice si la tiranía está o no expuesta a tener revoluciones, ni dice las causas que producen éstas, ni habla del gobierno que reemplaza a aquélla. Se concibe sin dificultad este silencio, que no le costaba gran trabajo guardar; debía quedar este punto completamente oscuro, porque, dadas las ideas de Sócrates, es preciso que de la tiranía se pase a esa primera república perfecta, que él ha concebido, único medio de recorrer el círculo sin fin de que habla. Pero la tiranía sucede también a la tiranía, de lo cual es testimonio la de Clístenes, sucediendo a la de Mirón en Sicione. La tiranía puede también convertirse en oligarquía, como aconteció con la de Antileón en Calcis; o en demagogia, como la de Gelón en Siracusa; o en aristocracia, como la de Carilao en Lacedemonia, y como sucedió en Cartago. La oligarquía de otro lado se convierte en tiranía, que es lo que sucedió en otro tiempo con la mayor parte de las oligarquías sicilianas. Recuérdese también que en Leoncium a la oligarquía sucedió la tiranía de Panecio; en Gela, la de Cleandro; en Reges, la de Anaxilas, y que podrían citarse muchas más. También es un error creer que la oligarquía nazca de la codicia y de las ocupaciones mercantiles de los jefes de Estado. Más importa averiguar el origen de la opinión de los hombres que tienen gran fortuna, los cuales creen que no es justa la igualdad política entre los que tienen y los que no tienen. Casi en ninguna oligarquía los magistrados pueden dedicarse al comercio, y la ley se lo prohíbe. Pero más aún: en Cartago, que es un Estado democrático, los magistrados comercian, y, sin embargo, el Estado no ha experimentado ninguna revolución.

También es muy singular el suponer que en la oligarquía el Estado se divide en dos partidos, el de los pobres y el de los ricos; ¿es que, por ventura, es esta condición más propia de la oligarquía que de la república de Esparta, por ejemplo, o de cualquier otro gobierno cuyos ciudadanos no poseen una fortuna igual o no son todos igualmente virtuosos? Aun suponiendo que nadie se empobrezca, el Estado no por eso deja de pasar menos de la oligarquía a la demagogia, si la masa de los pobres se aumenta; y de la democracia a la oligarquía, si los ricos se hacen más poderosos que el pueblo, según que los unos se abandonan y que los otros se aplican al trabajo. Sócrates desprecia todas estas diversas causas que producen las revoluciones, para fijarse en una sola, al atribuir la pobreza exclusivamente a la mala conducta y a las deudas, como si todos los hombres o casi todos naciesen de la opulencia. Es este un error grave; y lo cierto es que los jefes de la ciudad, cuando han perdido su fortuna, pueden apelar a la revolución; y que cuando ciudadanos oscuros pierden la suya, el Estado no se conserva por eso menos tranquilo. Estas revoluciones no dan lugar a la demagogia con más frecuencia que a cualquier otro sistema. Basta una exclusión política, una injusticia, un insulto, para que tenga lugar una insurrección y un trastorno en la constitución, sin que las fortunas de los ciudadanos se resientan en lo más mínimo. La revolución muchas veces no reconoce otro motivo que esta facultad que se concede a cada cual de vivir como le acomode, facultad cuyo origen atribuye Sócrates a un exceso de libertad. En fin, en medio de estas numerosas especies de oligarquías y de democracias, Sócrates habla de sus revoluciones como si cada una de aquéllas fuese única en su género.

Acerca del Autor

Aristóteles

Filósofo griego, discípulo de Platón. Fundó el Liceo, institución desde la cual difundió su sistema de pensamiento, que discutía en varios aspectos con el que la Academia de Platón proponía.

Se dice que fue el tutor de Alejandro Magno. Escribió tratados centrales para la filosofía y la historia de Occidente, entre los que se destacan: *Ética*, *Metafísica*, *Filosofía natural*, *Lógica*, *Poética* y *Retórica*.